KB220368

이것이 선禪이다

이것이

禪

선이

다

심성일 지음

침묵의 향기

머리말

이것이 선(禪)이라고 말하는 순간, 그것은 절대로 선이 아닙니다.

선은 언어의 길이 끊어지고 마음 갈 곳이 사라진 것이라 하더라도, 여전히 말의 길 위에 있고 마음이 움직이는 것입니다. 따라서 선에 대해 입을 여는 것은 애초부터 완수할 수 없는 임무입니다.

그럼에도 허물에 허물을 더하고, 잘못에 잘못을 거듭하면서 선을 공부하던 옛사람들의 이야기와 그들이 지은 시에 사족(蛇足)을 달아 보았습니다.

말 그대로 사족인 탓에 차라리 없느니만 못하겠지만, 혹시나 아직 말의 길 위에 서 있고 마음의 움직임 가운데 헤매는 분들에게 약간의 도움이 되기를 바랄 뿐입니다.

달을 가리키기 위해 손가락을 들어 보이지만, 손가락만 보아서는 달을 볼 수 없습니다. 밥을 먹기 위해 숟가락을 사용하지만, 숟가락은 밥맛을 모릅니다.

달을 보려면 눈이 손가락을 떠나야만 하고, 밥맛을 보려면 입에서 숟가락을 빼내야 합니다. 손가락과 숟가락이 구경의 목적지는 아닙니다.

1부 '깨달음의 인연'에서는 선종 사서(史書) 속의 일화들을 통해 깨달음은 어떤 인연을 통해 일어나고, 마음공부는 어떻게 해 나가야 하는지 살펴보았습니다.

2부 '깨달음의 노래'에서는 옛 공부인들의 게송과 선시들을 음미하며 언어문자를 통해 언어문자 너머의 소식을 엿보려고 애썼습니다.

그러나 참된 말은 말이 없는 그곳에 있고, 오고 감이 없는 마음은 마음 둘 곳 없는 그 자리에 있습니다.

여기서 거론되는 허다한 손가락과 숟가락을 통해 여러분이 직접 달을 보고 실제로 밥맛을 본다면 더 이상 바랄 것이 없습니다.

단 한 순간도 떠난 적 없는 본래의 자기는 새롭게 얻을 수도 없을뿐더러 결코 다시 잃어버릴 수조차 없습니다.

정유년 맹춘 금정산 계명봉 아래

몽지(蒙智) 심성일 합장

6

목차

1부
깨달음의 인연

손가락은 달이 아니다

일러두기

1. 인용한 예화는 CBETA 漢文大藏經(http://tripitaka.cbeta.org)에서 발췌하였습니다.
2. 원문 번역은 《선림고경총서》 등 기존의 한글 번역본을 참고하여 필자가 새롭게 번역하였습니다.
3. 번역 과정에서 독자의 이해를 돕기 위해 원문의 내용을 약간 각색하거나 첨삭 및 윤문을 했습니다.
4. 원문은 본문의 가독성을 높이기 위해 생략하였습니다.

1장
멀지 않다

1. 멀지 않다

범치령(范致靈)이라는 사람이 내한(內翰) 벼슬에 있다가 예장(豫章)의 태수로 나가는 길에 원통(圓通)의 민(旻) 화상을 만났다. 이야기 중에 범공이 탄식하며 말했다.

"늘그막에 벼슬살이하느라 이 일을 알기가 점점 멀어집니다."

그러자 민 화상은 곧장 "내한!" 하고 불렀다. 범공이 "예." 하고 대답하자 화상이 말했다.

"멀지 않군요."

범공이 말했다.

"좋고 좋습니다. 다시 가르침을 바랍니다."

민 화상이 말했다.

"여기에서 홍도(洪都)까지는 나흘이 걸립니다."

범공이 우두커니 생각에 잠기자 민 화상이 말했다.

"보려면 곧장 봐야지 머뭇거리며 생각하면 어긋납니다."

범공은 크게 기뻐하며 이로부터 들어갈 곳이 있었다.

_총림성사(叢林盛事)

대개의 사람들은 도(道)니 진리니 하는 말로 가리키는 것이 자신과는 상관없이 멀리 떨어져 있는 무슨 물건과 같은 것인 줄로 착각합니다. 그러나 『중용(中庸)』에서 이른 바와 같이, 도라는 것은 잠시라도 떠날 수 없는 것입니다. 떠날 수 있다면 그것은 도가 아닙니다.

분별을 통해 이 공부를 하려 하면 위의 예화 가운데 등장하는 범 내한과 같이, 마치 광막한 사막에서 길을 잃어버린 것처럼 막막한 심정일 수밖에 없습니다. 공부를 하면 할수록 자신이 찾으려는 것과는 더욱 멀어져만 가는 절망감이 찾아오기도 합니다.

하지만 이러한 절망과 좌절이 참으로 이 공부 길에 들어서는 입구입니다. 자기 나름대로 애를 썼지만 어떤 성취도 얻지 못했을 때 스스로의 실수를 돌이켜 볼 수 있는 인연이 벌어질 수 있기 때문입니다. 이러할 때 반드시 필요한 사람이 눈 밝은 선지식입니다.

민 화상이 "내한!" 하고 부르자 범 내한이 "예." 하고 대답합니다. 여기에는 어떤 사량분별도 끼어들지 못합니다. 세존이 한 송이 꽃을 들어 보이자 가섭이 미소를 지은 소식이 바로 이 소식입니다. 우리 삶의 대부분은 아무 생각 없는 가운데 저절로 흘러가는데, 생각이 끼어드는 순간 부자연스러워집니다.

범 내한이 이 직접적인 가르침을 받자 생각으로 헤아리기 어렵지만 뭔가 마음속에서 번쩍하는 바가 있었을 것입니다. 이것이 깨달음의 기연(機緣)[1]이라는 것입니다. 다시 가르침을 청하자 민 화상이 이번에는 "여기에서 홍도까지는 나흘이 걸린다."고 말했습니다.

"내한!" 하고 부르자 "예."라고 대답한 것이나, "부처가 무엇입니까?"

---

1 어떠한 기회와 인연

14

라고 묻자 "마른 똥막대기다."라고 대답한 것과 다를 바가 없습니다. 여기에서 생각으로 헤아려 이해하려 하면 이 공부와는 어긋나는 것입니다. 이해라는 것은 결국 생각의 내용물, 헛것에 불과합니다.

"예.", "마른 똥막대기.", "여기에서 홍도까지 나흘 걸린다."는 말만 보면 그 길이나 내용이 다릅니다. 말의 길이나 내용은 각각 다르지만 그 모든 말은 말이 아닌 엄연한 사실, 결코 멀리 떨어지려야 떨어질 수 없는 우리 자신의 본래면목을 곧장 가리키고 있습니다.

모든 말과 생각, 보이고 들리고 느껴지고 알아지는 모든 현상이 바로 지금 어디에서 출몰하고 있습니까? "내한!" 하고 부르자 "예."라고 대답합니다. "부처가 무엇입니까?"라고 묻자 "마른 똥막대기다.", "여기에서 홍도까지 나흘 걸립니다."라고 대답할 뿐입니다.

다만 이러할 뿐입니다. 단지 이것일 뿐입니다. 헤아리면 어긋납니다.

2. 관문을 투과하는 일

추밀(樞密) 오거후(吳居厚)가 왕명으로 종릉(鍾陵)으로 돌아가는 길에 민 화상을 만나 뵙고 말했다.

"예전에 과거를 보러 원통의 조주관(趙州關)을 지나면서 전(前) 주지 눌(訥) 노스님께 '관문을 투과하는 일은 어찌해야 합니까?'라고 물으니, 눌 스님께서는 '우선 벼슬이나 하러 가게.'라고 하신 지가 벌써 50여 년이 되었습니다."

민 화상이 말했다.

"관문을 투과하는 일은 밝혔습니까?"

오공이 말했다.

"여덟 차례나 이곳을 지나가며 항상 마음에 두었으나 아직 시원하게 벗어나지 못했습니다."

민 화상이 부채를 주며 말했다.

"부채나 부치십시오."

오공이 부채를 부치자 민 화상이 말했다.

"어디 시원하지 않은 곳이 있습니까?"

오공이 크게 기뻐하며 말했다.

"말후구(末後句)²를 말씀해 주십시오."

민 화상이 부채를 두 번 부치자 오공이 말했다.

"참으로 친절하십니다."

---

2 깨달음마저 초월한 참된 깨달음의 경지.

16

민 화상이 말했다.

"앵무새는 혓바닥이 삼천리입니다."

_총림성사

　참선은 모름지기 조사의 관문을 뚫고 지나가야 하고, 묘한 깨달음은 마음 길이 끊어져야만 합니다. 조사의 관문은 흔히 1,700공안(公案)[3]을 말합니다. 공안은 조사들이 일체의 사량분별 없이 사람의 본래 마음을 곧장 가리켜 보인 것입니다. 그러므로 사량분별을 통해 조사의 관문을 투과할 수는 없습니다.

　조주 스님이 어떤 스님에게 물었습니다.

"자네는 여기 온 적이 있는가?"

그 스님이 없다고 하자 "차나 마시게."라고 하였습니다.

옆의 다른 스님에게도 "여기 온 적이 있는가?"라고 물었는데, 그 스님은 있다고 하자 역시 "차나 마시게."라고 하였습니다.

곁에서 이 모습을 지켜보던 원주가 물었습니다.

"어째서 온 적이 없는 사람에게나 있는 사람에게나 모두 차나 마시라고 하십니까?"

그러자 조주 스님이 말했습니다.

"원주!"

"예."

"자네도 차나 마시게."

3　깨달음을 구하기 위해 참선하는 수행자에게 해결해야 할 과제로 제기되는 부처나 조사의 파격적인 문답 또는 언행(言行)을 말함.

오거후라는 선비가 예전에 과거 보러 가는 길에 원통사의 조주관을 지나면서 그 당시 주지였던 눌 스님에게 "어떻게 하면 조사의 관문을 뚫고 지나갈 수 있습니까?"라고 물었더니, 눌 스님은 "먼저 벼슬이나 하러 가게."라고 답했습니다. 이후 50년 동안 그곳을 여덟 차례나 지나가면서 늘 마음 한 구석에 그 문제를 염두에 두고 애를 썼지만 여전히 시원하게 해결하지 못했습니다.

눌 스님 다음으로 원통사에 머물고 있던 민 화상에게 이 일을 물었더니 화상은 부채를 주며 "부채나 부치십시오."라고 합니다. 조주 스님은 "차나 마시게."라고 하였고, 눌 스님은 "벼슬이나 하러 가게."라고 하였는데, 민 화상은 "부채나 부치시게." 하였습니다. 부채를 받아 든 오거후가 부채를 부치니 민 화상은 "시원하지 않은 곳이 어디 있느냐?"라고 묻습니다. '뚫고 지나가지 못했다', '벗어나지 못했다'는 생각이 없다면 조사의 관문은 어디에 있을까요?

50년 동안 공을 들인 보람이 헛되지 않았는지 단박에 눈치를 챈 오거후가 다시 묻습니다. "말후구, 궁극의 가르침을 말씀해 주십시오."

대유령 고개에서 "선도 악도 생각하지 않을 때 어떤 것이 그대의 본래면목인가?"라는 말에 문득 깨달은 도명(道明)은 혜능(慧能)에게 이렇게 물었습니다. "방금 하신 비밀한 말씀과 뜻 이외에 다시 다른 비밀한 뜻이 있습니까?" 그러자 혜능은 이렇게 말했습니다. "그대에게 말해 준 것은 비밀이 아닙니다. 그대가 돌이켜 비춰 본다면 비밀은 그대에게 있습니다."

민 화상은 아무 말 없이 부채를 두 번 부쳤을 뿐입니다. 묘한 깨달음은 마음 길이 끊어져야만 합니다. 마지막 의심을 해결한 오거후가 "친절하고 친절하십니다."라고 하자, 민 화상은 "앵무새는 혀가 삼천리."라고 대꾸합니다. 앵무새가 꼭 사람처럼 말은 잘하지만, 그 말의 뜻은 알지 못합니다. 아무리 청산유수처럼 말한다 할지라도 이 뜻을 몸소 깨닫지 못한다면 앵무새 흉내에 불과합니다. 친절하다는 말도 군더더기요, 여전히 생각의 흔적입니다.

부채나 부치십시오!

3. 어떤 것이 경전인가

간의대부(諫議大夫) 팽공(彭公) 진여림(陳女霖) 거사가 손수 『관음경』을 써서
민 화상에게 바치자 민 화상은 그것을 집어 들고 말했다.

"이것은 『관음경』인데, 어떤 것이 간의대부의 것입니까?"

팽공이 말했다.

"이것은 제가 직접 쓴 것입니다."

민 화상이 말했다.

"쓴 것은 글자인데, 어떤 것이 경전입니까?"

팽공이 웃으면서 말했다.

"도무지 모르겠습니다."

민 화상이 말했다.

"재상의 몸을 나타내서 설법을 하고 있는 것입니다."

팽공이 말했다.

"사람마다 분수가 있습니다."

민 화상이 말했다.

"경전을 비방하지 마십시오."

팽공이 말했다.

"어떻게 해야 하겠습니까?"

민 화상이 경전을 들어 보이자 팽공이 박장대소하며 "아!" 하고 말했다.

민 화상이 말했다.

"다시 모르겠다고 말해 보십시오."

팽공은 이에 절을 올렸다.

_총림성사

『금강경』에 이르기를, "일체의 모든 부처님과 모든 부처님의 아뇩다라삼먁삼보리법이 모두 이 경(經)에서 나왔다."고 했습니다. 이 경은 어떤 경전을 말하는 것일까요?

들지 못했습니까? "나에게 한 권의 경전이 있으니, 종이와 먹으로 이루어진 것이 아니네. 펼쳐 보면 한 글자도 없지만, 언제나 커다란 광명을 놓고 있네."란 말씀을.

여림 거사 팽공이라는 분이 손수 『관음경』을 베껴 써서 민 화상에게 바쳤습니다. 그러자 민 화상은 이것은 관음의 경전인데, 어떤 것이 팽공 자신의 것이냐고 묻습니다. 팽공은 "모르겠다."고 답합니다.

경전이라는 말과 모양에 속으면 종이와 먹으로 이루어진 자기 바깥의 사물을 따라가게 됩니다. 민 화상이 묻고 있는 경전은 글자로 이루어지지 않았지만 삼세의 모든 부처님과 그 부처님들의 불법이 담긴 진짜 경전을 말하는 것입니다.

양(梁)나라의 무제(武帝)가 부대사(傅大士)를 초청하여 『금강경』 강의를 부탁하였습니다. 부대사는 법상에 올라 잠시 말없이 있다가 법상을 한 번 탕! 내려치고는 내려왔습니다. 무제 옆에 있던 지공(誌公) 스님이 물었습니다. "폐하께서는 아시겠습니까?" 무제가 "모르겠소."라고 답하자 지공은 "부대사는 『금강경』 강의를 이미 마쳤습니다."라고 말했습니다.

민 화상은 팽공을 위해 "재상의 몸을 나타내서 이렇게 설법하고 있는 것"이 진짜 경전이라고 가르쳐 주었습니다. 그러나 팽공은 그 말을 알아듣지 못하고 "사람마다 분수가 있는데 어찌 저 같은 사람이……."라고 하며 생각 속에 빠져 버리고 말았습니다. 그때 민 화상은 '경전을 비방하지 마라, 곧 자기의 본래면목을 어둡게 하지 마라'고 따끔한 가르침을 주었습니다.

어리둥절해하며 들어갈 곳을 몰라 "그렇다면 어떻게 해야 합니까?" 하고 묻는 팽공에게, 민 화상은 마치 단칼에 소의 숨통을 끊는 노련한 투우사처럼 그가 써 온 경전을 말없이 들어 보였습니다. 삼세의 모든 부처와 그 부처의 모든 불법이 여기에서 나왔습니다. 부대사가 법상을 탕! 치고 민 화상이 경전을 들어 보이는 곳에서 이 경은 언제나 커다란 광명을 놓고 있습니다.

다시 모르겠다고 말해 보십시오.
"모 · 르 · 겠 · 습 · 니 · 다."

이와 같이 이 경전은 항상 설해지고 있습니다.

4. 힘을 얻다

안(安) 상국(相國)이 남쪽으로 좌천되어 지나가다가 민 화상을 뵙고 한탄하며 말했다.

"일생 동안 벼슬을 하다가 이제 귀양을 당했습니다. 깨고 보니 이전의 일은 그저 한바탕 꿈일 뿐이었습니다."

민 화상이 말했다.

"상공께서는 꿈을 깨셨습니까?"

안 상국이 말했다.

"이것은 모두 본래 있는 것이지만 다만 아직 분명하게 깨닫지 못했을 뿐입니다."

민 화상이 즉각 "상공!" 하고 부르자 안 상국이 고개를 들었다. 민 화상이 말했다.

"깨달았습니까?"

안 상국이 말했다.

"어떻게 일을 당해 쓸 수 있습니까?"

민 화상이 말했다.

"서울을 떠나 여기까지 오는 데 얼마나 걸렸습니까?"

안 상국이 말했다.

"42일입니다."

민 화상이 말했다.

"그것은 어느 곳에서 얻어 왔습니까?"

안 상국이 웃으며 말했다.

"힘을 얻었습니다. 힘을 얻었습니다."

민 화상이 말했다.

"지금 당장 누리십시오."

안 상국이 말했다.

"어떻게 누려야 합니까?"

민 화상이 말했다.

"아침마다 비슷하고 날마다 똑같습니다."

안 상국이 이에 합장하자 민 화상이 말했다.

"다만 있는 것을 모두 비울지언정 없는 것을 실답다고 여기지 마십시오. 대략 이와 같이 하면 진실로 대자재를 얻을 것입니다."

_총림성사

오래 이 공부를 한 사람 가운데서도 이 단순한 진실에 쉽게 계합하는 사람이 드문 것은 참으로 이상한 일입니다. 이 일은 결코 숨겨져 있거나 특별한 조건을 충족해야만 깨달을 수 있는 일이 아닌데도 말입니다. 오직 어떠한 헤아림도 없이 몸소 맞닥뜨리면 즉각 깨달을 수 있는 일일 뿐입니다. 조금이라도 생각으로 이해하려 한다면 결코 좁힐 수 없는 틈이 생기게 됩니다.

예화 속의 안 상국 역시 이 일이 어떤 것이라는 지견은 있었지만 자기 스스로 이것을 분명히 깨닫지는 못했습니다. 민 화상이 한 가닥 방편의 문을 열어 "상공!" 하고 부르자 안 상국은 고개를 들었습니다. 곧장 있는 그대로의 진실을 조금도 숨김없이 드러내 보인 것입니다. 그러나 대다수의 사람들처럼 안 상국은 이 평범한 진실을 믿지 못하고 일을 당할 때 이것을 어떻게 쓰느냐 묻습니다.

바로 지금 그렇게 묻는 것이 일을 당해 이것을 자유자재로 쓰고 있는 것인데도 여전히 미세한 분별과 망상이 그의 눈을 가로막고 있습니다. 생각보다 많은 사람이 이 사실을 체험하고도 이것을 믿지 못합니다. 아니, 믿지 않습니다. 너무나 평범하고, 너무나 소박하고, 너무나 미약해 보이기 때문입니다. 분별망상의 힘은 아직 강한데 이 안목은 이제 갓 태어난 어린아이와 같기 때문입니다.

민 화상이 서울에서 여기까지 얼마나 걸렸냐고 묻자, 안 상국은 42일 이라고 답했습니다. 그러자 민 화상은 그렇게 잘 쓰고 있는 그 물건을 어디서 가져왔느냐고 되묻습니다. 이 일은 결코 남에게서 빌려 오거나 바깥에서 얻을 수 있는 것이 아닙니다. 많은 사람의 예상과 다르게 이 것은 새롭게 얻거나 찾는 대상이 아니라 본래부터 엄연히 있었던 참된 자기의 존재 자체입니다.

일찍이 임제(臨濟) 스님이 말했습니다. "도를 배우는 이들아! 내가 가르치는 것은 다만 그대들이 남에게 속지 말라는 것이니, 쓰고자 하면 쓸 뿐 다시 주저하거나 의심하지 마라. 오늘날 공부하는 자들이 그렇지 못하는 데에는 병이 어디에 있는가? 병은 자기 자신을 믿지 않는 데에 있느니라. 그대들이 만약 스스로 믿지 못하면 바삐 경계 따라 구르고 온갖 경계에 휩쓸려서 자유롭지 못할 것이다."

자기를 믿지 못하는 것이 중생입니다. 그러니 끝없이 생각으로 헤아려 어떤 것이 자기에게 이로운지 해로운지 분별을 그칠 날이 없는 것입니다. 자기라는 것이 본래 이 육체에 한정되지 않고 무한한 것인 줄을 깨달아야만 진실로 있는 그대로의 자기를 믿고 긍정할 수 있는 것입니다. 생각으로 헤아려 판단할 필요가 없는 것이야말로 자명한 진리라 할 수 있습니다.

깨달음은 지금 당장 누려 쓰는 것입니다. 이해나 획득의 대상이 결코 아닙니다. 이 점을 명심, 또 명심해야 합니다. 지금 가지고 있는 모든 생각과 견해를 내려놓고 비울지언정, 지금 여기에 없는 관념 속의 깨달음, 부처, 열반 따위의 허망한 이미지를 실답다고 여기지 마십시오. 이미 있는 것을 비우고 아직 없는 것을 다시 채우지 않는다면 본래의 있는 그대로입니다. 바로 지금 이것입니다.

우리가 태어나서 배우고 익힌 것은 모두 무상한 것일 뿐입니다. 우리가 결코 배우고 익히지 않은 것, 본래 타고난 것, 그것이 우리의 본래면목, 본성(本性), 자성(自性), 곧 불성(佛性)입니다. 특별히 생겨난 것이 아니기에 다시 사라지지도 않는 것, 더 늘어나거나 더 줄어들지 않는 것, 깨끗해지지도 않고 더러워지지도 않는 것, 그것이 바로 지금 이것입니다.

이렇게 누리고 쓰고 있으면서도 어찌하여 알지를 못합니까? 이 글자를 마주하고 있는 그것은 대관절 무엇이란 말입니까? 한 생각도 일으키지 않을 때 바로 지금 여기 이것이 무엇입니까? 마치 허공처럼 언제나 함께 있었던 것, 아무런 실체 없이 텅 비고 투명하여 마치 없는 것과 같아 미처 돌아보지 못했던 이것이 무엇일까요? 생각을 통해 답을 찾는다면 모두 헛수고일 뿐입니다. 이것이 무엇일까요?

5. 대신할 수 없는 일

개선(開善) 겸(謙) 화상은 건령(建寧) 사람이다. 처음에 서울에 가서 원오(圓悟) 스님을 만나 뵈었으나 깨친 바가 없었다. 나중에 묘희(妙喜) 스님을 따라 천남(泉南)에 암자를 짓고 살았다. 묘희 스님이 경산(徑山)을 통솔하게 되자 겸 화상 또한 시자(侍子)로 갔다. 얼마 안 있어 묘희 스님은 그를 장사(長沙)로 보내 자암(紫巖) 거사 위공(魏公)에게 편지를 전하게 했다.

겸 화상이 스스로 생각하기를, '내가 20년 동안 참선을 했지만 조금도 들어갈 곳이 없었는데, 다시 이렇게 돌아다니게 된다면 내 공부는 분명 쓸모없게 될 것이다.' 하고 갈 뜻이 없었다. 그때 도반인 죽원암주(竹原菴主) 종원(宗元)이라는 사람이 꾸짖어 말했다.

"길에 있다고 참선하지 못하는 것은 아니라네. 내가 그대와 함께 가겠네."

겸 화상은 어쩔 수 없이 길을 떠났다. 가는 도중에 종원에게 울며 말했다.

"제가 일생 동안 참선했는데 특별히 힘을 얻은 곳이 없었습니다. 이제 다시 길에서 분주하니 어떻게 깨달을 수 있겠습니까?"

종원이 그를 깨우쳐 주며 말했다.

"그대가 여러 곳에서 참문했던 것, 깨달았던 것, 원오 스님과 묘희 스님이 그대에게 말했던 것 모두 이해할 필요가 없네. 가는 도중에 대신할 수 있는 일은 모두 내가 그대 대신 해 주겠네. 하지만 다섯 가지 일만은 그대 대신 해 줄 수 없으니 그대 스스로 감당해야 하네."

겸 화상이 말했다.

"다섯 가지 일은 무엇입니까? 그 말을 듣고 싶습니다."

종원이 말했다.

"옷 입고, 밥 먹고, 똥 누고, 오줌 누고, 이 송장을 끌고 길을 가는 일이네."

겸 화상은 말끝에 크게 깨치고 자기도 모르게 덩실덩실 춤을 추며 말했다.

"형이 아니었다면 제가 어찌 이러한 경지를 얻었겠습니까!"

종원이 이에 말했다.

"그대가 이제 비로소 자암 거사에게 편지를 전할 수 있으니, 나는 돌아가겠네."

_총림성사

이 공부를 하는 사람들 가운데 열에 아홉이 저지르는 실수가 바깥에서 도를 찾고 선을 구하는 일입니다. 물론 처음에는 그럴 수밖에 없습니다. 정말 큰 인연이 없는 한, 눈 밝은 선지식을 만났다 하더라도 그들의 가르침을 단숨에 받아들이기란 쉽지 않기 때문입니다. 무엇보다 그들의 가르침이 우리의 일반적 상식과는 전혀 어긋나기 때문입니다. 그래서 이 공부에서는 시절인연, 때가 있다고 하는 것입니다.

예화 속 겸 화상은 원오 스님, 묘희(대혜) 스님과 같은 큰 선지식을 모시면서 공부했지만 20년이 지나도록 들어갈 곳, 깨달음을 얻지 못했습니다. 어쩌면 공부란 어떻게 하는 것이다, 깨달음이란 어떠한 것이다, 하는 고정관념에 오랫동안 사로잡혀 있었는지도 모릅니다. 그렇지 않고서야 20년이라는 긴 세월을 허송할 수 없는 일이기 때문입니다. 수많은 선지식이 이 일을 밝히는 데는 고작 3일이나 7일, 늦어도 3년을 넘기지 않는다고 하신 말씀은 진실한 말씀입니다.

　어느 날 겸 화상에게 스승인 묘희 스님이 먼 곳에 있는 어느 거사에게 편지를 전하고 오라는 심부름을 시킵니다. 공부하는 이들 가운데는 번잡한 세상사를 피해서 조용한 절의 선방 좌복 위의 공부만을 집착하는 이들이 많습니다. 고요한 것만 지키는 것, 고요해야 공부가 될 것이라는 잘못된 선입견과 착각이 여전히 팽배합니다. 겸 화상 역시 그런 까닭에 마음이 내키지 않아 가지 않으려고 하자, 도반인 종원이 같이 가 주겠다며 인연을 만들어 줍니다.

　예부터 이 공부를 함에 스승과 도반의 도움을 빼놓지 않고 있습니다. 어쩌면 스승이야말로 진정한 도반이고 도반이야말로 진정한 스승이라 할 수 있을 것입니다. 길을 가는 도중에 겸 화상은 도반인 종원에게 공부에 대한 하소연을 늘어놓습니다. 아마 스승에게는 이렇게 솔직하게 자기 공부를 털어놓지 않았을지도 모릅니다. 예나 지금이나 공부하는 사람들 중에는 이렇게 혼자서 어떻게 해 보려는 사람들이 많습니다.

　많은 선지식을 친견하고, 많은 가르침을 받고, 많은 수행을 하고, 많은 책을 읽었지만 가장 중요한 것을 빠뜨리는 실수를 저지르게 됩니다. 그 모든 것을 하고 있는 '나'는 무엇이냐는 겁니다. 혼자 공부하면 이러한 자신을 되비춰 줄 거울 역할을 해 주는 사람이나 인연을 만나기가 쉽지 않습니다. 그래서 예부터 이 공부를 했던 사람들은 천리만리를 마다하지 않고 사람을 찾아 나섰던 것입니다. 인연 있는 사람을 만나는 것이 공부의 전부라 할 수 있습니다.

어쨌든 도반인 겸 화상의 이야기를 듣고 종원은 곧장 겸 화상의 병통에 맞는 방편을 써서 가르침을 주었습니다. 그동안 배웠던 것은 모두 이해할 필요가 없는 것이다, 아무리 대단한 선지식의 가르침이든, 공부하는 도중에 깨달은 것들, 체험한 것들, 이해한 것들이든 모두 필요 없다는 것입니다. 그것은 모두 지난 일이고, 생각이고, 과거일 뿐입니다. 그것 말고 바로 지금 누구도 대신하지 못하는 그대 자신, 그대 스스로 감당하는 일이 곧 그대 자신임을 곧장 지적해 줍니다.

옷 입고, 밥 먹고, 똥 싸고, 오줌 누고, 이렇게 몸뚱이를 이끌어 길을 걷는 것, 바로 지금 아무 문제 없이 쓰고 있는 이 일용사(日用事), 너무나 당연한 이 작용을 떠나서 나의 본래면목, 나의 본성, 나 자신은 없습니다. 지금 보고 듣고 느끼고 아는 이것이 바로 나입니다. 아무 모자람 없이 본래부터 있는 이것을 어찌 바깥에서, 수행을 통해서, 선지식의 말만 이해해서 깨달을 수 있겠습니까? 이 당연한 것을 20년이나 찾고 있었으니 어찌 어리석지 않습니까?

겸 화상은 인연이 있었는지 이 말끝에 비로소 깨닫습니다. 드디어 들어갈 곳을 찾게 된 셈이죠. 이제껏 자기가 자기를 찾고 있었다는 사실을 깨닫지 못했던 것일 뿐입니다. 새삼 찾고 봐도 특별히 얻은 것은 없습니다. 언제나 그 사람일 뿐이기 때문입니다. 다만 이전까지 가지고 있던 모든 헛된 망상들만이 사라졌을 뿐입니다. 깨달음이니 부처니 도니 하는 것들에 대한 바람과 기대, 추구가 사라지니 바로 그것이었습니다.

그래서 그는 훗날 이와 같은 설법을 남겼습니다.

"부처를 말하고 법을 말하는 것은 맹인과 귀머거리를 속이는 짓이고, 성품을 논하고 마음을 논하는 것은 스스로 함정 속에 뛰어드는 일이다. 몽둥이를 휘두르고 할을 하는 것은 세력을 힘입어 사람을 속이는 일이며, 눈을 깜빡이고 눈썹을 치켜뜨는 것은 들여우 귀신 짓이다. 그렇다고 모두 이와 같지 않다고 해도 소리를 질러 메아리를 멈추는 것과 같고, 별달리 기특한 일이 있다 해도 허공을 바라보며 하소연하는 것과 같다. 결국 어떻다는 말인가? 흰 구름 다한 곳이 푸른 산이거늘, 행인은 다시 푸른 산 바깥에 있도다."

제가 사족을 달자면, 흰 구름 가운데 있어도 푸른 산이요, 흰 구름을 벗어나도 또한 푸른 산이니, 언제나 두 눈 가득 푸른 산일 뿐이라 하겠습니다.

6. 스스로 이해할 때

황암(黃巖) 영석사(靈石寺)의 신고범(新古帆) 스님은 처음에 호구(虎丘)에서 동주(東州) 스님을 찾아뵙고 일찍이 장약(藏鑰; 장경각 담당)을 맡았다. 다음에 홍복(鴻福)에서 축원(竺元) 스님을 찾아뵈었다. 어느 날 저녁 방장(方丈)에 올라가서 법문을 청하고는 말했다.

"저는 '개에게는 불성이 없다.'는 화두를 들고 있는데, 들어갈 곳을 찾지 못하였으니 화상의 가르침을 바랍니다."

그러자 축원 스님은 사나운 목소리로 말했다.

"밤이 깊었으니 물러가거라!"

고범 스님은 방으로 돌아와 욕을 하며, "나를 위해 말해 주지 않으면 그만이지 어찌하여 화를 낸단 말인가!"라고 말했다.

어떤 사람이 이를 축원 스님에게 이야기하자 스님은 "그가 훗날 스스로 이해할 때가 있을 것이다."라고 말했다.

고범 스님이 그 이야기를 전해 듣고는 곧바로 확연하게 깨쳤다.

_산암잡록(山菴雜錄)

예부터 "부처는 활등처럼 말씀하시고 조사는 활줄처럼 말씀하신다."고 하였습니다. 가르침을 베푸는 데 있어 부처님은 자애롭게 상대의 근기에 맞춰 설명도 하고 완곡하게 비유도 들어 말씀하시지만, 조사 스님은 단도직입(單刀直入)으로 사람의 마음을 곧장 가리킵니다.

어떤 이해나 헤아림도 용납하지 않기 때문에, 처음 이러한 가르침을 받는 입장에서는 낯설고 어렵게 느끼거나, 때로는 당혹스럽고 모욕감을 느낄 수도 있습니다. 그러나 인연만 맞는다면 공부하는 데 걸리는 시간과 노력을 덜어 주고 단박에 깨달을 수 있는 지름길, 곧 경절문(徑截門)입니다.

그 대단한 임제 스님 역시 황벽(黃檗) 스님에게 불법의 분명한 뜻을 세 차례나 물었는데 세 번 모두 다짜고짜 몽둥이로 맞기만 하였습니다. 그 뜻을 이해하지 못한 임제 스님은 황벽 스님 곁을 떠나 대우 스님을 찾아갔다가 "황벽 스님이 그렇게 노파심으로 애를 썼거늘……." 하는 말을 듣고 그제야 황벽 스님의 뜻을 깨우치게 되었습니다.

바로 지금 이대로가 불법인데 또다시 불법의 분명한 뜻을 묻는 것은, 본래 자기이면서 자기가 누구냐 묻는 바보나 미치광이와 다를 바가 없습니다. 그러니 몽둥이로 때리지 않을 수 없습니다. 한 대만 때려도 분명한 것을 황벽 스님은 세 차례에 걸쳐 60대나 때렸다고 하니 진실로 노파심절한 가르침이라 할 수 있습니다.

고범 스님처럼 화두를 들고 들어갈 곳을 찾고 있다면, 서울 광화문 네거리에서 서울 가는 길을 묻고 있는 것과 다를 바가 없습니다. "개에게는 불성이 없다.", "무(無)!"를 놓아두고 다시 들어갈 곳을 찾는 것이나, 임제 스님이 불법의 분명한 뜻을 묻는 것이나, 하등의 차이가 없습니다. 모두 몽둥이를 맞아야 할 어리석은 짓입니다.

축원 스님은 고범 스님의 어리석음을 사나운 목소리로 단칼에 잘라 주었지만 아직 눈이 어두운 고범 스님은 이를 깨닫지 못했습니다. 나중에 '훗날 스스로 깨달을 날이 있을 것'이라는 말을 전해 듣고서야 비로소 축원 스님의 뜻에 계합할 수 있었던 것입니다. 축원 스님의 노파심 또한 황벽 스님 못지않습니다.

　이렇게 말해 줘도 모르겠다면 훗날 스스로 이해할 때가 있을 것입니다.

7. 말후구

정수(定水)의 보엽(寶葉) 화상은 사명(四明) 사람이다. 경산(徑山)의 허당(虛堂) 스님에게 참문하였는데, 종문의 화두에서 깨치지 못한 것은 반드시 노련한 이에게 가르침을 청하여 깨치지 못하면 그만두지 않았다. 하루는 허당 스님에게 나아가 물었다.

"덕산(德山) 스님의 말후구(末後句)가 만약 있다고 한다면 어찌 덕산 스님이 알지 못했으며, 만약 없다고 한다면 암두(巖頭) 스님은 또 덕산 스님이 아직 알지 못했다 하였습니까? 바라건대 화상께서 자비로써 가르쳐 주십시오."

허당 스님이 말했다.

"나는 알지 못하니 그대는 운(雲) 수좌에게 가서 물어보아라."

운 수좌에게 물어보러 가니 마침 운 수좌가 산을 거닐다 돌아와 물을 찾아 발을 씻으려 하였다. 스님은 재빨리 물을 가져다 몸을 굽히고 손을 내밀어 그의 발을 씻어 주며 고개를 들어 물었다.

"덕산 스님의 말후구가 있는 것인지 없는 것인지 저는 알지 못하겠습니다. 바라건대 수좌께서 가르쳐 주십시오."

그러자 운 수좌는 양손으로 발 씻은 물을 끼얹으며 말했다.

"무슨 말후구가 있단 말인가!"

스님은 그 가르침을 밝히지 못하고 다음 날 허당 스님을 만났다. 허당 스님이 말했다.

"내가 그대에게 운 수좌에게 말후구를 물어보라 하였는데 그가 어떻게 말을 하던가?"

스님이 말했다.

"화상의 명을 받들어 그에게 물었는데 그는 발 씻은 물을 제게 끼얹었습니다."

허당 스님이 말했다.

"그가 또 별다른 말은 하지 않던가?"

스님이 말했다.

"그가 무슨 말후구가 있느냐고 했습니다."

허당 스님이 말했다.

"그렇지! 내 그대에게 말하건대 그는 깨달은 사람이다."

스님은 여기에서 의심이 훤히 풀렸다.

_산암잡록

선문(禪門)의 공안 가운데 '덕산탁발화(德山托鉢話)'라는 화두는 예부터 뚫기 어려운 공안으로 정평이 나 있습니다.

어느 날 덕산 스님이 발우를 들고 방장실을 내려갔습니다. 이때 설봉(雪峰) 스님이 "이 노인네가 종도 치지 않고 북도 울리지 않았는데, 발우를 들고 어디로 가는가?"라고 묻자, 덕산 스님은 말없이 방장실로 되돌아갔습니다.

설봉 스님이 암두 스님에게 이 이야기를 하자, 암두 스님은 말했습니다.

"위대한 덕산 스님이 아직 말후구를 알지 못하는구나!"

덕산 스님이 이 이야기를 듣고 시자를 시켜 암두 스님을 불러오라고 했습니다. 덕산 스님이 암두 스님에게 물었습니다.

"그대는 나를 인정하지 않는가?"

암두 스님이 귓속말로 자신의 뜻을 알려 주자, 덕산 스님은 더 이상 아무 말도 하지 않았습니다. 다음 날 덕산 스님이 법상에 올랐는데 평상시와 같지 않았습니다. 암두 스님은 승당 앞에 이르러 박장대소하며 말했습니다.

"이제 노스님이 말후구를 알았으니 기뻐할 일이다. 이후 세상 사람들은 그를 어쩌지 못하리라."

이 이야기 가운데 등장하는 말후구는 보통 모든 언구를 뛰어넘는 한 마디, 깨달음마저 초탈한 궁극의 경지를 가리키는 말로 사용됩니다. 공안의 핵심은 암두 스님이 덕산 스님에게 가르쳐 준 말후구가 무엇이냐는 문제입니다. 예부터 이와 관련하여 왈가왈부가 많았습니다. 어떤 사람은 "참으로 이 구절(此句)이 있다." 하기도 하고, 어떤 사람은 "아비와 아들이 서로 부르고 화답하지만 실로 이 구절은 없다." 하기도 하였습니다.

위의 예화 속 보엽 스님 역시 말후구라는 것이 있다면 덕산과 같은 이가 알지 못할 리가 없을 것이고, 말후구라는 것이 없다면 어찌 암두는 덕산이 그것을 알지 못한다고 했을까 하고 의심하고 있었습니다. 그래서 허당 스님에게 물어보았더니, 스님은 대답 대신에 운 수좌에게 물어보라고 합니다. 보엽 스님이 허당 스님의 지시에 따라 운 수좌에게 앞의 의문을 묻자, 운 수좌는 발 씻던 물을 끼얹으며 무슨 말후구가 있단 말인가 하고 꾸짖었습니다.

애초에 보엽 스님의 질문에 허당 스님이 "나는 알지 못하니 운 수좌에게 물어보라." 한 것은 대답을 한 것일까요, 안 한 것일까요? 운 수좌는 보엽 스님의 질문에 어째서 물을 끼얹으며 꾸짖었을까요? 말후구는 모든 언구를 뛰어넘는 한마디이거늘 다시 '말후구'라는 언구에 가로막히면 꿈에도 말후구를 깨닫지 못합니다. '붕어빵'이라는 말만 듣고 빵에 붕어가 없다고 따진다면 어리석다고 해야 할까요, 순진하다고 해야 할까요? 다음과 같은 이야기가 있습니다.

한 승려가 마조 스님에게 물었습니다.
"모든 분별을 끊고서 조사가 서쪽에서 온 뜻을 바로 가리켜 주십시오."
그러자 마조 스님이 말했습니다.
"내가 오늘은 그럴 기분이 아니니, 그대는 지장(知藏)에게 가서 물어보라."
그 승려가 지장 스님에게 가서 물으니, 지장이 말했습니다.
"그대는 어찌하여 마조 스님에게 묻지 않는가?"
"스님께서 저에게 상좌(上座)께 물어보라고 하셨습니다."
지장 스님은 손으로 머리를 만지면서 말했습니다.
"오늘 나는 머리가 아프니, 그대는 회해(懷海) 사형에게 가서 물어라."
그 승려가 다시 회해 스님에게 가서 물으니, 회해 스님이 말했습니다.
"나는 여기에서 도리어 알지 못하겠다."
그 승려가 마조 스님에게 이러한 일들을 이야기하자 마조 스님이 말했습니다.
"지장의 머리는 희고, 회해의 머리는 검구나."

여기에서 마조 스님과 지장 스님, 회해 스님은 승려의 질문에 답을 한 것일까요, 하지 않은 것일까요? '말후구'니 '조사가 서쪽에서 온 뜻'

이니 하는 말에 해당하는 실체가 있다면 그것은 제법무아(諸法無我)의 불법이 아니고, 그렇다고 그러한 말에 해당하는 실체가 없다면 불법이라는 것은 허황하기 짝이 없는 것입니다. 눈 밝은 이라면 '있다'와 '없다'라는 것마저도, 나아가 일체의 사량과 분별이 모두 언구, 말과 개념일 뿐이라는 사실을 간파할 수 있을 것입니다.

모든 언구, 말과 개념에 속지 않는다면 "나는 알지 못한다."라는 말은 실제로 무엇일까요? "운 수좌에 물어보라.", "지장에게 물어보라.", "회해에게 물어보라."는 말은 실제로 무엇일까요? 그리고 말없이 '발 씻는 물을 끼얹는다'는 행위는 또 무엇일까요? "무슨 말후구가 있단 말인가?"라는 말은 말후구가 없다는 말일까요? 이 모든 의문 역시 또 다른 언구, 말과 개념이라는 사실을 명심하십시오. 그리고 여기에서 어떤 이해가 찾아와도 그 역시 또 다른 언구, 말과 개념일 뿐입니다.

자, 여기에서 어떻게 해야 할까요? 제주도 돌하르방에게 물어보십시오.

8. 우연과 필연

육왕(育王)의 면(勉) 시자(侍者)는 내 친척 조카이다. 어려서부터 뜻이 있어 참선을 공부했으나 불행히도 단명하였다. (중략) 임종할 때 다음과 같은 게송을 남겼다.

났지만 본래 나지 않았고
죽음 또한 죽음이 아니네.
비마는 집게로 꼬집었고
구지는 손가락을 세웠네.

내가 일찍이 그가 깨닫게 된 연유를 물었더니 이렇게 대답했다.
"제가 예전에 옥궤(玉几)에서 전단 숲 경안(經案) 옆에 앉아 있다가, 우연히 규(珪) 장주(藏主)가 어떤 스님과 강론하는 것을 보았습니다. 스님이 '어떤 것이 향상사(向上事)⁴입니까?'라고 묻자, 규 장주는 양손으로 주먹을 쥐고 머리 위에 올렸다가 다시 합장하면서 '소로소로.'라고 하였습니다. 이로 인해 환희로운 곳을 얻게 되어 급히 요사채에 이르러 달(達) 수좌에게 말했습니다. 그가 웃으며 '네가 돌아왔구나.' 하였는데 이로부터 차츰 가슴 속이 상쾌한 것을 스스로 느끼게 되었습니다."
내가 나중에 규 장주를 만나 그 이야기를 물었더니 그는 얼굴만 빨개질 뿐 감히 대답하지 못했다. 천천히 다시 물으니 다음과 같이 대답했다.

---

4 말과 생각이 미치지 못하는 최상의 진리.

"제가 당시 그런 모양을 지은 것은 그 스님을 놀려 주려 하였을 뿐, 실제로는 어떻게 해야 할지 스스로 알지 못했습니다." (중략)

이제 규 장주가 그 승려를 놀려 주려 했는데 면 시자가 환희로운 곳을 얻은 것을 살펴보니, 부처님 회상에서 어린 사미가 가죽 공으로 장난삼아 늙은 비구의 머리를 때려 그로 하여금 사과(四果)[5]를 증득하게 한 일과 나란히 할 만하다.

_산암잡록

석가모니는 출가 후 6년간 선정(禪定)과 고행(苦行)을 하였으나 깨닫지 못하다가 어느 날 새벽 보리수 아래에서 샛별을 보고 깨달았습니다. 육조 혜능(慧能)은 더벅머리 나무꾼 시절에 우연히 누군가가 『금강경』 외우는 소리를 듣고 깨달았습니다. 우리나라의 경허(鏡虛) 스님은 '나귀의 일이 가지 않았는데 말의 일이 닥쳤다.'라는 화두를 들고 있었는데, 사미가 '콧구멍 없는 소' 이야기를 꺼내자 깨달았습니다.

이 외에도 복사꽃을 보고 깨닫고, 기왓장이 대나무에 부딪치는 소리를 듣고 깨닫고, 돌부리에 발이 걸려 넘어지다 깨닫고, 시장 바닥에서 두 사람이 싸우는 것을 보다 깨닫고, 먼 데서 닭 우는 소리를 듣다 깨닫고, 물레방아가 도는 것을 보다가 깨닫고, 주먹으로 한 대 얻어맞거나 발로 짓밟히다 깨닫고, 선지식의 말을 듣다 깨닫고, 홀로 경전을 보다 깨닫는 등 우연히 깨달음을 얻은 사례들은 무수히 많습니다.

그렇다면 깨달음은 우연의 결과일까요? 반드시 그렇다고 할 수는 없

---

5 소승 불교에서 이르는 깨달음의 네 단계. 수다원과, 사다함과, 아나함과, 아라한과.

습니다. 왜냐하면 한 가지 필연적인 조건 아닌 조건이 있기 때문입니다. 사실 깨달음은 앞의 다양한 사례에서 본 것처럼 어떤 인연을 계기로 해서 벌어집니다. 우리는 매 순간 무수한 인연을 마주하고 살아가므로, 우리는 매 순간 깨달을 수 있는 인연을 만나고 있는 것입니다. 그러나 명심할 것은 깨달음이라는 사건은 비록 어떤 인연을 계기로 일어나지만 깨달음 자체는 인연의 소산이 아니라는 것입니다.

깨달음의 인연이 도래하기 위한 필연적인 조건 아닌 조건은 이 일에 대한 의식적, 무의식적인 관심, 즉 발심(發心)입니다. 의식적이든 무의식적이든 현상 세계에 대한 고통과 불만족에서 비롯된 구도심, 현실의 문제에서 벗어나고자 하는 간절한 마음이 있어야 합니다. 누가 시키지 않았는데도 자기도 모르게 인생에 대한 커다란 의문을 가지는 사람들이 종종 있습니다. 세상의 일에는 관심이 없고 도무지 알 수 없는 이 일에 사로잡혀야 합니다.

간절한 구도의 마음, 자신도 알 수 없는 의문 속에 빠져들게 되면 우리의 마음을 어지럽히는 잡념이 사라지게 됩니다. 저절로 순일무잡(純一無雜)한 마음의 상태가 되면 마치 죽은 사람처럼 마음이 고요해집니다. 이때 마치 너무나 고요해서 유리 같은 수면 위에 나뭇잎이 떨어져 파문이 이는 순간 물의 존재를 확인하듯, 어떤 인연을 통해 분명히 있었지만 그동안 확인하지 못했던 살아 있는 마음의 실체를 깨닫는 일이 벌어집니다.

깨닫고 보면 모든 인연이 본래 자기의 한 마음을 벗어나 있지 않다는 사실이 명확해집니다. 그동안 제각각 따로 분리되어 있는 줄 알았던 현상 세계가 온통 하나의 마음, 자기 자신이라는 사실이 분명해집니다. 홀연히 꿈에서 깬 것처럼 이전에 인생의 희로애락이 주었던 현실감이 사라집니다. 애초부터 매 순간 경험했던 모든 일이 결국 다른 일이 아니었습니다. 항상 이 마음이 고요하면서 밝고, 밝으면서 고요합니다.

깨닫고 보니 우연인 줄 알았던 것이 필연이었고, 필연인 줄 알았던 것이 우연이었습니다. 이 일을 깨닫는 것이 눈먼 거북이 구멍 뚫린 나무판자 가운데 고개를 내미는 일처럼 어려운 일이면서도, 이보다 더 자연스럽고 당연한 일이 있을 수 없을 만큼 쉬운 일이라는 사실에 어이가 없습니다. 깨닫지 못하면 지극히 어려운 일이겠지만, 깨달으면 지극히 쉬운 일입니다. 간절한 구도의 마음, 자기도 어찌할 수 없는 큰 의문에 사로잡히면 저절로 그러한 일이 벌어집니다.

『잡보장경(雜寶藏經)』에 보면 어떤 늙은 비구가 젊은 비구들에게 지극한 마음으로 법을 청했습니다. 젊은 비구들은 늙은 비구를 놀려 줄 셈으로 공양을 요구하여 얻어먹고는 가죽 공으로 늙은 비구의 머리를 네 차례 때리면서 "이것이 수다원과, 사다함과, 아나함과, 아라한과이다." 라고 말했습니다. 그러나 지극한 마음으로 법을 청했던 늙은 비구는 그 인연으로 정말 아라한과를 증득했습니다. 지극하고 순수한 한마음이야 말로 깨달음의 필연적인 조건입니다.

9. 뛰어난 경계가 나타나면

홍무(洪武) 5년에 내가 상우(上虞) 지역을 떠돌다 개호(蓋湖) 적경정사(積慶精舍)에서 여름을 보내는데, 어느 날 아침 유안인(俞安人)이라는 사람이 백관시(百官市)에서 와서는 내 앞에 무릎 꿇고 하소연을 했다.

"저는 남편과 마음이 맞지 않아 발심하여 정토(淨土) 수행을 한 지 7~8년이 됩니다. 근래 1~2년 사이 매번 마음을 깨끗이 하고 고요하게 앉아 있을 때면 공중에서 가냘픈 음악소리와 구관조의 울음소리가 끝이 없습니다. 제 스스로는 뛰어난 경계가 나타났다고 여겼는데 어떤 이는 마(魔)의 경계라 하기에 선사께서 이를 판단해 주시기 바랍니다."

내가 말했다.

"이것은 그대가 경(經) 가운데 '백 가지 보배나무에 바람이 부니 그 소리가 마치 백천 가지 음악과 온갖 새의 소리가 일시에 일어나는 것과 같다.'는 글을 보고는 그것을 독실하게 믿어 팔식(八識)의 밭에 뿌리를 내려 제거할 방법이 없기에 고요한 선정 가운데 발현되는 것일 뿐이다. 그대가 나중에 이러한 경계를 다시 보게 되거든, 뛰어난 경계라는 생각도 하지 말고 또한 마의 경계라는 생각도 하지 말고, 그 자리에서 단숨에 끊어 버리면 곧바로 오직 마음만이 정토이고 본성이 아미타불이어서 전체가 모두 이것이라는 사실을 보게 될 것이니 어찌 십만 억 머나먼 국토 밖에 있겠는가?"

그러자 유안인이 손가락으로 자기 가슴을 가리키며 말했다.

"이제 의심덩어리가 풀렸습니다."

마음공부, 또는 수도(修道) 생활을 하다 보면 특이한 경계(境界)[6]를 체험하는 경우가 왕왕 있습니다. 어떤 빛과 모양을 보거나, 어떤 미묘한 소리를 듣거나, 어떤 느낌을 느끼거나, 어떤 이해가 일어나는 등 경계의 종류는 다양합니다. 그러나 그러한 경계의 공통점은 모두 감각 기관에 의해 지각되는 대상들이라는 점입니다. 다시 말해, 경계란 알 수 있는 것들, 경험할 수 있는 것들입니다.

이런 경계들을 체험하게 되면 십중팔구 그러한 경계 체험을 반복하고자 하거나 증장(增長)하고자 합니다. 그러나 이는 또 다른 집착으로 무명과 번뇌의 원인이 될 뿐입니다. 불법은 결코 어떠한 경계가 아닙니다. 공(空)은 우리 감각 기관에 의해 지각될 수 있는 대상이 아니기 때문입니다. 알 수 있고 경험할 수 있다면 분리된 것, 이법(二法)이므로 불이법(不二法)인 불법은 아닙니다.

눈은 다른 모든 대상을 볼 수 있지만 자기 자신만은 결코 볼 수 없습니다. 보는 눈은 보이지 않습니다. 마찬가지로 마음이 온갖 경계를 지각하지만 마음 자체는 지각되지 않습니다. 제 스스로는 보이지 않지만 다른 대상들을 본다는 사실을 통해 눈의 존재를 확인하듯, 제 스스로는 지각되지 않지만 온갖 경계를 지각한다는 사실을 통해 마음을 확인합니다.

---

6 나와 관계되는 일체의 대상. 수행으로 도달한 결과.

바로 지금 온갖 경계를 경험할 때, 사물을 볼 때 보이는 사물 말고 본다는 사실, 소리를 들을 때 들리는 소리 말고 듣는다는 사실, 느낌을 느낄 때 느껴지는 느낌 말고 느낀다는 사실, 어떤 생각을 할 때 일어난 생각 말고 생각한다는 사실을 되돌려 보고 듣고 느끼고 생각해 보십시오. 거기에 볼 것, 들을 것, 느낄 것, 생각할 것이 있습니까? 경계는 텅 비었지만 단멸(斷滅)은 아닙니다.

억지로 분별하자면 이 순수한 자각의 성품에는 어떠한 내용물, 경계가 없습니다. 스스로 훤히 밝아 있을 뿐 어떤 그림자도 없습니다. 이것은 특별한 경계가 아니고 사람마다 동등하게 갖춰져 있는 본성, 의식의 본래 상태입니다. 수행을 한다고 해서 더 늘어나는 것도 아니고 미혹에 빠져 있다 해서 더 줄어드는 것도 아닙니다. 이것 안에서 분별을 할 뿐 이것 자체는 분별되지 않습니다.

진정한 수도인, 공부인이라면 나타났다 사라지는 무상한 경계에 속지 말고 나타나지도 사라지지도 않는, 변함없는 바탕에 마음을 두어야 합니다. 따로 얻을 수도 없지만 잃어버릴 수조차 없는 것만이 경계가 아닌 엄연한 진실입니다. 눈을 가지고 눈 자체를 보려고 하는 것과 같은 이분법적 노력으로는 이 당연하고 자연스러운 사실에 계합할 수 없습니다. 멈춰야 비로소 보입니다.

10. 비밀한 작용

하루는 탄연(坦然), 회양(懷讓) 두 선사가 숭악(嵩岳)의 혜안(慧安) 국사(國師)를 찾아와 인사를 드렸다. 탄연 선사가 물었다.

"어떤 것이 조사가 서쪽에서 온 뜻입니까?"

혜안 국사가 대답하였다.

"어찌하여 자기의 뜻은 묻지 않는가?"

탄연 선사가 물었다.

"어떤 것이 자기의 뜻입니까?"

혜안 국사가 말하였다.

"마땅히 비밀한 작용을 살펴보아야 한다."

탄연 선사가 한 걸음 나아가 다그쳐 물었다.

"어떤 것이 비밀한 작용입니까?"

혜안 국사는 탄연 선사를 마주보고 눈을 떴다 눈을 감고, 다시 눈을 떴다 눈을 감았다.

탄연 선사는 이로 말미암아 문득 크게 깨달았다.

_경덕전등록(景德傳燈錄), 오등회원(五燈會元)

도(道)를 배우고 선(禪)을 공부하는 사람들이 가장 쉽게 저지르는 오류가 바로 마음을 가지고 다시 마음을 찾는 일〔將心覓心〕입니다. 모든 것을 주관과 객관, 둘로 보는 습관에 익숙해 있기 때문에 당연히 도,

선, 마음, 깨달음이 주관인 자신과 별개로 있는 객관 대상일 것이라는 무의식적인 분별을 하게 됩니다. 이것이 근본적인 실수, 치명적인 오류입니다.

이렇게 둘로 나누어 보기 때문에 무언가를 찾고 구하고 얻으려 할 수밖에 없습니다. 그러나 모든 것을 이분법적으로 보는 무의식적 습관, 조건화 속에서는 아무리 애를 써 봤자 항상 그 반대되는 것, 상대적 차별에서 벗어날 수 없습니다. 찾기 때문에 찾지 못하는 일이 있고, 구하기 때문에 구하지 못하는 일이 있고, 얻으려 하기 때문에 얻지 못하는 일이 있게 되는 겁니다.

불법, 참된 깨달음은 그러한 이분법적 차별, 분별에서 곧장 벗어나 있는 그대로의 진실에 바로 계합하는 것입니다. 어떠한 이해의 과정을 거치지 않고 단박에 깨닫기 때문에 불가사의하다 합니다. 문자를 세우지 않고〔不立文字〕 가르침 바깥에 따로 전하여〔教外別傳〕 곧바로 사람의 마음을 가리켜〔直指人心〕 성품을 보아 부처를 이루게 합니다〔見性成佛〕.

예화 속의 탄연 선사가 혜안 국사에게 '조사가 서쪽에서 온 뜻'을 묻습니다. 탄연 선사 역시 이 근본적인 실수, 치명적인 오류에 빠져 있습니다. 조사의 뜻, 진리가 바깥에 따로 있는 듯 찾아 구하고 있습니다. 그런 그에게 혜안 국사는 엉뚱하게도 어찌하여 '자기의 뜻'을 묻지 않느냐고 반문합니다. 바깥으로 추구하고 있는 사람의 마음을 되돌려 회광반조(廻光返照)[7]하도록 만듭니다.

---

7 빛을 돌이켜 거꾸로 비춘다는 뜻. 언어나 문자에 의지하지 않고 자기 마음속의 영성을 직시하는 것.

그러자 탄연 선사는 어떤 것이 자기의 뜻이냐 묻습니다. 혜안 국사는 마땅히 비밀한 작용을 살펴봐야 한다고 대답합니다. 비밀은 알 수 없는 것이고, 작용은 살아서 기능하고 있는 것입니다. 자기가 아닌 것, 객관 대상은 어떻게든 알 수 있는 것입니다. 그러나 분명 살아서 작용하고 있지만 결코 알 수 없는 한 가지가 바로 자기 자신입니다.

우리는 흔히 몸과 느낌, 감정, 생각 등을 자기 자신과 동일시하지만, 그것은 모두 객관 대상입니다. 그것들은 알 수 있는 것으로 비밀한 작용이 아닙니다. 탄연 선사가 한 걸음 다가서며 그렇다면 어떤 것이 비밀한 작용이냐 다그쳐 물으니, 혜안 국사는 두 번 눈을 떴다가 감습니다. 그렇다면 눈을 떴다가 감는 것이 비밀한 작용일까요? 어리석은 강아지는 흙덩이를 쫓습니다.

지금 비밀한 작용은 바로 이 글을 보고 있는 그대에게 있습니다. 이 글을 읽고 있는 것이 바로 그대 자신의 뜻, 그대의 비밀한 작용입니다. 결코 다른 사람이 알 수 없는 사실, 오직 그대 자신만 맛보고 경험할 수 있는 것이 자기의 뜻, 비밀한 작용입니다. 물을 마시고 차고 더운지 아는 그 비밀한 작용이 바로 지금 이 글을 보고 있습니다. 여기를 떠나서 조사의 뜻이 따로 있지 않습니다.

몸도 아니고, 느낌도 아니고, 감정도 아니고, 생각도 아닌데, 지금 이 글을 보고 있고, 물을 마시면 차고 더운지 저절로 알고, 눈을 깜빡거리고, 손과 발을 놀리기도 하고, 오줌 누고 똥도 싸고, 망상도 부리고 꿈도 꾸는 신령한 작용, 결코 알 수 없는 비밀 아닌 비밀이 바로 지금 여기 있습니다. 사람마다 아무런 차이 없이 이 비밀한 작용이 온전하게 갖추어져 있습니다.

바로 이것입니다!

2장
일시에
놓아 버려라

11. 한 티끌이라도 있으면

영훈(靈訓) 스님이 처음 귀종(歸宗) 선사를 찾아뵙고 물었다.

"어떤 것이 부처입니까?"

귀종 선사가 말했다.

"내가 그대에게 말해 준다 한들 그대가 믿겠느냐?"

영훈 스님이 말했다.

"화상의 정성스러운 말씀을 어찌 감히 믿지 않겠습니까?"

귀종 선사가 말했다.

"바로 그대가 그것이다."

영훈 스님이 말했다.

"어떻게 보임(保任)[8]해야 합니까?"

귀종 선사가 말했다.

"한 티끌이 눈에 있더라도 허공 꽃이 어지럽게 떨어진다."

영훈 스님이 하직 인사를 드리니 귀종 선사가 물었다.

"어느 곳으로 가려 하느냐?"

영훈 스님이 말했다.

"영중(嶺中)으로 돌아가겠습니다."

귀종 선사가 말했다.

"그대는 이곳에 여러 해 있었으니 짐을 다 꾸리거든 다시 오너라. 그대를

---

8 어떤 상태를 보호하여 온전하게 간직함. 보임은 보호임지(保護任持)의 준말로서 '찾은 본성을
   잘 보호하여 지킨다'는 뜻이다.

위해 최상의 불법을 말해 주겠다."

영훈 스님이 짐을 다 꾸리고 법당에 가니 귀종 선사가 말했다.

"가까이 오너라."

영훈 스님이 설법을 들을 준비를 하고 다가가 귀를 기울이자 귀종 선사가 말했다.

"날씨가 추우니 조심해서 잘 가거라."

영훈 스님은 이 말을 듣고 이전의 견해를 단박에 잊었다.

_경덕전등록

선을 공부하는 데 있어 가장 조심해야 하는 것은 견해의 장애입니다. 이른바 알음알이의 장애, 곧 소지장(所知障)은 깨달음을 가로막습니다. 불법에는 '이것이 불법이다'라고 집착할 만한 것이 아무것도 없습니다. 이해란 개념적 틀, 경계 짓기를 통한 인식의 상대적 차별에 의해 생기는 것으로 일종의 구속입니다. 따라서 견해 또는 이해, 알음알이에 대한 무의식적 집착은 해탈과 열반, 깨달음을 방해합니다. 그럼에도 불구하고 사람들은 쉽게 이 어리석음을 돌아보지 못합니다.

예화 속의 영훈 스님이 귀종 선사를 찾아뵙고 어떤 것이 부처냐 묻자, 귀종은 선뜻 답변하는 대신 자신이 말해 준다 한들 그대가 믿겠느냐고 반문합니다. 불법의 골수는 사람들의 보편적 이해를 초월하기 때문입니다. 영훈이 어찌 큰스님의 진실한 말씀을 믿지 않겠느냐고 하자, 귀종은 그대가 바로 부처라고 곧장 가르쳐 주었습니다. 그러나 역시 영훈은 이것을 하나의 이해, 알음알이로 받아들이고는 어떻게 그것을 보호하고 간직해야 하느냐 묻습니다. 그러자 귀종은 한 티끌이라도 눈에 있으면 허공 꽃이 어지럽게 떨어진다 하였습니다.

불법에는 보호하고 간직할 것, 지키고 유지할 것이 없습니다. 부처, 공(空)과 무아(無我)는 결코 나와 별개로 떨어져 있는 어떤 대상, 개념이 아닙니다. 바로 자기 자신, 바로 이러함, 바로 이와 같음이 그것일 뿐입니다. 자기 자신은 생각하는 절대 주체이지 생각으로 헤아릴 객관 대상이 아닙니다. 이러함, 이와 같음이라는 말을 생각으로 이해하려는 순간 벌써 이러하지 못하고, 이와 같지 못하게 되어 버립니다. 한 티끌이라도 눈에 있으면 허공 꽃이 어지럽게 떨어지는 법입니다.

귀종의 가르침을 받고도 여전히 자신의 견해를 온전히 놓아 버리지 못했던 영훈은 얼마 후 귀종을 떠나기로 합니다. 아무래도 공부의 진전이 없다고 느꼈기 때문일 것입니다. 너무나 평범한 가르침, 이해하여 잡을 것이 없는 가르침에 실망했을 수도 있습니다. 하직 인사를 드리자 귀종은 이곳에 오래 있었으니 짐을 다 꾸리고 오면 이제까지 말해 주지 않았던 최상의 불법을 가르쳐 주겠노라고 합니다. 영훈은 짐을 꾸리면서 마음이 설레었을지도 모르겠습니다. 이제껏 듣지 못했던 최상의 불법이란 어떤 것일까?

영훈이 짐을 다 꾸리고 다시 귀종을 찾아뵙자, 귀종은 가까이 오라고 합니다. 뭔가 비밀스러운 가르침, 최상의 불법에 어울리는 제스처가 펼쳐지는 듯합니다. 떨리는 마음으로 귀종의 가르침을 듣기 위해 가까이 다가간 영훈의 귀에 대고 귀종은 말합니다. "날씨가 추우니 조심해서 잘 가거라." 이 말에 영훈은 이전까지 가지고 있던 이해를 단박에 잊어 버리게 되었다 합니다. 불필요하게 가지고 있던 견해만 사라지면 본래 있는 그대로의 상태입니다.

　말끝에 단박 깨닫는 일은 말의 내용이 아니라 말하기의 상황에 의해 촉발됩니다. 어떤 말도 이해할 필요, 분류하고 정리하여 체계화할 필요가 없습니다. 만약 그런 식으로 불법을 공부한다면 그것은 동쪽으로 가려는 사람이 서쪽으로 가는 것과 다르지 않습니다. 단지 간절한 마음, 진실로 알고 싶은 순수한 마음만 남고 잡다한 견해, 알음알이가 사라졌을 때, 어떤 말이나 동작, 상황에 의해 본래 있던 마음이 불쑥 드러나게 됩니다. 그것을 덮고 있던 소지장만 사라졌을 뿐, 새롭게 얻은 것은 하나도 없습니다.

　불법은 무다자(無多子), 곧 여러 가지가 없이 간단명료합니다. 견해의 장애만 사라지면 있는 그대로 깨달음입니다. 진실한 믿음이 없기 때문에 견해에 의지하는 것이고, 견해에 의지하기 때문에 진실한 믿음이 없는 것입니다. 진실한 믿음이 없기 때문에 백 척 장대 끝에서 한 걸음 더 나아가지 못하고, 천 길 절벽에서 매달린 손을 놓지 못합니다. 뿌리 깊은 견해의 장애를 벗어나지 못합니다. 보지 못했습니까? 『신심명(信心銘)』에 이르기를, "믿는 마음은 둘이 아니고, 둘 아닌 것이 믿는 마음이다." 하였습니다.

　그대의 믿음이 그대를 구원할 것입니다.

12. 언하대오

하루는 보적(寶積) 선사가 시장을 지나가다가 한 손님이 돼지고기 파는 가게에 있는 것을 보았다. 손님이 백정에게 말했다.

"깨끗한 것으로 한 근 잘라 주게!"

백정이 칼을 탕 소리가 나게 도마에 내려놓고는 손을 마주 잡고 말했다.

"나리! 어느 것이 깨끗하지 않습니까?"

보적 선사가 이 말을 듣고 홀연히 깨우친 바가 있었다.

또 어느 날 보적 선사가 산문을 나섰다가 우연히 장례를 치르는 한 무리의 사람들과 마주치게 되었다. 상여 앞에 한 소리꾼이 요령을 흔들면서 노래를 하였다.

"붉은 해는 반드시 서쪽으로 지는데, 오늘 혼령은 어느 곳으로 가는가?"

그러자 상여 뒤를 따르던 상주가 "아이고! 아이고!" 곡을 하였다.

보적 선사가 이 소리를 듣고 활연히 크게 깨달아 몸과 마음이 가뿐하였다. 바로 절로 돌아와 자기가 깨달은 바를 마조(馬祖) 스님에게 말하니 마조 스님이 그를 인가하였다.

_오등회원

앞에서 말끝에 문득 깨닫는 일은 말의 내용이 아니라 말하기의 상황에 의해 촉발된다고 말을 했습니다. 간화선(看話禪)에서는 도무지 알 수 없는 화두(話頭)에 강렬한 의문의 감정〔疑情〕이 일어나 그것이 온 우주를 덮은 듯 하나의 의심덩어리[疑團]가 되면, 마치 팽팽하게 부풀어 오른 풍선이 작은 자극에도 터져 버리듯, 어떤 찰나 어떤 인연에 그것이 박살이 나면서 깨달음을 얻는다고 합니다. 반드시 특정한 화두가 주어지지 않더라도 그러한 의문의 감정이 생기는 상황이 형성되면 의식이 생각의 한계를 돌파하는 체험이 일어납니다.

붓다를 비롯하여 간화선 형성 이전의 모든 선사들은 물론 오늘날에도 불법이 뭔지도 모르는 사람들 가운데서도 그러한 상황에 떨어져 문득 자신의 본성을 발견하는 사례들이 많이 있습니다. 이러한 증거들이야말로 불법이라는 것이 특정한 경전이나 교리, 수행과 상관없이 인간에게 본래 갖추어져 있는 본성을 깨닫는 일이라는 방증(傍證)이 될 것입니다. 그렇다면 무엇을 배우고 무엇을 수행하느냐보다 어찌하면 그러한 상황, 의문의 감정에 강렬하게 사로잡히는 일이 벌어질 수 있느냐 하는 것이 문제일 것입니다.

간화선의 경우 그러한 상황을 만들어 주기 위해 화두공안이라는 방편을 사용하기도 하지만, 화두공안에 의해 강렬한 의문의 감정이 일어나는 경우는 생각보다 많지 않습니다. 그래서 억지로 애를 써서 의문을 일으키려다가 염불(念佛)과 비슷한 수행이 되어 버리거나, 노력이 지나쳐 상기(上氣)병을 얻거나, 이치로 헤아려 터무니없는 격외(格外)의 문구로 문답하는 것을 공부로 삼는 폐해가 일어나게 되었습니다. 의도를 가지고 하는 수행은 생각에서 비롯되었기 때문에 쉽게 자기 자신의 무의식적 조건화, 생각의 굴레를 극복하지 못합니다.

그래서 예부터 이 공부를 하는 데는 사람과 사람의 만남이 중요합니다. 자기 생각의 굴레에서 벗어나기 위해서는 먼저 그 경험을 해 본 사람의 지시와 도움이 필요하기 때문입니다. 마치 운동선수와 코치의 관계처럼 자기 스스로 깨닫지 못하고 있는 당사자의 문제점을 날카롭게 지적해 주는 선지식의 말이나 행위가 강렬한 의문의 감정이 일어나는 상황, 자기 생각으로는 어떻게도 해 볼 수 없는 상황 속으로 당사자를 밀어 넣게 되는 것입니다. 그러한 상황은 일정하지 않기 때문에 그때그때 상황에 맞는 임기응변, 선지식의 수단방편이 중요합니다.

　그러나 예화 속의 보적 선사처럼 특정 선지식의 지도나 수단방편 없이 스스로 인연을 따라 깨닫게 되는 경우도 많습니다. 물론 이때도 겉으로 드러나지 않았을 뿐 당사자의 내면은 분명 스스로 어찌할 수 없는 강렬한 의문 속에 빠져 있었을 것입니다. 풍선의 내부 압력이 높지 않으면 자극에 의한 폭발이 일어나지 않듯이 당사자의 강렬한 의문이 없다면 말끝의 깨달음이란 일어날 수 없기 때문입니다. 당사자 본인도 왜, 어떻게 그러한 의문의 감정에 사로잡혔는지 알 수 없기 때문에 흔히 시절인연을 운운하게 마련입니다.

　의문의 감정이 힘을 얻게 되는 경우, 잡다한 생각이 사라지고 의심덩어리만 홀로 드러나는 경우는 당사자가 알 수 없습니다. 당사자가 자신이 의문에 사로잡혀 있다는 것을 안다면 그것은 생각 안에서 분별하고 있는 것이지 자기 생각의 굴레 밖에 있는 것이 아니기 때문입니다. 그래서 공부 중에 있는 사람은 자기 상태를 자꾸 점검하려 들어서는 안 됩니다. 자꾸 이해를 하려 하고 공부의 과정을 돌아보아서는 안 됩니다. 혼자서 공부하기 어려운 것은 바로 이러한 이유 때문입니다. 그러나 발심이 지극하다면 불가능한 일은 아닙니다.

어찌 되었건 예화 속의 보적 선사는 우연히 시장에서 백정과 손님 사이의 실랑이를 구경하다가 "어느 것이 깨끗하지 않습니까?"라는 말에 문득 깨우치는 바가 있었습니다. 일체가 한 덩어리인데 여기에 어디가 깨끗하고 어디가 깨끗하지 않느냐는 약간의 의미, 뜻이 남아 있는 듯합니다. 그러다 나중에 상여가 나가는 것을 보다가 소리꾼이 "해는 서산으로 지는데 혼령은 어느 곳으로 가는가?"라고 노래하는데, 상주가 "아이고! 아이고!" 곡을 하는 소리를 듣고 통 밑이 빠지듯 시원하게 깨닫게 되었습니다. 바로 여기 이렇게 있는 것을!

참된 도는 결코 벗어날 수 없으며, 벗어날 수 있다면 참된 도가 아닙니다.

13. 미세한 알음알이마저도

안민(安民) 스님은 처음에 성도(成都)에서 『능엄경』을 강의했다. 당시 원오 (圜悟) 스님은 소각사(昭覺寺)의 주지로 있었다. 안민 스님은 그의 동료와 원 오 스님을 찾아뵙고 교외별전의 뜻을 물었다.

하루는 소참(小參)[9]에서 원오 스님이 '국사(國師)가 시자를 세 번 부른 인연[10] 에 대해 조주(趙州) 스님이 "마치 사람이 어둠 속에서 글자를 쓴 것과 같 아, 글자는 비록 이루어지지 않았으나 문채(文彩)는 환히 드러났다."고 이 야기한 것을 거론하고는 물었다.

"어느 곳이 문채가 환히 드러난 곳이냐?"

안민 스님이 이 말을 듣고 큰 의심이 일어나서 향을 사르고 입실하여 법 문을 청하자 원오 스님이 물었다.

"좌주는 무슨 경을 강의하는가?"

"『능엄경』을 강의합니다."

"『능엄경』에서는 일곱 곳에서 마음을 캐묻고, 여덟 가지로 돌려보내는 예 를 통해 보는 성품을 밝히는데, 결국 마음은 어느 곳에 있는가?"

안민 스님이 수차례 언어문자와 이치로 답변을 했지만 원오 스님은 긍정 하지 않았다. 안민 스님이 다시 가르침을 청하자 원오 스님이 말하였다.

"모든 곳에서 문채가 환히 드러난 줄 알아야 한다."

어느 날 우연히 한 승려가 『십현담(十玄談)』에 대한 가르침을 청하면서 '그

---

9   때와 장소를 정하지 아니하고 수시로 격식이 없이 하는 설법
10   혜충 국사가 시자를 세 번 부르니 시자가 세 번 대답했다. 혜충 국사가 말하였다. "내가 너를 저버렸는가 했더니 네가 나를 저버리는구나."

대에게 묻노니 심인(心印)은 어떤 얼굴인가?'라는 구절을 들자마자 원오 스님이 사나운 목소리로 말했다.

"문채가 환히 드러났다!"

안민 스님이 이 말을 듣고 기뻐서 스스로 깨달았다고 생각했다. 원오 스님은 그가 생각으로 이해했을 뿐이라는 것을 알고 드디어 본분의 수단을 내보이니 안민 스님은 어쩔 줄을 몰랐다.

하루는 안민 스님이 입실하여 원오 스님에게 말하였다.

"청컨대 화상께서는 말을 멈추시고 제 이야기를 들어 주십시오."

원오 스님이 승낙하자 안민 스님이 말하였다.

"평소에 주장자를 들어 보이고 불자를 세우는 것이 어찌 경전 가운데 말한 '일체 세계의 모든 있는 바의 모양이 모두 보리의 묘하고 밝은 참마음이다.'라는 뜻이 아니겠습니까?"

원오 스님이 웃으면서 말했다.

"네가 원래 이 속에서 살 궁리를 해 왔구나!"

안민 스님이 다시 말하였다.

"할(喝)을 하고 법상을 칠 때, 어찌 그것이 '들음을 돌이켜 자성(自性)을 들으면 그 성품이 위없는 도를 이룬다.'는 뜻이 아니겠습니까?"

원오 스님이 말하였다.

"너는 어찌 경전 가운데 '묘한 성품은 원만하고 밝아 모든 이름과 모양을 떠나 있다.'는 말을 보지 못하였느냐?"

안민 스님은 말끝에 의심이 조금 풀렸다. 이에 경전 강의를 그만두고 원오 스님을 곁에서 모셨다. 원오 스님이 촉(蜀)에서 나와 협산(夾山)에 머물게 되자 안민 스님도 따라갔다.

원오 스님이 저녁 소참 때 대중을 위해 '옛 돛을 달지 않은 인연'을 들어 말하였다.

"한 스님이 암두(巖頭) 스님에게 '옛 돛을 달지 않을 때는 어떻습니까?'라고 묻자, 암두 스님은 '후원에서 당나귀가 풀을 뜯고 있다.'고 하였다."

안민 스님이 그 뜻을 이해하지 못하여 마침내 원오 스님에게 가르침을 구하자 원오 스님이 말했다.

"네가 나에게 물어라."

안민 스님이 앞의 이야기를 들어 물었다.

"옛 돛을 달지 않을 때는 어떻습니까?"

원오 스님이 말하였다.

"뜰 앞의 잣나무다."

안민 스님이 마침내 막힘없이 툭 트여 크게 깨달았다.

_대명고승전(大明高僧傳), 나호야록(羅湖野綠)

굶주린 이가 하루 종일 밥 이야기를 해도 배만 더욱 고플 뿐 자기 배는 조금도 부르지는 않습니다. 목마른 이가 밤낮 물 마시는 것을 설명한다 해도 목만 더욱 마를 뿐 자신의 목마름은 조금도 해결하지 못합니다. 그런데 이상한 일은 깨닫지 못한 사람들이 직접 깨달음을 맛볼 생각은 하지 않고 끊임없이 책 속의 문구나 남에게서 들은 말만 헤아리고 있다는 사실입니다. 이 지독한 어리석음을 어떻게 해야 스스로 깨닫게 할 수 있을까요?

예화 속의 안민 스님은 좌주(座主), 즉 경전을 강의하는 강사(講師)였습니다. 어떤 인연인지 교외별전에 관심을 가지고 원오 스님을 찾아뵈었다가 '문채(문장의 아름다운 광채, 멋)가 환히 드러났다.'는 말씀에 큰 의문을 가지게 되었습니다. 그래서 원오 스님께 가르침을 청했는데, 원오 스님은 안민 스님이 강의하던 『능엄경』을 들어 마음이 어디에 있는지 묻습니다. 안민 스님이 그동안의 견해를 동원하여 수차례 대답하였지만 원오 스님은 어떤 것도 긍정하지 않습니다.

사람의 마음을 곧바로 가리켜 보이는 선(禪)에서는 생각으로 헤아려 답을 찾는 것을 용납하지 않습니다. 이분법적 생각의 틀에 사로잡혀 있는 사람들에게는 마음이라는 것이 따로 있는 듯하지만, 일체 현상이 둘 아닌 중도실상임을 깨달은 입장에서는 삼라만상 두두물물 가운데 마음 아닌 것을 찾을 수 없습니다. 그러므로 달리 이것이 마음이라 할 것마저 없게 되는 것입니다. 원오 스님의 말을 빌리자면, 모든 곳에서 문채가 환히 드러나고 있습니다.

원오 스님과의 대면을 통해 안민 스님은 그동안 자신이 익히고 배운 것이 아무 쓸모가 없는 것이라는 사실을 돌아보게 됩니다. 선 공부를 함에 있어서는 어떠한 견해도 가지고 있어서는 안 됩니다. 깨달음이란 본인에게 없던 능력이 생기거나 주어지는 것이 아니라, 이미 스스로 아무 문제 없이 갖추고 있는 능력을 재삼 확인하는 것일 뿐입니다. 그래서 기존에 가지고 있던 자신의 지식과 견해가 부정당하고 꺾여서 더 이상 그것에 의지하지 못하게 되어야 합니다.

선지식의 수단방편이란 마치 밭 가는 농부의 소를 빼앗고, 굶주린 사람의 밥을 빼앗는 것과 같다고 하였습니다. 그가 집착하고 의지하는 바를 빼앗아 아무것도 의지하지 못하게 만들면, 본래 부족함 없이 갖추고 있는 것을 스스로 깨달을 수 있습니다. 그러나 정작 공부하는 당사자는 그 사실을 모르기 때문에 마치 자기 생명이나 되는 듯 자기도 모르게 자신의 지식과 견해에 집착하여 행여나 잃어버릴까 전전긍긍합니다.

어쨌든 자신을 사로잡고 있던 견해에서 조금 자유로워진 안민 스님은 어느 날 우연히 다른 스님이 원오 스님과 묻고 답하는 과정에서 일말의 힌트를 얻게 됩니다. 알음알이의 장애가 엷었다면 그 순간 안민 스님은 더 이상 찾을 필요 없는 궁극의 사실을 증득했을 테지만, 소지장(所知障)[11]이 두터웠는지 자기도 모르게 그것을 이해로 돌려 '이제 알았다!', '불법이란 이런 것이구나!' 하는 지견(知見)을 짓게 되었습니다.

어느 날 안민 스님은 원오 스님에게 입실하여 주장자를 들어 보이고 불자를 세우는 것, 할을 하고 법상을 치는 행위가 어떤 의미인지 경전의 문구를 끌어다 논증을 하며 자기가 깨달은 바를 말씀드립니다. 그러나 여전히 알음알이의 때, 견해의 똥이 가득한 설명에 불과합니다. 원오 스님은 "네가 그런 알음알이 속에서 살 궁리를 하고 있었구나." 하며 핀잔을 주고, 노파심으로 그가 의지하는 경전의 문구를 들어 이 법이 이름과 모양에 속하지 않음을 깨우쳐 줍니다.

원오 스님의 두 번째 부정을 통해 마지막 살림살이까지 빼앗긴 안민 스님은 경전 강의를 그만두고 원오 스님의 시자가 됩니다. 원오 스님을 가까이 모시면서 공부에 힘쓰던 중 "옛 돛을 달지 않았을 때는 어떻습니까?"라는 질문에 암두 스님이 "후원에서 당나귀가 풀을 뜯는다."라고 답한 화두에 의문이 생긴 안민 스님은 원오 스님에게 가르침을 청합니

---

11 번뇌장과 함께 중생의 해탈을 방해하는 두 가지 근본적 장애 가운데 하나이다. 안다고 생각하는 지적(知的)인 오만이나 스스로의 깨달음을 과시하는 증상만(增上慢)을 가리킨다.

다. 똑같은 질문에 원오 스님이 "뜰 앞의 잣나무."라고 답하는 것을 듣고 안민 스님은 비로소 깨닫게 됩니다.

'뜰 앞의 잣나무'라는 말에 속지 마십시오. 안민 스님이 깨달은 곳은 '뜰 앞의 잣나무'에 있지 않습니다. 모든 곳에 이미 문채가 환하게 드러나 있습니다. 안민 스님은 그 사실을 미처 돌아보지 못했던 것일 뿐입니다. 아무짝에도 쓸데없는 경전의 문구와 지견 속에서 얼마나 오랜 시간을 헤매었습니까? 중도(中道)의 실상(實相)은 이것도 아니고 저것도 아닌, 어떤 모양도 아닌 것입니다. 단박에 모든 견해를 잊으면 언제나 그 자리입니다.

자기 생각보다 자기를 속이기 쉬운 것은 이 세상에 다시없습니다.

14. 똥 냄새를 맡고

상서(尙書) 벼슬의 막장(莫將) 거사는 서촉(西蜀)에서 대수(大隨)의 남당원정 (南堂元靜) 선사를 찾아뵙고 마음의 요체를 물었다. 원정 선사는 그에게 모든 곳에서 참구하도록 하였다.

하루는 마침 변소에 갔는데 갑자기 똥 냄새가 났다. 급히 손으로 코를 감싸 쥐다가 마침내 깨우친 바가 있었다. 곧장 원정 선사에게 게송을 지어 바쳤다.

"이제껏 풍류를 사랑하는 태도로
밖에서 구하는 사람들 얼마나 비웃었던가?
천차만별로 찾을 곳 없었는데
얻고 보니 원래 코끝에 있었구나."

원정 선사가 게송으로 답하였다.

"한 법에 통하자 법과 법에 두루하니
종횡으로 묘한 작용 다시 무엇을 구하랴!
푸른 뱀이 우리에서 나오니 마군(魔軍)이 항복하고
푸른 눈의 달마가 웃으며 고개를 끄덕이네."

_오등회원, 운와기담(雲臥紀談)

나타났다가 사라지는 것은 알아차리기 쉬워도 본래부터 변함없이 있는 것은 알아차리기가 쉽지 않습니다. 너무나 자연스럽고 당연한 것이 오히려 알기 어려운 법입니다. 늘 있었기 때문에 마치 없는 것 같고, 너무나 잘 알기 때문에 오히려 모르는 것 같이 느껴지는 것이 바로 마음입니다.

한번 잘 생각해 보십시오.

불법 공부, 깨달음이라는 것이 지금은 없는 무엇을 새롭게 얻거나 어떤 능력을 성취하는 것이라면 어째서 텅 비었다 하고, 얻을 것이 없다고 하겠습니까? 경전에서도 한 법도 얻을 바 없는 것을 위없이 바르고 평등한 깨달음이라고 하였습니다. 불성(佛性)은 누구나 갖추고 있어 마음, 자기의 성품이라 합니다.

바로 지금 이렇게 보고 듣고 느끼고 알고, 가고 오고 앉고 눕고, 사람들과 말도 하고 밥도 먹고 잠도 잘 줄 아는 이것은 무엇입니까? 차면 찬 줄 알고 더우면 더운 줄 아는 것, 배고프면 배고픈 줄 알고 졸리면 졸린 줄 아는 이것을 떠나서 따로 마음이 있을 수 있겠습니까?

마음이라는 물건이 있다면 바로 지금 여기 이렇게 있는 것이어야 합니다.

예화 속의 막장 거사가 원정 선사에게 마음의 요체를 묻자, 선사는 모든 곳에서 참구하라는 가르침을 주었습니다. 언제 어디서나 마음을 마주하고 있으니 그것을 스스로 깨우치라는 가르침입니다. 실제로는 그렇게 참구하고 있는 자기 자신이 바로 마음입니다. 본래부터 있는 마음이란 바로 자기입니다.

　사람들은 자기를 특정한 육신이나 느낌, 감정, 생각 또는 그러한 것들의 총체라고 착각합니다. 대상경계를 자기로 삼는 바람에 참된 자기를 망각해 버리는 것입니다. 노련한 수행자들조차 본래부터 있는 참된 자기를 모르니 바깥으로 특정한 경계, 특정한 의식 상태를 추구하느라 쉬지 못하는 것입니다.

　이 공부 길에 들어선 사람이라면 아무리 그럴듯한 경계라 할지라도 없다가 생긴 것, 새롭게 얻은 것은 모두 허망한 경계이지 참다운 법, 마음, 자기가 아니라는 사실을 명심해야 합니다. 모든 수행방편도 결국엔 치달려 구하는 미친 마음을 쉬게 하여 본래 있는 것을 깨닫도록 돕는 것일 뿐입니다.

　그러나 방편에만 매몰된 채 의식적인 노력을 집중하여 반복하다 보면 이상한 경계들이 나타나 수행자를 현혹시킵니다. 깊고 고요한 삼매라든가 활짝 깨어 있는 의식의 상태, 비범한 능력들이 나타나기도 합니다. 경전에 이르기를 법마저도 버리라 하였거늘, 하물며 법 아닌 것은 말해 무엇하겠습니까?

　우리의 예상과 달리 불법, 진리, 도, 깨달음은 지극히 평범하고 지극히 평등한 것입니다. 그러므로 우리의 인간적인 욕망의 대상이 결코 될 수 없습니다. 그러한 선입견, 편견, 잘못된 알음알이와 잘못된 깨달음에 사로잡히지 않는다면 본래부터 갖추어진 깨달음의 성품이 저절로 드러납니다.

하루는 막장 거사가 변소에 갔다가 갑작스러운 악취, 똥 냄새를 맡게 됩니다. 역겨운 냄새에 손으로 코를 감싸 쥐다가 막장 거사는 홀연히 깨닫게 됩니다. 흔히 시각적 자극, 청각적 자극, 촉각적 자극에 촉발되어 깨달은 사람은 많지만 막장 거사처럼 후각적 자극에 깨달음이 촉발되는 경우는 보기 드뭅니다.

막장 거사는 무엇을 깨달았을까요?

바로 지금 무슨 냄새가 납니까? 예를 들어 막장 거사처럼 똥 냄새를 맡았다고 합시다. 조금 전까지는 똥 냄새가 없었습니다. 그러다 변소에 가니 똥 냄새가 납니다. 볼일을 보고 나와 화장대 앞에서 향수를 뿌리니 이번에는 향긋한 꽃냄새가 납니다. 냄새들은 오고 갔습니다. 그런데 냄새 맡는 그것은 어떻습니까?

그것은 스스로 어떤 냄새도 없이 텅 비어 있지 않은가요? 없다가 새로 생겼거나 배워서 얻은 것이 아니지 않습니까? 너무나 당연하고 자연스럽지 않은가요? 사람마다 평등하게 갖추어져 있지 않습니까? 이것을 지키고 유지하기 위해 어떤 노력이 필요할까요? 세수하다 코 만지기보다 쉽지 않습니까?

막장 거사의 게송을 잘 보십시오. 바깥의 대상경계 가운데서 찾으려 할 때는 천차만별이어서 찾을 곳이 없었는데, 막상 찾고 보니 원래 있던 것이었습니다. 잘못된 착각, 어리석음 때문에 헛된 분별에 속아 엉뚱한 곳에서 엉뚱한 것을 찾고 있었을 뿐입니다.

원정 선사의 게송을 잘 보십시오. 냄새 맡는 것에서 한번 통하면 온 갖 곳에서 두루 통합니다. 마음이라고 하는 것은 둘이 없기 때문입니다. 일체가 바로 그것입니다. 종횡으로 그 묘한 작용이 자유자재합니다. 모든 분별과 그로 인한 번뇌가 의미를 상실하는 까닭에 이유 없는 평화와 안식이 찾아옵니다.

깨달음, 해탈, 열반은 우리의 본래 상태, 본래면목입니다.

15. 일시에 놓아 버려라

세월은 빨리 지나가니 굳건하게 공부를 해야 한다. 공부는 별다른 것이 없으니 그저 놓아 버리는 것이 바로 공부이다. 다만 마음 위에 있는 것을 일시에 놓아 버려라. 이것이 진정한 경절(徑截: 지름길) 공부이다. 만약 이 외에 달리 공부가 있다면 그것은 모두 미쳐서 바깥으로 달아나는 것이다.

산승(山僧)은 평소에 말하기를, 행주좌와(行住坐臥)도 결코 아니고, 견문각지(見聞覺知)도 결코 아니고, 사량분별(思量分別)도 결코 아니고, 언어문답(語言問答)도 결코 아니라고 한다. 이 네 가지 길을 끊어 보아라.

만약 끊지 못한다면 결코 깨닫지 못할 것이다. 이 네 가지 길을 만약 끊는다면, 어떤 스님이 조주 스님에게 "개에게도 불성이 있습니까?"라고 물으니 조주 스님이 "없다."라고 한 것과, "어떤 것이 부처입니까?"라는 말에 운문 스님이 "마른 똥막대기다."라고 한 것에서 틀림없이 크게 웃게 될 것이다.

_나호야록

위의 글은 북송(北宋) 때 운문종(雲門宗) 스님이었던 개선선섬(開先善暹) 선사의 편지글입니다. 간단명료하면서도 가장 직접적으로 이 길 없는 길, 마음공부의 길을 가리켜 보이고 있습니다.

세월은 무상하면서 신속합니다. 세월을 헛되이 보내서는 안 됩니다. 공부는 젊을 때 해야 합니다. 바로 지금 이 순간보다 젊은 시절은 없으니 바로 지금 이 순간부터 공부를 철두철미하게 해야 합니다.

이 공부에는 여러 가지가 없습니다. 그저 마음 위에 있는 모든 것을 일시에 놓아 버리기만 하면 됩니다. 느낌이 일어나면 느낌을 놓아 버리십시오. 감정이 일어나면 감정을 놓아 버리십시오. 생각이 일어나면 생각을 놓아 버리십시오.

어떻게 놓아 버려야 하나, 하는 생각이 일어나면, 그 생각을 이어가지 말고 놓아 버리십시오. 놓아 버린다는 것은 어떤 대상에 대해 집착하지 않는 것입니다. 어떤 것도 마음에 담아 두지 마십시오. 이 말마저도 놓아 버리십시오.

이렇게 놓아 버리고 집착하지 않다 보면 막막함, 두려움, 회의감, 무력감 등과 같은 경계에 사로잡힐 수도 있습니다. 그때 역시 그런 줄 알았으면 집착하지 말고 놓아 버리십시오. 단순한 방법이 가장 강력한 방법입니다.

나는 모른다, 나는 아무것도 할 수 없다는 판단 중지, 내맡김이 놓아 버리는 것의 핵심입니다. 눈 뜨고 당한다는 심정으로 매일 매일의 경계에서 반응하거나 저항하지 마십시오. 이 길이 곧장 질러가는 지름길입니다.

이것도 아니고, 저것도 아니고, 이것이면서 저것인 것도 아니고, 이것도 아니면서 저것도 아닌 것도 아닙니다. 이 네 가지 길을 끊으십시오. 놓아 버리십시오. 어떤 것도 선택하지 마십시오. 판단을 중지하고 그저 내맡기십시오.

분별심은 선택의 길이 끊어지면 어쩔 줄 모릅니다. 에고는 이렇게 자기주도성, 주체성이 위협당하면 공포나 불안과 같은 여러 가지 방어기제로 자기를 보호하려 합니다. 하지만 모든 무장을 해제하고 있는 그대로 받아들이십시오.

이렇게 세월을 보내면 마음이 저절로 순수해질 것입니다. 서서히 느낌이나 감정, 생각의 물결이 결코 흔들 수 없는 허공과 같은 강건함을 감지할 수 있을 것입니다. 텅 비었으나 생생하게 살아 있는 광대함 가운데 평안을 얻을 것입니다.

더 이상 바깥에서 무언가를 찾지 않고 구하지 않게 되었을 때, 어느 순간 어떤 인연에 홀연히 나와 세계의 실상을 보게 될 것입니다. 문득 긴 꿈에서 깨어나듯 깨어나면 자신의 어리석음, 진리의 어이없음에 실소를 금치 못할 것입니다.

하하하!

16. 틈새를 메워라

호정교(胡釘鉸)는 본명이 호영능(胡令能)이다. 젊어서 거울을 갈거나 부서진 그릇을 땜질하는 일을 해서 호정교[12]라고 불렀다.

하루는 호정교가 보수(保壽) 선사를 찾아가 인사를 드리자 보수 선사가 말했다.

"그대는 호정교가 아닌가?"

허정교가 말했다.

"부끄럽습니다."

보수 선사가 말했다.

"허공도 땜질할 수 있는가?"

허정교가 말했다.

"화상께서 부숴 보십시오."

그러자 보수 선사는 주장자를 들어 곧바로 때렸다. 호정교가 크게 의심하며 이해하지 못하자, 보수 선사가 말했다.

"훗날 말 많은 스님이 그대에게 설파해 줄 것이다."

호정교가 나중에 조주 스님에게 가서 이 일을 말씀드리자 조주 스님이 말했다.

"그대는 어째서 그에게 얻어맞았는가?"

호정교가 말했다.

"허물이 어디에 있는지 알지 못하겠습니다."

---

12 정교(釘鉸)는 땜장이라는 뜻.

조주 스님이 말했다.

"다만 이 하나의 틈새도 어쩌지 못하면서 그에게 부수라고 했단 말이냐!"

호정교가 그 말을 듣고 문득 알아차렸다. 조주 스님이 말했다.

"자, 그 하나의 틈새마저도 때워라."

_조당집(祖堂集), 연등회요(聯燈會要), 조주록(趙州錄)

"털끝만큼이라도 차이가 있으면 하늘과 땅만큼 사이가 벌어진다."는 말이 있습니다. 차이는 생각 때문에 생깁니다. 털끝만큼이라도 생각, 분별, 헤아림이 있다면 둘 아닌, 완전무결한 이 진실과는 거리가 먼 것입니다. 전혀 생각으로 헤아릴 것이 없는 그 자리가 바로 불법, 도, 진실입니다.

시를 잘 짓고, 선을 좋아했던 땜장이 호정교가 보수 선사를 찾아가니 선사는 그의 별명을 가지고 그를 시험해 봅니다. "그대는 그 유명한 땜장이 호정교가 아닌가? 그대의 솜씨로 허공도 땜질할 수 있겠는가?" 그러자 호정교도 지지 않고 "화상이 먼저 허공을 부수면 땜질하겠다."고 대꾸합니다.

이에 보수 선사는 주장자를 들어 호정교를 때렸습니다. 그러나 호정교는 그 뜻을 알지 못하고 "화상께서는 저를 함부로 때리지 마십시오."라고 합니다. 호정교의 허물이 어디에 있을까요? 그러자 보수 선사는 "훗날 말 많은 스님이 너를 위해 이 일을 설파해 줄 것이다."라고 말합니다. 보수 선사의 허물은 어디에 있을까요?

얼마 후 호정교는 조주 스님을 만나 뵙고 앞의 일을 말씀드렸습니다. 조주 스님은 호정교에게 보수 선사가 왜 때렸는지 알겠느냐고 묻지만, 호정교는 자신의 허물이 어디에 있는지 모르겠다고 답합니다. 이에 조주 스님은 바로 이와 같은 틈새가 있는데 어찌 그에게 허공을 부수라 운운하였느냐고 야단을 쳤습니다.

호정교는 조주 스님의 말끝에 알아차린 바가 있었습니다. 보수 선사가 주장자로 때린 것과 조주 스님의 말이 같습니까, 다릅니까? 같다면 어째서 보수 선사에게 맞았을 때는 알아차리지 못하고, 조주 스님의 말에서 알아차렸을까요? 다르다면 보수 선사가 때린 뜻은 무엇이고, 조주 스님의 말뜻은 무엇일까요?

악(大喝一聲)![13] 부디 틈새가 벌어지지 않도록 하십시오.

호정교가 조주 스님의 말에 알아차린 바가 있자 조주 스님은 그 틈새마저도 때우라고 합니다. 조주 스님의 허물이 어디에 있을까요? 호정교도 허물이 있고, 보수 선사도 허물이 있고, 조주 스님도 허물이 있는데, 여기 허물이 없는 사람이 한 사람 있습니다. 아시겠습니까?

조금의 틈새도 있어서는 안 됩니다.

---

13 말이나 글로는 도무지 나타낼 수 없는 직접적인 체험의 경지를 나타내기 위해 사용한 표현이다. 보통 할(喝: 원래 한자음은 '갈'이나 불교에서는 '할'이라 읽음)이라고 한다. 눈으로 읽고 머릿속으로 상상해서 될 것 같지 않다면 스스로 온 힘을 다해 머리통이 깨지도록 "아~악!" 하고 큰 소리를 질러 보라.

17. 어제는 옳지만 오늘은 틀렸다

화주(和州)의 개성각(開聖覺) 장로는 처음에 장로(長蘆) 부철각(夫鐵脚) 스님에게 참학하였으나 오래도록 얻은 바가 없었는데, 동산(東山)의 오조(五祖) 선사의 법을 듣고는 그의 법석으로 달려갔다.

하루는 입실하여 오조 선사의 질문을 받았다.

"석가와 미륵도 오히려 그의 노예라 하는데, 말해 보라, 그는 누구인가?"

각 장로가 말했다.

"장삼이사(張三李四)[14]입니다."

오조 선사는 그의 말을 그럴듯하다고 여겼다. 그 당시 원오(圜悟) 스님이 수좌(首座)였는데, 오조 선사가 이 이야기를 말해 주자 원오 스님이 말했다.

"좋기는 좋지만 실제가 아닐지 모르니 그냥 놓아두어서는 안 됩니다. 다시 말끝에서 샅샅이 따져 봐야 합니다."

다음 날 입실하여 어제와 같은 질문을 받자 각 장로가 말했다.

"어제 스님께 말씀드렸습니다."

오조 선사가 말했다.

"뭐라고 말했느냐?"

각 장로가 말했다.

"장삼이사입니다."

---

14 장씨의 셋째 아들과 이씨의 넷째 아들이라는 뜻으로, 성명이나 신분이 뚜렷하지 못한 평범한 사람들을 이르는 말.

오조 선사가 말했다.

"아니다, 아니야."

각 장로가 말했다.

"스님께선 어째서 어제는 옳다고 하셨습니까?"

오조 선사가 말했다.

"어제는 옳았지만, 오늘은 틀렸다."

각 장로가 말끝에 크게 깨달았다.

_종문무고(宗門武庫)

공안(公案)을 가지고 공부를 하다 보면 그럴듯한 말을 하는 것으로 공부를 삼는 경우가 왕왕 있습니다. 흔히 의리선(義理禪)[15], 구두선(口頭禪)[16], 문자선(文字禪)[17]에 빠질 위험이 다분합니다. 그래서 이러한 공안 문답, 소위 선문답을 통한 공부를 위해서는 반드시 안목(眼目)이 분명한 지도자 밑에서 탁마(琢磨)를 해야만 그러한 오류에 빠지는 것을 방지할 수 있습니다.

이치에 맞게 말을 잘한다고 해서 생사를 벗어날 수 있는 것은 아닙니다. 부처가 말하지 못할까 걱정하지 말고 부처가 되지 못할까 걱정해야 합니다. 고기를 잡았으면 통발을 잊어버리듯, 뜻을 깨달았다면 말은 잊어도 됩니다. 그럴듯한 말 한마디가 천 년 동안 당나귀를 묶어 놓는 말뚝이요, 종소리를 듣고 깨달았다 여기면 북소리에 거꾸러지는 법입니다.

---

15 자기 성품을 깨닫지 못하고 선의 이치만 분별하는 것.

16 몸소 깨달은 바 없이 입으로만 선에 대해 장황하게 말하는 것.

17 그럴듯한 문장으로 선을 표현하는 것.

이 공부는 말로 할 수 없는 것이지만, 말이라는 수단이 아니고서는 공부를 나누기 어려운 까닭에 항상 조심스러워야 합니다. 배우는 이도 방편의 말에 집착하지 않아야 할 뿐만 아니라, 가르치는 사람도 상대의 말을 가지고 그 공부를 판단해서는 안 됩니다. 순수한 금을 추출하는 장인처럼 말과 생각이라는 불순물을 본분(本分)의 일에 입각하여 제거하는 수단을 갖춰야 합니다.

배우는 사람은 정직하고 성실해야 하며, 가르치는 이는 오로지 본분사만 드러내 보일 뿐 인정(人情)에 끌려 사정(事情)을 봐주어서는 안 됩니다. 사자가 새끼들을 벼랑에서 굴려 떨어뜨리고 스스로 기어 올라오는 놈만 기르듯이, 자기 스스로 공부하고 자기 스스로 깨닫도록 인내를 가지고 기다려야지 성급하게 도움을 주려다가 상대의 멀쩡한 눈을 멀게 해서는 안 됩니다.

예화 속의 각 장로는 오랫동안 공부를 해 왔지만 아무런 소득이 없었습니다. 오조 선사의 명성을 듣고 멀리서 찾아와 입실하여 어떤 공안에 그럴듯한 대답을 하자 오조 선사가 그것을 긍정했던 모양입니다. 마침 원오 스님이 그 회상의 수좌로 있다가 그 이야기를 듣고 스승인 오조 선사에게 좀 더 신중하게 학인을 점검할 것을 부탁합니다.

이것이 선 공부의 아름다운 면입니다. 스승과 제자의 관계가 일방적으로 가르치는 자와 배우는 자로 고정된 것이 아니라, 공부의 정도에 따라 평등하기도 하고 때로는 서로 역할을 바꾸기도 하는 것이 선에서의 스승과 제자 사이입니다. 결국엔 스승도 따로 없고 제자도 따로 없는 것입니다. 우리나라에도 이와 관련된 아름다운 스승과 제자의 이야기가 있습니다.

만공(滿空) 스님의 제자로 보월(寶月) 스님이라는 분이 계셨습니다. 어느 날 만공 스님이 "부처님은 과거·현재·미래의 마음도 얻을 수 없다고 했는데, 어느 마음에 점을 찍어야 하느냐?"는 어느 선객의 편지에 "위음왕불 이전(천지가 나뉘기 이전)에 이미 점을 찍었다."는 답을 쓰고 있는 것을 보고 보월 스님은 누구의 눈을 멀게 하려고 그러시냐며 준엄히 묻고선 편지를 불태워 버렸습니다.

제자에게 방망이를 맞은 만공 스님은 그날로 덕숭산(德崇山) 위의 금선대(金仙臺)로 올라가 7일 동안 꼼짝 않고 용맹정진했다고 합니다. 그리고 내려와서는 보월 스님의 손을 잡고 "내 자네에게 10년 양식을 얻었네."라고 기뻐하였습니다. 스승이나 제자에게 조금이라도 '나'라는 아상(我相), 자존심이 있었다면 이런 아름다운 장면은 없었을 것입니다.

다시 예화로 돌아가서, 원오 스님의 조언을 받은 오조 선사는 다음 날 각 장로에게 재차 어제의 공안을 묻고는 다시 답변할 것을 요구합니다. 각 장로가 어제와 같은 답변을 드리자 오조 선사는 틀렸다고 부정합니다. 각 장로가 어째서 오늘은 틀렸다 하느냐고 따져 묻자, 오조 선사는 "어제는 옳았지만 오늘은 틀렸다."고 답합니다. 각 장로는 그 말에 크게 깨닫습니다.

전통적으로 선을 지도하는 방법으로 파주(把住)와 방행(放行)이라는 것이 있습니다. 파주란 가르치는 이가 배우는 사람을 부정하고 몰아붙이는 것을, 방행이란 긍정하고 느긋하게 놓아주는 것을 말합니다. 다른 표현으로, 빼앗기도〔奪〕하고 주기도〔縱〕한다, 죽이기도〔殺人刀〕하고 살리기도〔活人劍〕한다고도 합니다. 솜씨 있는 선지식이란 이 두 가지 방법을 적재적소에 잘 쓰는 사람입니다.

불법에는 정해져 있는 법이 없습니다. 중도(中道)는 모든 상대성을 벗어나는 것입니다. 진리는 박제처럼 고정되어 있는 것이 아니기 때문에 '이것이 진리다.'라고 말할 수 없습니다. 따라서 어떤 때는 긍정했다가 어떤 때는 부정합니다. 어떤 때는 주기도 하고 어떤 때는 빼앗기도 합니다. 어떤 때는 죽이기도 했다가 어떤 때는 살리기도 합니다. 아무 것도 남기지 않습니다.

깨달음은 얻는 것이 아닙니다. 본래 있는 것을 깨닫는 것입니다. 바깥에서 얻어 온 것들을 많이 가지고 있을수록 본래 있는 것이 나타나기 어렵습니다. 가지고 있는 것들을 모두 빼앗겼을 때 본래 있는 것이 쉽게 드러날 수 있습니다. 그런데 사람들이 집착해서 가지고 있는 것을 빼앗는 것이 그리 쉬운 일은 아닙니다. 그래서 예부터 선지식을 솜씨 좋은 도둑에 비유했던 것입니다.

한번 자신의 모든 살림살이를 빼앗기는 순간, 결코 얻지도 않았고 빼앗기지도 않을 자신의 본래면목을 깨닫습니다.

18. 줄탁동시(啐啄同時)

범현군(范縣君)의 호는 적수도인(寂壽道人)이다. 성도(城都)에 있으면서 원오 스님에게 참문하였다. 원오 스님은 그에게 '마음도 아니고 부처도 아니고 물건도 아니니, 이것이 무엇인가?'라는 화두를 살펴보게 하였는데, 아무런 설명도 듣지 못하고 뭐라고 물어보지도 못하였다. 살펴보고 살펴보았으나 들어갈 곳이 없자 문득 걱정도 되고 두려워 원오 스님에게 물었다.

"이 밖에 무슨 방편이 있다면 제게 알려 주십시오."

원오 스님이 말했다.

"방편이 하나 있는데, 그것은 마음도 아니고 부처도 아니고 물건도 아니네."

적수도인이 이 말에 깨우친 바가 있어 말했다.

"원래 이렇게 가까이 있었거늘!"

_종문무고

선문(禪門)에는 예부터 도적의 말을 타고 도적을 쫓고, 도적의 칼로 도적을 죽이는 수단과 방편이 있습니다. 다음의 예화를 잘 살펴보십시오.

하루는 법안문익(法眼文益) 선사가 그의 문하에서 감원(監院) 소임을 보면서도 한 번도 법문을 청하지 않는 현칙(玄則)이라는 스님에게 물었습니다.

"나에게 묻지 않는 이유라도 있느냐?"

"저는 이미 청림(靑林) 화상 문하에서 한 소식을 얻었습니다."

"그래, 어디 한번 말해 보아라."

"제가 '어떤 것이 학인의 자기입니까?'라고 물었더니, 청림 화상은 '병정 동자가 불을 구하러 왔구나.'라고 했습니다. 그때 그 뜻을 알았습니다."

"그래? 좋은 말이기는 하나 그대가 잘못 알았을까 두렵구나. 설명해 보거라."

"병정(丙丁)은 오행(五行)에서 불(火)에 해당하니 '불이 불을 구한다.'는 말입니다. 자기가 자기를 구하고 부처가 부처를 구한다는 뜻이 아니겠습니까?"

"과연 짐작대로 너는 잘못 알았다. 불법이 그런 것이라면 오늘날까지 남아 있지 않았을 것이다."

현칙 스님은 이를 수긍하지 않고 법안 선사의 회상을 떠났습니다. 그런데 가다가 생각할수록 개운치가 않아서 다시 돌아와 법안 선사에게 물었습니다.

"어떤 것이 학인의 자기입니까?"

"병정 동자가 불을 구하는구나."

이 말에 현칙 스님은 크게 깨달았습니다.

사람을 죽이는 데 반드시 많은 무기가 필요한 것은 아닙니다. 촌철살인(寸鐵殺人), 정문일침(頂門一鍼)이라는 말이 있듯이, 적절한 상황에서 적절한 말 한마디로 살아 있는 사람을 죽이기도 하고, 죽은 사람을 살리기도 하는 것이 선지식의 수단 방편입니다.

공안이라는 수단이 효과를 발휘하기 위해서는 가르치는 이와 배우는 사람 간의 신뢰와 소통이 중요합니다. 공부하는 사람이 불합리한 언구를 제시받고도 그것을 무의미한 것으로 치부하지 않고 지속적인 의문의 계기로 삼기 위해서는 그것을 제시한 사람과의 신뢰 관계가 우선입니다.

그리고 공안을 제시한 사람 역시 상대를 그냥 내버려 두어서는 안 됩니다. 수시로 소통하면서 그의 공부를 점검해야 합니다. 동력을 잃은 사람은 자극을 주어 분발시켜 더 큰 의문 속으로 몰아넣거나, 너무 극단으로 치닫는 사람은 올바른 견해와 방향 제시를 통해 정도(正道)를 벗어나지 않게 해야 합니다.

예화 속에서 적수도인은 원오 스님에게 '마음도 아니고 부처도 아니고 물건도 아니니, 이것이 무엇인가?'라는 화두를 제시받습니다. 어떤 설명도 없고 뭐라 물어보지도 못한 상황에서 아무리 살펴봐도 들어갈 곳을 찾지 못하자, 걱정스럽기도 하고 두렵기도 하여 원오 스님에게 가르침을 청합니다.

화두공안은 옛날 아궁이의 부지깽이와 같은 것입니다. 온갖 분멸망상을 끌어다가 도무지 알 수 없는 의문의 불길 속에 태워 버리는 것입니다. 태우고 또 태우다가 더 이상 태울 것이 남아 있지 않을 때가 옵니다. 그러면 마지막 남은 부지깽이마저 아궁이 속으로 던져 넣어야 합니다.

적수도인은 답답한 마음에 앞서 제시한 화두 대신 다른 방편을 알려 달라고 원오 스님에게 부탁합니다. 그러자 원오 스님은 하나의 방편이 있다면서 그것은 "마음도 아니고 부처도 아니고 물건도 아니다."라고 말합니다. 이것이 도적의 말로 도적을 쫓고, 도적의 칼로 도적을 죽이는 수단입니다.

원오 스님의 말끝에 가슴에 걸려 있던 의문이 타파된 적수도인은 "원래 이렇게 가까이 있었거늘!" 하며 깨닫게 됩니다. 이 일은 가까이 있는 정도가 아니라 나와 세상 전체가 원래 이것 자체였습니다. 그동안 허다한 분별망상 속에 있느라 이 사실을 스스로 깨닫지 못했을 뿐입니다.

천만 가지 의문을 한 가지 의문 속으로 몰아넣은 다음, 그 마지막 한 가지 의문마저 박살을 내 주는 것이 선지식의 기량입니다. 그리고 의문속에서 물러나지 않고 그 의문으로 온 천하를 가득 채우는 것은 공부하는 이의 정성입니다. 이 두 가지가 절묘하게 맞아떨어질 때 줄탁(啐啄)[18]의 인연이 벌어지는 것입니다.

---

18 줄(啐)은 알 속의 병아리가 껍질을 깨고 나오기 위해 안에서 껍질을 쪼는 것. 탁(啄)은 알 속에서 나는 소리를 듣고 어미 닭이 밖에서 쪼아 깨뜨려 주는 것. 제자의 역량을 단박 알아차리고 바로 깨달음에 이를 수 있도록 도와주는 스승의 예리한 수단 방편과 인연을 말함.

19. 말에 속지 마라

낭중(郎中) 벼슬의 전익(錢弋)이 진정(眞淨) 스님을 방문하여 오랫동안 이야기를 나누다가 화장실에 가고 싶었다. 절에서는 화장실을 '동사(東司)'[19]라고 불렀는데, 진정 스님은 행자에게 동사가 있는 서쪽으로 인도하게 하였는데, 전익이 갑자기 말했다.

"동사(東司)라고 해 놓고 어째서 서쪽으로 갑니까?"

진정 스님이 말했다.

"많은 사람의 동쪽에서 찾지."

대혜(大慧) 스님이 이 말을 전해 듣고 말했다.

"아! 조주(趙州) 스님이 투자(投子) 스님에게 '크게 죽은 사람이 문득 살아났을 때는 어떻습니까?'라고 묻자, 투자 스님이 '밤에 다니는 것을 허락하지 않으니 날이 밝거든 찾아오게.'라고 한 것도 이 말보다 좋지는 못하다."

_종문무고

이 공부를 하는 데 있어 명심할 것은 말에 속지 않아야 한다는 것입니다. 말이라는 것은 태어난 이후에 배워 익힌 것으로서 말이 나타내는 모양, 소리, 뜻은 무상하고 실체가 없는 것입니다. 말은 흔히 달을 가리키는 손가락이라는 비유처럼 말이 아닌 진실을 전달하기 위한 수단에

---

19 선종(禪宗) 사원에서의 변소. 본래는 동서(東序, 東班)의 승려가 사용하는 것이었으나 나중에는 변소의 일반적인 호칭이 되었다.

불과하다는 사실을 잊지 말아야 합니다. 말이 드러내는 표상보다 말 자체, 말이 일어나는 출처(出處)와 말이 사라지는 낙처(落棲)를 잘 살펴보아야 합니다.

정랑(淨廊), 동사(東司), 서각(西閣), 북수간(北水間), 칙간(厠間), 해우소(解憂所), 통숫간, 변소, 화장실…… 이 모든 말이 가리키는 것은 동일한 것입니다. 말의 모양, 소리에 속지 않는다면 모두 동일한 의미, 뜻을 전달하고 있습니다. 그런데 그 뜻이라는 것 역시 '볼일을 보는 곳', '대소변을 보는 장소' 등등 또 다른 말의 형태로 드러납니다. 우리는 낱말마다 고정불변의 의미가 있다고 무심코 생각하지만 실제로는 끝없는 말들만이 있을 뿐입니다.

따라서 말의 모양, 소리, 뜻은 전혀 실다운 것이 없습니다. 믿고 의지할 만한 것이 못됩니다. 어떤 모양의 말이든, 어떤 소리의 말이든, 어떤 뜻의 말이든, 그 표상에 속지 말고 그 말이 일어나는 원점(原點), 말의 근원, 또는 그 말이 사라지는 귀결점(歸結點)을 눈여겨보아야 합니다. 거기에는 말이 없지만 끝없는 말이 거기에서 나타났다 거기로 사라지기 때문입니다. 그렇다면 말의 원점, 말의 귀결점, 거기, 그 자리는 어디에 있을까요?

말에 속지 마십시오!

예화 속의 벼슬아치 전익은 진정 스님을 방문하고 대화를 나누다가 갑자기 화장실에 가고 싶었습니다. 그러자 진정 스님은 행자를 시켜 절의 화장실인 동사(東司: 동쪽 건물)가 있는 서쪽으로 안내합니다. 무심코 따라가던 전익은 문득 호기심이 나서 묻습니다. '동쪽 건물이라면서 왜 서쪽으로 갑니까?' 이것을 '부처를 물었는데 어째서 뜰 앞의 잣나무, 마른 똥막대기, 삼베 세 근이라고 합니까?'라는 의문으로 대치할 수 있을 것입니다.

사람들은 이미 오랫동안 말에 길들여져서 말의 틀, 말의 논리, 문법, 말하기와 관련된 주변 맥락에 구속되어 있습니다. 어떤 한계 안에서만 움직일 수 있다는 측면에서 사람들은 언어의 감옥 안에, 언어는 곧 생각이므로 생각의 감옥 안에 갇힌 죄수와 같다고 할 수 있습니다. 거의 벗어날 수 없는 중독 상태에 있기 때문에 십중팔구는 말에 속아 넘어가고, 말에 끌려갈 수밖에 없습니다. 일상생활은 물론 선을 공부하는 마당에서도 마찬가지입니다.

그때 진정 스님 같은 이는 말을 가지고 말의 틀, 굴레를 부숴 줍니다. '그래, 많은 사람이 말만 따라가서 동쪽에서 찾곤 한다!' 이렇게 무의식적인 어리석음을 전환시켜 깨달음의 인연을 일으키는 말을 일전어(一轉語: 심기일전의 말), 또는 전신구(轉身句: 몸을 바꾸는 말)라고 합니다. 짧고 간단한 말 한마디로 자기도 모르게 빠져 있던 미망(迷妄)을 스스로 돌아보고 빠져나오게 하는 것이 선지식의 기봉(機鋒)[20]입니다.

뒤에 부록처럼 대혜 스님이 진정 스님의 그 한마디에 대해 찬탄한 내용은 화두공안의 본질에 대한 일종의 힌트입니다. 말에 속으면 안 됩니다. "무"는 '없다'는 뜻이 아닙니다. "뜰 앞의 잣나무"는 '뜰 앞의 잣나무'를 가리키고 있는 것이 아닙니다. "마른 똥막대기"라는 말을 가지고 이

---

20 선승의 날카로운 말이나 행위.

런저런 이론을 세워서는 안 됩니다. "밤에 다니는 것을 허락하지 않으니 날이 밝거든 찾아오게."라는 말을 이해하려고 해서는 안 됩니다.

그렇다면 어떻게 해야 할까요? 보십시오. 또 속았습니다.

20. 너무나 분명해서

대혜 스님이 말하였다.

"나의 이곳에는 다른 사람에게 줄 법은 없고 다만 법령에 의지하여 판결만 할 뿐이다. 말하자면 무엇보다 아끼는 유리병을 가지고 왔는데 내가 한 번 보고 곧장 그대를 위해 때려 부수는 것과 같다. 그대가 또 마니주를 가지고 오면 나는 다시 그것을 빼앗는다. 그대가 이와 같이 그냥 오는 것을 보면 나는 그대의 두 손을 잘라 버린다. 그러므로 임제 스님은 '부처를 만나면 부처를 죽이고, 조사를 만나면 조사를 죽이고, 아라한을 만나면 아라한을 죽인다.'고 말한 것이다.

그대가 말해 보라. 이미 선지식이라 불리는 이가 어째서 사람을 죽이려고 하는가? 그대가 살펴보라. 그것이 무슨 도리인가? 지금 공부하는 이들은 공부를 하면서도 이것을 깨우치지 못하고 있다. 잘못이 어디에 있는가? 다만 그것을 밝혀 나가고자 한다면 이렇게 해도 안 되고, 이렇게 하지 않아도 안 되고, 이렇게 하거나 이렇게 하지 않아도 모두 안 된다. 어떻게 해야 그대가 한마디 말을 가지고 문득 밝힐 수 있겠는가? 영원히 그것을 밝히지 못할 것이다.

옛사람은 매우 단도직입적이었는데, 그대는 단도직입적인 곳으로 가려 하지 않는다. 너무나 분명하기 때문에 오히려 얻는 것이 늦을 뿐이다."

_종문무고

이 법을 어째서 불가사의(不可思議)한 해탈의 법이라 할까요? 불가사의란 말 그대로 생각으로 헤아려 이해할 수 없다는 말입니다. 그런데 많은 사람이 이를 보통 사람들은 다가갈 수조차 없는, 대단히 신비하고 어려운 일을 가리키는 것이라고 곡해합니다. 사의(思議)가 불가(不可)하다 하였거늘, 사의(思議)한 결과 그러한 오해를 낳게 된 것입니다.

오히려 불가사의한 해탈의 법이란 단박에 말과 생각을 쉬어 버리면 바로 지금 이 자리에서 해탈한다는 말입니다. 숨 한 번 쉬는 것보다, 세수하다 코 만지는 것보다 쉬운 일입니다. 그러나 사의(思議)하는 한, 생각으로 더듬고 헤아리는 한, 이 단순한 사실을 믿지 못합니다. 생각하므로 믿지 못하고, 믿지 못하니 끝없이 생각만 하는 것입니다.

대혜 스님의 숨김없는 가르침을 잘 살펴보십시오. 대혜의 '이곳'에는 다른 사람에게 줄 법이 없다고 했습니다. 대혜의 '이곳'은 바로 여러분의 '이곳'입니다. 바로 지금 여기 이것입니다. 여기엔 한 법도 없습니다. 도에는 배울 것이 없고, 선에는 가르칠 것이 없습니다. 만약 오랜 세월 닦아서 익혀야 할 것이 있다고 한다면, 그것이 어떻게 교외별전의 최상승(最上乘)이라 할 수 있겠습니까?

도라는 것은 이미 있는 것을 밝히는 것일 뿐이고, 선이라는 것은 없는 것을 있다고 여기는 착각을 깨우쳐 주는 것일 뿐입니다. 그래서 상대가 집착하고 있는 모든 것을 부수고 빼앗고 제거해 주는 것이 선지식의 수단과 방편입니다. 그러므로 부처도 죽이고, 조사도 죽이고, 아라한도 죽이고, 부모 형제도 죽인다는 극악무도한 소리를 서슴없이 내뱉는 것입니다.

따라서 도를 닦는 길, 선을 공부하는 길은 이래도 안 되고, 저래도 안 되고, 이렇게 하지 않아도 안 되고, 저렇게 하지 않아도 안 되는 것입니다. 이것을 알려고 하고, 이해하려 하고, 밝히려고 하는 그것이 병입니다. 이 공부는 그런 것이 아닙니다. 알 것도 없고, 이해할 것도 없고, 밝힐 것도 없습니다. 영원히 알 수도 없고, 이해할 수도 없고, 밝힐 수도 없습니다.

　이 공부는 생각이 할 일이 없어야 들어갈 수 있습니다. 생각으로 더듬고 헤아리는 한, 영원히 이 공부와는 인연이 없습니다. 옛사람들은 너무나 간단명료하고 단도직입적이었다고 대혜는 말합니다. 이 일만큼 간단명료하고 단도직입적인 일은 없습니다. 그저 생각을 쉬어 버리기만 하면 바로 그것이기 때문입니다. 생각을 쉬지 못하는 것이 병입니다.

　너무나 분명하고, 너무나 당연하고, 너무나 자연스러우니까 오히려 이것을 깨닫는 것이 늦습니다. 설마 이렇게 쉽고 간단할 줄은 상상도 못했기 때문입니다. 그것이 불가사의하다고 하는 것입니다. 완전히 노출되어 있으면 도리어 보기가 더 어렵습니다. 아무것도 알 것이 없기 때문에 알기가 더 어렵습니다. 상대와 짝하지 않는 자기 자신이기 때문에 아무리 찾아도 못 찾는 것입니다.

　아아, 이렇게도 어리석단 말입니까!

3장
소리 없는
소리를 들어라

21. 깨달음은 그런 게 아니다

대혜 스님이 운(雲) 거사의 수좌로 있었는데, 하루는 서적장(西積庄)에 갔다가 원통(圓通)에서 온 승려를 만났다. 그 승려가 말했다.

"수좌께서 지은 '여자출정(女子出定)' 화두에 대한 게송을 보고 깨달은 곳이 있어 수좌의 인증(印證)을 구하려고 특별히 왔습니다."

대혜 스님이 말했다.

"그런 게 아니니 가시오!"

승려가 말했다.

"제 견처(見處)도 말씀드리지 않았는데 어째서 아니라고 하십니까?"

대혜 스님은 거듭 손을 흔들며 말했다.

"가시오. 그런 게 아니오, 그런 게 아니오!"

승려는 부끄러워 물러갔다.

_종문무고

깨달음에 대한 흔한 오해는 그것이 특별한 견해이거나 신비한 체험이거나, 평소와는 다른 의식의 상태일 것이란 추측입니다. 한마디로 지금 이 순간과는 다른 특별한 '무엇'일 거라는 예상입니다. 깨달음을 추구하는 사람들이 명심해야 할 것은 바로 지금 이 순간, 이 마음을 벗어나서 달리 얻거나 깨달아야 할 '무엇'은 없다는 사실입니다. '무엇'이 아닌, 바로 지금 '이것'! '이것'이라고 말했지만 '이것'은 결코 '무엇'이 아님니다.

경전에서도 "지혜도 없고, 얻음도 없다.", "한 법도 얻은 바 없다."고 하였습니다. 지금 이 순간 없다가 얻게 된 '무엇'은 본래 있던 것이 아니므로 시간이 지나면 사라집니다. 그것은 진리, 깨달음이라 할 수 없습니다. 본래 있는 것, 바로 지금 이 순간에도 분명하게 존재하지만 자기 생각에 빠져 있어서 보지 못하고 있다가 뒤늦게 '그렇구나!' 하고 자각하는 것을 일러 깨달음이라 할 뿐입니다. 그것은 특별한 것이 아닙니다.

깨달은 바가 있어 인증을 구하러 온 승려에게 대혜 스님은 "그런 것이 아니니 가라."고 합니다. 깨달음은 '그런 것'이 아닙니다. 깨달은 바가 있고, 그것을 남에게 인증, 인가 받을 것이 있는 것이 아닙니다. 만약 그러하다면 그 사람은 깨달은 것이 아닙니다. 깨달으면 진실로 깨달은 '것'이 없습니다. 남에게 묻고 확인 받을 '것'이 없습니다. 자기 존재를 남에게 묻는 사람이 있다면 그 사람은 제정신을 가진 사람이 아닐 것입니다.

깨달았다고 생각한다면 아직 진실로 깨달은 것이 아닙니다. 깨달았다는 망상을 하고 있을 뿐입니다. 여전히 견해의 티끌이 남아 있어 확연하게 깨달은 것이 아닙니다. 깨달음의 가부(可否)를 남에게 물어야 한다면 바로 그것이 깨닫지 못한 것이라는 가장 강력한 증거입니다. '나의 깨달음이 맞는가? 분명한가?' 하는 의심이 있다면 아직 깨달은 것이 아닙니다. 깨달음은 결코 알고 모르는 분별의 대상이 아닙니다. 알아도 분별이고, 몰라도 분별입니다.

물론 점검, 인증은 필요합니다. 아직 안목이 철저하지 못할 때는 자기의 견처를 점검받아야 합니다. 그런 면에서 예화 속의 승려는 '당신은 아직 깨닫지 못했다'는 점검, 인증을 받은 셈입니다. 듣지 못했습니까? 아는 자는 묻지 않고, 묻는 자는 알지 못한다는 말을. 진실로 깨달으면 모든 의문이 해소됩니다. 해소되지 않은 의문이 있다면 여전히 아는 것과 모르는 것, 둘로 나뉜 상태이므로 깨달음이라 할 수 없습니다.

깨닫기 전에는 깨달음이라는 것이 있습니다. 그러나 진실로 깨달으면 깨달음이라는 것은 없습니다. 그저 깨닫지 못했을 때도 있던 것이, 깨달은 뒤에도 있을 뿐입니다. 있다고 하지만 '무엇'으로 있는 것은 아닙니다. 그런 면에서 없다고도 할 수 있지만, 없는 것 역시 있는 것입니다. 비유하자면 깨달음이란 꿈에서 깨어나는 것과 흡사합니다. 허망한 꿈에서 깨어나 본래의 멀쩡한 상태로 돌아왔을 뿐입니다. 깨어나고 보면 아무 일도 없었습니다.

모든 현상이 본래부터 언제나 적멸(寂滅)의 모습이었습니다.

22. 간절하고 간절해야

어떤 승려가 동산(洞山) 스님에게 물었다.

"'때때로 부지런히 털고 닦는다.'고 했는데 어째서 의발을 얻지 못했습니까? 어떤 사람이 얻어야 합당한지 알지 못하겠습니다."

동산 스님이 말했다.

"문으로 들어오지 않은 자이다."

승려가 말했다.

"그저 문으로 들어오지 않은 자이기만 하면 됩니까?"

동산 스님은 "비록 그렇다 하더라도 그에게 주지 않을 수 없다."고 말하고는 학인들에게 질문을 던졌다.

"곧장 '본래 한 물건도 없다.' 하여도 오히려 의발을 얻기에는 충분치 않으니 여기에 부합하는 한마디를 해 보라. 자, 무슨 말을 해야 하겠는가?"

어떤 상좌가 있어 96번이나 자기 견해를 말했으나 동산 스님의 뜻에 맞지 않다가 마지막 한마디에 비로소 스님의 뜻에 계합하였다.

동산 스님이 말했다.

"그대는 어째서 진작 이렇게 말하지 않았는가?"

또 다른 스님 하나가 몰래 듣고 있다가 마지막 한마디만 듣지 못했다. 마침내 상좌에게 가르침을 청했으나 상좌는 말해 주려 하지 않았다. 이렇게 3년 동안 가까이 모셨지만 끝내 상좌가 말해 주지 않아 병이 들었다.

그 승려가 말했다.

"제가 3년 동안 앞의 이야기를 말씀해 주시기를 청하였으나 자비를 입지 못했습니다. 선의로 얻지 못했으니 악의로 얻겠습니다."

마침내 칼을 겨누고 말했다.

"만약 제게 말씀해 주지 않는다면 상좌를 죽이겠습니다!"

상좌가 두려워하며 말했다.

"잠깐 멈추게! 그대에게 말해 주겠네."

그러고는 말했다.

"설사 가져온다 하더라도 둘 곳이 없다 하였네."

그 승려는 감사의 인사를 드렸다.

_균주동산오본선사어록(筠州洞山悟本禪師語錄)

어느 옛사람의 말씀처럼 이 공부는 '간절할 절(切)' 자 하나면 충분합니다. 간절하지 않기 때문에 마음이 흩어져 공부가 이루어지지 않는 것입니다. 진실로 도무지 알 수 없는 이 진실 하나에 목마르다면 단 한 순간이라도 엉뚱한 곳에 마음이 쏠릴 수가 없습니다. 삼대독자 막내아들을 전쟁터에 보낸 어머니가 잠시라도 아들 걱정을 잊을 수가 없는 것과 같습니다. 눈에 넣어도 아프지 않을 어린 딸을 잃어버린 아버지가 어찌 마음 편히 밥을 먹고 잠을 잘 수 있겠습니까?

간절하고 간절해서 그 간절함이 극에 달하면 저절로 마음이 한 덩어리를 이루어 온갖 분별망상을 녹게 됩니다. 그런 순간 어떤 인연에 이제껏 미처 알아차리지 못했던 이 하나의 사실을 불현듯 깨닫게 되는 것입니다. 깨닫고 보면 늘 그 속에서, 그것 자체로 살아왔고 살고 있다는 사실에 놀라게 됩니다. 바깥으로 한 물건도 얻을 것이 없고, 안으로 한 물건도 버릴 것이 없습니다. 바로 지금 이 순간 있는 그대로의 사실이라는 말도 긁어 부스럼일 뿐입니다.

간절함은 의도적인 노력이나 조작을 통해 일어나지 않습니다. 간절함은 자기 자신이 어떻게도 손쓸 수 없는 상황에서 터져 나오는 순수한 갈망입니다. 어떤 것도 바라는 바 없이 오직 스스로 알 수 없는 이 하나의 사실에만 저절로 몰입되어야 합니다. 어떤 의도나 조작이 개입될 수 없습니다. 생각으로 헤아려 앞뒤를 따질 여유가 없을 때만 저절로 간절해집니다. 그래서 이 공부는 시절이든 사람이든 인연을 만나야만 할 수 있습니다.

간절해야 인연을 만나고, 인연을 만나야 간절해집니다. 어떻게 할 수 있는 수단이나 방법, 길이 없습니다. 스스로 어떤 기량이나 재주를 부려 살아날 궁리를 하는 한, 막다른 골목을 마주할 수 없습니다. 이른바 은산철벽에 가로막히고, 금강으로 만든 감옥에 갇히고, 밤송이 가시를 삼키지 않고서는 죽었다가 다시 살아나는 길을 만날 수 없습니다. 죽었다가 살아나지 못할까 걱정하지 말고, 살아서 완전히 죽지 못할까 걱정해야 합니다.

예화 속 동산 스님 회상의 두 승려를 잘 살펴보십시오. 사람마다 근기도 다르고 인연도 다른 까닭에 깨침 역시 일괄적으로 정해진 것이 없습니다. 상좌는 동산 스님의 질문에 96번이나 자신의 견해를 제시하였다 했습니다. 한 번, 두 번도 아니고 96번이나 물러서지 않고 스승이 제시한 관문을 뚫으려고 했던 것입니다. 완전히 일념(一念)이 되지 않으면 올바른 답을 제시할 수 없습니다. 답이 따로 있어서가 아니라 일념 자체가 바로 답이기 때문입니다.

102

반면에 그것을 엿듣고 있던 승려는 자신이 듣지 못한 상좌의 마지막 말 가운데 무슨 뜻이 있을 거라 믿었습니다. 대부분의 사람들처럼 자기 자신을 돌아볼 생각은 미처 하지 못하고 바깥의 무언가를 쫓아다니느라 바빴습니다. 상좌에게 마지막 말을 가르쳐 달라고 부탁하지만 상좌는 말해 주는 것을 거절합니다. 이것이 공부하는 사람들을 위한 친절과 자비입니다. 설명을 통해 이해하여 아는 것은 결코 자기 살림살이, 자기 보배가 아니기 때문입니다.

승려는 상좌와의 인연으로 간절해졌습니다. 3년이나 시봉을 하면서 마지막 말을 물었지만 상좌는 가르쳐 주지 않습니다. 가르침을 거절당할 때마다 그 승려의 심정은 어땠을까요? 분하기도 하고, 억울하기도 하고, 답답하기도 했을 것입니다. 그래도 그 마지막 말을 너무나 알고 싶었던 모양입니다. 그래서 그만 병을 얻게 되었습니다. 알고 싶은 마음, 간절함이 극에 달하자 더 이상 선도 생각하지 못하고 악도 돌아보지 않게 되었습니다.

승려는 마침내 말해 주지 않는다면 칼로 상좌를 찔러 죽이겠다는 막다른 골목까지 도달하게 되었습니다. 바로 그때 한마디, 상황을 역전시켜 있는 그대로의 자신을 깨닫도록 만드는 인연이 벌어지게 되었습니다. 말의 내용은 중요하지 않습니다. 그러한 상황, 아무것도 원하는 것 없이 오직 알고자 하는 마음 하나만 남는 것이 중요합니다. 일념, 둘이 없는 상황은 승려가 만든 것도, 상좌가 만든 것도 아닙니다. 그것이 시절인연입니다.

봄이 오면 풀은 저절로 푸른 법입니다.

23. 돈오점수냐 돈오돈수냐

당(唐)의 상서(尚書) 온조(溫造)가 일찍이 규봉종밀(圭峰宗密) 선사에게 물었다.

"이치를 깨달아 망념을 쉰 사람은 다시 업을 짓지 않으니, 한 세상 수명을 마친 다음에 신령스러운 성품은 어디에 의지합니까?"

종밀 선사가 편지로 답하였다.

"일체 중생 가운데 텅 비고 고요한 신령스러운 깨달음을 갖추지 않은 이가 없어 부처와 더불어 조금도 다름이 없습니다. 다만 아득한 옛날부터 지금에 이르기까지 깨닫지 못하고 망령되이 몸에 집착하여 나라는 모양을 삼은 까닭에 좋아하고 싫어하는 정을 일으킵니다. 정을 따라 업을 짓고, 업을 따라 과보를 받아 오랜 세월 동안 생로병사에 윤회하게 되었습니다.

그러나 몸 가운데 깨달음의 성품은 일찍이 나고 죽지 않았으니, 마치 꿈에서 부림을 당하더라도 몸은 편안한 것과 같으며, 물로 얼음을 만들어도 젖는 성품은 다르지 않은 것과 같습니다. 만약 이러한 뜻을 깨달을 수 있다면 곧바로 법신이니, 본래 스스로 생겨남이 없는데, 어찌 의탁함이 있겠습니까? 신령하고 신령하여 어둡지 않고, 밝고 밝아서 항상 알지만, 오는 바도 없고 가는 바도 없습니다.

하지만 여러 생 동안 익힌 망념이 집착함으로써 성품을 이루어 희로애락이 미세하게 흘러들어 오니, 참된 이치는 비록 단박에 통달하였지만 이러한 정은 갑자기 없애기가 어렵습니다. 모름지기 오랫동안 깨달아 살피고, 덜어내고 또 덜어내야 합니다. 마치 바람은 문득 그쳤으나 물결은 점차 멈추는 것과 같으니 어찌 한 생애 닦은 것으로 곧바로 부처님의 작용과 같아질 수 있겠습니까?

다만 텅 비고 고요한 것을 자기 몸으로 삼을지언정 색신(色身)을 인정하지 말아야 하며, 참된 앎을 자기 마음으로 삼을지언정 망념(妄念)을 인정하지 말아야 합니다. 망념이 만약 일어나더라도 전혀 그것을 따라가지 않는다면, 목숨이 다할 때 이르러 자연히 업이 그대를 얽어매지 못할 것입니다. 비록 중음(中陰)²¹ 가운데 있더라도 자유로워 천상과 인간에 마음대로 의탁하게 됩니다.

좋아하고 싫어하는 마음이 이미 사라졌다면 업의 과보로 인한 몸을 받지 않게 되어 저절로 짧은 것은 길어지고 조잡한 것은 묘해집니다. 미세하게 흘러들어 오는 것이 모두 사라져 원만한 깨달음의 커다란 지혜만 홀로 빛나면 천백억 화신을 나타내어 인연 있는 중생을 제도하니, 이를 일러 부처라 합니다."

송(宋)의 시랑(侍郞) 한종고(韓宗古)가 일찍이 편지로 회당(晦堂) 노스님께 물었다.

"예전에 스님께서 깨달으면 확 트여 의심이 없다고 하신 것을 들었습니다. 그러나 아득한 옛날부터 있어 온 번뇌와 습기는 단박에 없앨 수 없으니 어떻게 해야 합니까?"

회당 스님이 답했다.

"편지를 삼가 살펴보니, '예전에 깨달으면 확 트여 의심이 없다 하였으나 아득한 옛날부터 있어 온 번뇌와 습기는 단박에 없앨 수 없다.'고 하셨습

---

21 사람이 죽은 뒤 다음 생의 몸을 받기까지 머무는 곳.

니다. 그러나 마음 바깥에는 다른 법이 없으니, 번뇌와 습기가 무슨 물건이기에 그것을 없애려고 하시는지 알지 못하겠습니다. 만약 이러한 마음이 일어난다면 도리어 도적을 아들로 인정하는 것이 됩니다. 예부터 모든 언설은 곧 병에 따라 약을 쓴 것입니다. 설령 번뇌와 습기가 있다 하더라도 다만 여래의 지견으로 그것을 다스릴 뿐이니 모두가 훌륭한 방편으로 이끌어 들이는 말입니다.

만약 다스려야 할 번뇌가 반드시 있다면, 그것은 결국 마음 바깥에 법이 있어 없앨 수 있다는 것입니다. 비유하자면 신령스러운 거북이가 진흙에 꼬리를 끌면서 자취를 털어 버리면서 자취를 만드는 것과 같습니다. 한마디로 마음을 가지고 마음을 쓰는 것으로 도리어 병을 깊게 하는 것입니다. 진실로 마음 바깥에 법이 없고 법 바깥에 마음이 없음을 분명하게 깨달아 마음과 법이 이미 없으면 다시 누구로 하여금 단박에 없애게 하고자 할 것입니까? 보내 주신 편지를 받고 간략히 답함으로써 산중(山中)의 서신으로 삼고자 할 따름입니다."

두 노스님은 고금(古今)의 종사(宗師)이다. 그 상황에 따른 방편은 각자 의미가 있어 애초에 우열이 없다. 그러나 규봉 스님이 답한 것은 바로 한종고가 질문한 뜻에 맞는 것으로, 종지를 잃지 않고 견해를 열어 주는 말이니 종밀 스님의 말씀을 회당 스님의 말씀과 비교해 본다면 얻는 것이 많을 것이다.

_임간록(林間錄)

깨달은 뒤에 닦을 것이 있느냐 없느냐, 곧 깨달음이 출발점이냐 종착점이냐를 두고 왈가왈부하는 일이 있습니다. 흔히 단박 깨달은 뒤에 점차 닦아 나가는 돈오점수(頓悟漸修)가 옳으냐, 단박 깨달아 단박 닦는 것도 마치는 돈오돈수(頓悟頓修)가 옳으냐 하는 것을 두고 많은 사람이 시비해 왔습니다. 그것은 공부하는 사람들을 위한 방편의 말을 실다운 법으로 착각함으로써 벌어진 무익한 논쟁에 불과할 뿐입니다. 진정한 공부는 말과 이론에 있지 않기 때문입니다.

『육조단경』에 이르기를, "어떤 것을 점(漸)과 돈(頓)이라고 하는가? 법은 한 가지이나 견해에 더디고 빠름이 있기 때문이니 견해가 더디면 바로 점이요, 견해가 빠르면 바로 돈이니라. 법에는 점과 돈이 없으나 사람에게는 영리함과 우둔함이 있는 까닭으로 점과 돈이라 이름한 것이니라."고 하였습니다. 돈오점수와 돈오돈수는 한 법을 보는 견해의 더디고 빠른 차이일 뿐, 법 자체가 다른 것이 결코 아닙니다.

『돈오입도요문론』에 보면 '돈(頓)이란 단박에 망념을 없애는 것이요, 오(悟)란 얻을 바 없음을 깨닫는 것'이라 하였습니다. 아직 깨닫지 못했을 때는 뭔가 깨달을 것이 있고 얻을 것이 있다는 망념이 남아 있지만, 어떤 인연에 문득 깨닫고 보면 본래부터 갖추어져 있던 자기 성품을 비로소 깨달았을 뿐 새롭게 얻은 것이 없습니다. 그런데 비록 돈오의 체험이 있다 하더라도 그 사실에 흔들림이 없는 사람이 있는가 하면 다시 미세한 분별에 속는 사람이 있습니다.

예화 속의 규봉종밀 선사의 가르침은 돈오점수설의 대표적인 입장입니다. 비록 일체 중생에게 본래부터 텅 비고 고요하며 신령스러운 깨달음의 성품이 부처님과 다름없이 갖추어져 있음을 깨달았으나, 여러 생 동안 익힌 번뇌망상과 습기는 단박에 사라지지 않는 까닭에 오랫동안 깨달아 살피고 덜어 내고 덜어 내야 한다고 합니다. 대부분의 경우 돈오를 체험했다 하더라도 일정 시간이 지나면 아직 미진한 부분이 있음을 느끼게 됩니다. 돈오점수는 그런 사람들을 위한 방편의 가르침입니다.

이치는 분명히 깨달았지만 여전히 안팎의 경계에서 부자유스러움을 느끼기 때문에 닦음을 말하지만, 여기서 말하는 닦음은 깨달음에 의지하여 순간순간 자신의 어리석음을 돌아보는 것으로, 유위적인 조작을 통한 닦음이 아니라는 면에서 '닦음 아닌 닦음'이라 할 수 있습니다. 대부분의 공부인들이 한 번의 돈오 체험 이후에 서너 차례 다시 깨달음을 경험하는 것은 자기도 모르게 사로잡혀 있던 미세한 망념과 습기에서 벗어나는 체험을 하기 때문입니다.

돈오점수의 길을 따라 공부를 해 나가면 결국 돈오돈수라는 결론에 이르게 됩니다. 예화 속 회당 스님의 가르침처럼 오직 마음 하나뿐이므로 번뇌와 습기도 따로 없고 그것을 없애는 일도 없다는 것입니다. 이치의 입장에서 보면 지당하고 지당하지만 사실의 입장에서 처음 돈오를 체험하고 바로 이러한 견해가 확실해지는 것은 결코 아닙니다. 그래서 번뇌와 습기를 여래의 지견, 즉 깨달음으로 다스리는 방편을 세울 수밖에 없습니다.

다시 말해 의사가 병에 따라 약을 쓰듯, 돈오를 체험했다 하더라도 미세한 분별에 떨어져 둘 아닌 마음의 실상을 보는 안목이 철저하지 못한 사람에게는 단박에 깨달아 단박에 닦아 마쳐야 한다고 가르치고, 한때의 지견으로 깨달을 것도 없고 닦을 것도 없다고 큰소리치는 사람에게는 작은 것에 만족하지 말고 더 큰 깨달음으로 나아가야 한다고 방편의 길을 제시해 주는 것입니다. 그러나 점수든 돈수는 일단 돈오를 체험하는 것이 급선무인 것은 두 번 말할 필요가 없습니다.

위산(潙山) 스님에게 어떤 승려가 물었다.

"단박 깨달은 사람도 다시 닦을 것이 있습니까?"

위산 스님이 말했다.

"만약 진실로 근본을 깨닫는다면 그때 그는 닦음과 닦지 않음이 관점을 달리한 말(兩頭語)이라는 것을 스스로 알 것이다.

이제 초심자가 비록 인연을 따라 한순간에 스스로 이치를 단박 깨달았다 하더라도, 시작이 없는 아득한 세월 동안의 습기를 단박에 깨끗이 할 수는 없다. 모름지기 그로 하여금 드러난 업과 흐르는 의식을 깨끗이 제거하게 하는 것이 곧 닦음이다. 달리 법이 있어서 그로 하여금 수행하여 나아가게 해서는 안 되는 것이다. (중략)

실제 이치의 경지에서는 한 티끌도 받아들이지 않지만, 온갖 행위의 문 가운데서는 한 법도 버리지 않는다. 만약 단도직입하면 범부와 성인이라는 생각이 다하고 참되고 항상함이 그대로 드러나 이치와 사실이 둘이 아니니 곧 여여한 부처이다."

24. 도는 말에 있지 않거늘

금화(金華)의 원(元) 수좌는 강직하면서도 엄격하였기에 총림(叢林)에서는 그를 더 이상 배울 것이 없는 사람이라고 여겼으나, 백운(白雲)에서 등암 (等庵) 스님을 뵙고서야 비로소 큰일을 마치게 되었다.

어떤 승려가 원 수좌에게 물었다.

"어떤 것이 부처입니까?"

"바로 이 마음이 부처다."

"어떤 것이 도입니까?"

"평상심이 도이다."

"어떤 것이 조사가 서쪽에서 오신 뜻입니까?"

"조주 스님이 말씀하셨다."

이 이야기를 들은 자들은 모두 웃었다.

그 후에 어떤 승려가 물었다.

"어떤 것이 부처입니까?"

"남두(南斗)는 일곱이고 북두(北斗)는 여덟이다."

"어떤 것이 도입니까?"

"센 불로 참기름을 볶는다."

"어떤 것이 조사가 서쪽에서 오신 뜻입니까?"

"거북이 털이 매우 길다."

이 이야기를 전해 들은 자들은 모두 기뻐했다.

아아, 이처럼 답화(答話)를 분별하여 따지는 일은 자기의 신령스러움만 매

몰시킬 뿐 아니라 또한 선배를 저버리는 짓이다.

_고애만록(枯崖漫錄)

예나 이제나 현묘한 말 한마디 하는 것으로 선 공부를 삼는 사람들이 매우 많습니다. 그런 사람들은 공안탁마니 선문답이니 법거량이니 하면서 옛 선사들의 어록에 나오는 말과 문장을 표절하거나, 격외구(格外句)라는 미명 아래 그저 기이하고 엉뚱한 표현으로 상대보다 한마디 더 하는 것, 말로써 상대를 이기는 것을 공부인 양 착각합니다. 이러한 폐단은 이 공부에 대한 간절한 발심과 철저한 신심이 없기 때문입니다.

진리는 언어의 길이 끊어지고 마음이 갈 데가 사라지는 곳에 있습니다. 깨달음은 사량분별이 아닌, 직접적인 체험입니다. 직접적인 체험이 없으면 어쩔 수 없이 말과 생각의 힘을 빌려 추측(推測), 미루어 짐작하는 일밖에는 할 수가 없습니다. 마치 술을 거르고 남은 찌꺼기를 먹고는 진짜 술을 마시고 취한 것처럼 구는 것이 문자선(文字禪)이요, 구두선(口頭禪)입니다. 그러나 선은 문자에도, 입술 위에도 있지 않습니다.

위의 예화에서 원 수좌가 선을 묻고 도를 구하는 이의 질문에 처음에는 평상화(平常話), 평범한 말로 대답하였더니 그 말을 들은 사람들이 모두 비웃었고, 다음번에는 이른바 격외구라는 것으로 답변하였더니 그 말을 들은 사람들이 모두 기뻐하였다 하였습니다. 이 모두가 평범과 비범이라는 상대적 차별, 틀과 격식 바깥을 벗어나지 못하였기 때문입니다. 이는 다른 사람이 아침에 싸 놓은 똥의 맛을 보면서 그 사람의 저녁 식사 메뉴를 헤아리는 짓에 불과합니다.

깨달음의 기연을 열어 주는 언구(言句)는 말의 내용에 있는 것이 아니라 말하기의 상황에 있다는 사실을 명심해야 합니다. 즉 질문과 답변, 말의 내용이 중요한 것이 아니라, 묻는 사람이 얼마나 스스로는 도무지 알 수 없는 진실에 목마르냐 하는 상황이 중요한 것입니다. 그런 까닭에 어떤 이는 아무 특별한 뜻이 없는 말 한마디에 문득 개오(開悟)하기도 하고, 심지어 닭 우는 소리, 꽃 피는 모양, 똥 냄새에도 깨닫는 일이 벌어지는 것입니다.

진정한 물음은 답할 수 있는 데 있지 않습니다. 진실한 답변은 물을 수 있는 곳에 있지 않습니다. 물음이 사라지는 것이 답입니다. 입을 열고 마음을 움직이면 이미 어긋난 것입니다. 선은 말과 생각, 인연을 벗어나 따로 있는 것은 아니지만, 말과 생각, 인연의 소산이 아닙니다. 제몸을 뜯어먹는 뱀의 상징처럼 커다란 의문 속에서 자기가 자기를 상실할 때, 비로소 자기 없는 자기, 전체인 자기가 드러납니다.

이 공부는 무대 바깥의 관객의 입장이 아니라, 무대 위 1인극의 주인공의 심정이 되어야 합니다. 처음엔 머릿속이 하얗게 비워지겠지만, 언젠가 입을 여는 순간이 오고, 곧 행위가 말을 따르고 말을 따라 행위가 펼쳐지면서 하나의 사건, 하나의 세계가 펼쳐집니다. 그의 연기가 진실할수록 점점 무대 바깥과 무대 위라는 경계가 지워지고, 관객과 주인공이라는 구분도 사라져서 무대, 배우, 관객이 완전히 한 덩어리를 이루는, 한 편의 완벽한 연극이 됩니다.

훌륭한 배우는 입술로 말하는 것이 아니라 존재로 말합니다.

25. 눈앞에 있다

뜻이 높은 선비 한재(寒齋) 임공우(林公遇) 공의 자는 양정(養正)이다. 벼슬을 버리고 정치하는 데 뜻이 없어 오로지 산림에서 큰 법을 공부하는 사람들과 이 도를 공부하여 밝혔다. 죽계(竹溪) 임희일(林希逸) 공에게 부친 글에서 다음과 같이 말했다.

이 일을 구태여 다른 사람에게 말할 필요가 있을까?
귀가 있어도 귀머거리와 같은 것이 참다운 비결이네.
이 일을 구태여 다른 사람에게 말할 필요가 있을까?
입이 있어도 벙어리와 같은 것이 참으로 살아 있는 말이네.
봉사, 귀머거리, 벙어리가 바로 신선의 처방이니
그 가운데 따로 장생(長生)의 길이 있네.
아침도 없고 저녁도 없고
지금도 없고 옛날도 없으며
삼라만상도 없고 산하대지도 없네.
장생의 길은 어느 곳에 있는가?
선단(仙丹)을 이룰 필요 없이 저절로 신선의 경지에 오르네.
단지 눈앞에 있을 뿐 찾을 곳 없으니
찾고자 하면 다만 찾을 곳 없는 곳에 있네.

_고애만록

이 일을 어떻게 다른 사람에게 이야기해 줄 수 있을까요? 석가모니의 팔만 사천 법문마저 군소리에 불과한데 거기에 무슨 말을 더할 수 있을까요? 입을 벌리기 이전에 이미 분명한 사실이 드러나 있습니다. 그것은 말과 생각의 근원이기에 말과 생각으로 드러낼 수는 없습니다.

가만히 귀를 기울여 보십시오. 잡다한 소음이 나타났다 사라집니다. 그러나 그 허다한 소음을 듣고 있는 성품 자체는 나타나지도 않고 사라지지도 않습니다. 완전히 귀가 먹어 아무 소리도 들리지 않는 사람도 아무 소리가 들리지 않는다는 사실은 명확하게 알고 있습니다.

이것은 텅 비어 있는 의식 자체다, 아무 대상 없는 알아차림의 성품 자체다, 신령스러운 앎의 성품이다, 자성이다, 온갖 말을 하지만 진실로 그 말들이 가리키려 하는 것은 결코 그 말들 자체가 아닙니다. 오히려 그러한 말들이 나타났다 사라지는 바로 지금 여기 이 자리, 이것이 그것입니다.

아무리 보아도 본 것이 없고, 아무리 들어도 들은 것이 없고, 아무리 말해도 말한 것이 없고, 아무리 경험해도 경험한 것이 없습니다. 모든 일이 다 있는 그대로 아무 일도 없는 것입니다. 새롭게 얻을 수도 없고 결코 잃어버릴 수도 없습니다. 차라리 봉사, 귀머거리, 벙어리가 되는 것이 낫습니다.

어떤 분별이 일어나기 이전의 순수하고 깨끗한 이 마음, 이 진실, 이것, 이 존재 자체에는 본래 생사가 없습니다. 어떤 분별, 어떤 상대적 차별도 바로 지금 여기, 이 자리에는 없습니다. 한 생각이 일어나는 순

114

간 생사가 벌어집니다. 아무것도 없는 데서 허깨비처럼 모든 일이 벌어집니다.

본래 있는 것을 다시 새롭게 얻을 수는 없습니다. 얻었다 하면 모두 본래 있는 것이 아닙니다. 결코 얻을 수 없는 것만이 결코 잃어버릴 수도 없습니다. 너무나 당연한 것이 진리입니다. 아무 특별할 것이 없는 것이 진리입니다. 언제나 바로 지금 여기 이렇게 있는 것이 진리입니다.

바로 지금 이것이 진리입니다!

피할 수 없는 곳, 늘 마주하고 있는 곳, 모든 경험의 현장이 바로 지금 여기 이 순간, 이것입니다. 그러한 생각과 상관없이 늘 변함없이 있는 것이 그것입니다. 바로 지금 여기가 결코 찾을 수 없는 곳입니다. 어떤 생각도 일으킬 필요가 없이 자명한 것이 바로 지금 여기 이것입니다.

보려야 볼 수 없고, 들으려야 들을 수 없고, 느끼려야 느낄 수 없고, 알려야 알 수 없고, 찾으려야 찾을 수 없고, 구하려야 구할 수 없고, 얻으려야 얻을 수 없고, 모르려야 모를 수 없고, 버리려야 버릴 수 없고, 분별하려야 분별할 수 없고, 깨달으려야 깨달을 수 없습니다.

이렇게 분명합니다. 아무 내용이 없는 것이 분명한 것입니다. 어떤 생각의 흔적이 없기 때문에 분명하다고 하는 것입니다. 진실로 분명한 것은 분명한 모양이 따로 있는 것이 아닙니다. 둘 없는 하나, 어떠한 분

리도 없음은 의식적 분별의 대상이 아닙니다. 다만 알지 못함이 분명한
것입니다.

악!

26. 만물이 하나

회당(晦堂) 노스님이 일찍이 가벼운 병으로 장강(漳江)에 치료차 머문 적이
있었다. 전운판관(轉運判官)인 의공(倚公) 하립(夏立)이 찾아와 뵙고 묘한 도
에 대해 이야기를 나누다가 『조론(肇論)』의 "만물을 모아 자기로 삼으니 유
정(有情)과 무정(無情)이 모두 한 몸이다."라는 말을 하게 되었다.

그때 향안(香案: 향로를 받치는 상) 밑에 개 한 마리가 누워 있었다. 회당 스님
은 자를 들어 개를 때리고 다시 향안을 때리고는 말했다.

"개는 정이 있어 곧 도망가지만 향안은 정이 없어 그냥 머무르거늘 유정
과 무정이 어떻게 한 몸을 이룰 수 있겠는가?"

하공이 답을 하지 못하고 있자 회당 스님이 말했다.

"조금이라도 사유가 들어가면 곧바로 쓸모없는 법이 되니 어찌 만물을
모아 자기로 삼을 수 있겠는가?"

_연등회요, 임간록

둘이 아니다, 오직 하나다, 하는 말과 생각을 지키고 있어 보았자 그
것은 스스로에게 아무 도움이 되지 않습니다. 선(禪)은 문득 말과 생각
을 잊고 있는 그대로의 실재에 묵묵히 계합하여 막힘없이 통하는 것을
귀하게 여길 뿐입니다. 먼지티끌만 한 지견, 알음알이라도 남아 있다면
그것 때문에 장애가 일어나 불편함을 겪게 될 것입니다.

아무리 뛰어난 사람의 말, 아무리 훌륭한 책 속의 글일지라도 진실은 그 말과 글에 있지 않습니다. 그 말과 글을 보고 듣고 읽고 살려 내고 있는 바로 지금 여기의 참된 자신만이 진실입니다. 세상 만물 가운데 어떤 것도 바로 이 사람, 이 참된 자신을 벗어나 있는 것은 없습니다. 세상 만물의 다양한 모습과 경계가 바로 이 모양 없는 참된 자신의 모양입니다.

하의공이라는 관리가 회당 스님을 찾아와 법담을 나누다가 『조론』의 "만물을 모아 자기를 삼으니 유정과 무정이 모두 한 몸이다."라는 구절을 언급했던 모양입니다. 그럴듯한 말이지만 그 말을 외우고 이해한다고 해서 그 말이 가리키는 바를 분명하게 체득했다고는 할 수 없습니다. 음식 맛에 대한 설명서를 읽고 이해했다고 해서 그 음식의 맛을 직접 본 것은 아닌 것과 같습니다.

이에 회당 스님은 곧장 자를 들어 개와 향안을 때려 보입니다. 개와 향안은 각각 만물에 속해 있고, 개는 유정이고 향안은 무정입니다. 그러고는 하나는 도망가고 하나는 남아 있으니, 어찌 만물을 모아 자기를 삼을 수 있으며, 유정과 무정이 한 몸이라 할 수 있겠느냐고 되묻습니다. 그러자 하의공은 대답을 하지 못했습니다. 그때 자로 하의공마저 때렸어야 좋았을 것입니다.

바로 지금 여기 이 자리는 조금이라도 말과 생각으로 헤아리면 어긋납니다. 말과 생각이 없는 그 자리를 말과 생각을 통해 접근할 수는 없습니다. 말과 생각의 길이 끊어지는 순간, 단 한 번도 그 자리를 벗어난 적이 없다는 사실을 분명하게 깨달을 수 있습니다. 언제나 그 자리를 벗어나지 않고 온갖 만물을 분별할 수 있게 됩니다.

이 세상에 둘이 없는 것이 자기입니다. 둘이 있다면 자기가 아닙니다. 따라서 만물이 그대로 자기입니다. 만물 가운데 자기가 있는 것이 아닙니다. 만물 하나하나가 그대로 자기 하나입니다. 만물이 자기이고 자기가 만물이므로, 만물도 따로 없고 자기도 따로 없습니다. 그 가운데서 만물은 만물로 드러나고, 자기는 자기로 드러납니다.

여러 가지 만물을 끌어모아 자기 하나를 만드는 것이 아닙니다. 유정과 무정을 합쳐서 한 몸을 만드는 것이 아닙니다. 한 생각 돌이키는 순간 만물도 사라지고 유정·무정도 사라지면, 그것이 본래 둘이 없는 하나, 하나마저 아닌 하나입니다. 너무나 당당하고 분명하게 있어 왔던 있는 그대로의 참된 자기, 나의 본래면목입니다.

자기를 확인하기 위해 다른 자기가 필요한 것은 아닙니다.

27. 소리 없는 소리를 들어라

생(生) 법사(法師)가 말했다.

"허공을 두드리면 메아리가 일어나지만, 나무를 때리면 소리가 없다."

법안(法眼) 선사가 문득 공양을 알리는 목탁 소리를 듣고 시자에게 말했다.

"들었느냐? 조금 전에 들었다면 지금은 들리지 않고, 지금 듣는다면 조금 전에는 듣지 않았겠구나. 알겠느냐?"

_임간록

보조(普照) 국사 『수심결(修心訣)』에 다음과 같은 대목이 있습니다.

"진리에 들어가는 길은 많지만 그대에게 한 길을 가리켜서 그대의 근원으로 돌아가게 하리라. 그대는 저 까마귀 우는 소리와 까치가 지저귀는 소리를 듣는가?"

"예, 듣습니다."

"그대는 그대의 듣고 있는 성품을 돌이켜서 들어 보아라. 거기에도 많은 소리가 있는가?"

"거기에는 일체의 소리와 일체의 분별도 없습니다."

"기특하고 기특하구나. 이것이 바로 관음보살이 진리에 들어간 문이다. 내가 다시 그대에게 묻는다. 그대는 거기에 일체의 소리와 일체의 분별도 얻을 수 없다고 하였다. 이미 아무것도 얻을 수 없다면 그러한 때는 허공과 같은 것이 아니겠는가?"

"원래 공하지 않아서 밝고 밝아 어둡지가 않습니다."

"그러면 어떤 것이 공하지 않은 것의 본체인가?"

"형상이 없으므로 말로 표현할 수 없습니다."

"그것이 모든 부처님과 조사들의 생명이니 다시는 의심하지 마라."

바로 지금 당장 아무 소리나 들어 보십시오. 예를 들어, 지금 창밖에서 매미들이 시끄럽게 울고 있습니다. 맴, 맴, 맴, 시끄럽게 울다가 잠시 잦아들었다가 다시 웁니다. 들리는 소리라는 경계는 고정되지 않고 일어났다가 사라집니다. 그때 주의를 소리가 아니라 그 소리를 듣고 있는 성품, 그 소리가 출몰하는 공간, 그 소리를 지각하는 주의 자체로 돌려 보십시오.

맴, 맴, 맴 하는 소리를 듣고 있을 때나, 그 소리가 사라졌을 때나 한결같이 소리에 귀를 기울이는 무엇이 있습니다. 소리라는 경계가 사라져도 그것은 남아 있습니다. 소리를 듣는 그것, 소리의 근원에는 소리가 없습니다. 그러나 텅 비어 죽어 있는 허공 같은 것은 아닙니다. 소리 없는 소리, 살아 있는 무엇이 있습니다. 이것이 허공을 두드리면 메아리가 울리는 소식입니다.

일본 임제종의 중흥조라 일컬어지는 백은(白隱) 선사는 일찍이 '척수성(隻手聲)', 곧 '한 손바닥의 소리'라는 공안(公案)을 제창한 바 있습니다. 지금 양손을 부딪치면 소리가 나지만, 한 손을 들어 올리면 아무 소리도 나지 않고 아무 냄새도 나지 않습니다. 이 한 손바닥의 소리, 그 소리 없는 소리를 들어 보라는 말입니다. 한 손바닥의 소리는 결코 귀를 통해 들을 수 있는 소리는 아닙니다.

소리라는 말, 소리라는 경계에 속지 않는다면, 우리는 소리 없는 소리, 한 손바닥의 소리를 언제나 듣고 있습니다. 자기 자신이 바로 그 소리의 출처이기 때문입니다. 나무를 쳐서 내는 소리, 소리라는 경계는 허망한 소리, 영원하지 않은 소리입니다. 일어나지도 않고 사라지지도 않는 소리, 귀로 듣지 않는 소리야말로 영원한 소리, 온 적도 간 적도 없는 자기의 본래 성품입니다.

창밖의 매미는 여전히 맴, 맴, 맴, 잘도 웁니다.

28. 코끼리를 더듬지 마라

앙산(仰山) 스님에게 어떤 승려가 물었다.

"평소에 스님께서는 사람들에게 원상을 그려 보이거나 글자를 써 보이는 일이 많은데 무슨 뜻입니까?"

앙산 스님이 말했다.

"그것 역시 부질없는 일이다. 그대가 만약 안다 하더라도 바깥에서 온 것이 아니고, 알지 못한다 하더라도 또한 잃어버리는 것이 아니다.

내가 이제 그대에게 묻겠다. 그대가 참선하여 도를 배움에 여러 곳의 노숙(老宿)들이 그대 자신을 가리키며 어떤 것이 그대의 불성이냐 묻는다면, 말하는 것이 그것이냐, 침묵하는 것이 그것이냐, 말과 침묵 모두 그것이냐, 아니면 말과 침묵 모두 그것이 아니냐?

만약 말하는 것이 불성이라 한다면 장님이 코끼리의 귀와 코, 어금니를 더듬는 것과 같고, 만약 침묵하는 것이 불성이라 한다면 이는 아무 생각이 없는 것이니 코끼리의 꼬리를 더듬는 것이다. 만약 말하지도 않고 침묵하지도 않는 것이 중도라고 한다면 코끼리의 등을 더듬는 것이고, 만약 말과 침묵 모두가 불성이라 한다면 코끼리의 네 다리를 더듬는 것이며, 만약 말과 침묵 모두 불성이 아니라고 한다면 본래의 코끼리를 끌어다가 공견(空見)에 떨어지는 것이다. 여러 장님들이 모두 코끼리를 보았다 말하지만, 어찌 코끼리 위에 앉아 아득하게 차별된 이름을 붙여 온 줄 알겠느냐?

그대가 만약 이 여섯 구절을 깨치려 한다면 무엇보다도 코끼리를 더듬지 않는 것이 제일이다. 지금 보고 느끼는 것을 불성이라 말하지 말고 또한 불성이 아니라고도 말하지 마라." (중략)

앙산 스님의 사제인 향엄 스님도 이렇게 말했다.

"명백하여 아무것도 지닌 것이 없고
홀로 섰으니 어찌 남에게 의지하리?
길에서 도에 통달한 사람을 만나거든
말과 침묵으로 상대하지 말아야 하네."

내가 일찍이 어떤 승려에게 물었다.

"말과 침묵으로 상대하지 않는다면 무엇으로 그를 대해야 하겠는가?"

승려가 미처 답을 하기 전에 문득 목탁 소리가 울리기에 내가 말했다.

"그대의 대답에 감사하네."

_임간록

진리, 도, 불성, 깨달음 등등의 말로 가리키는 그것을 사람들에게 전하기 위해 입을 열어 말하기도 하고, 때로는 입을 다물고 침묵하기도 하고, 주장자를 높이 들어 보이기도 하고, 주장자로 법상을 세 번 내려치기도 하고, 큰 소리로 할(喝)을 하기도 하고, 이유 없이 사람을 때리기도 하고, 종이 위에 동그란 원상(圓相)을 그려 보이기도 하지만, 그 모든 것 역시 부질없는 짓입니다.

어리석은 사람들은 장님이 코끼리를 더듬듯 그 뜻을 헤아리려 하겠지만, 아무리 더듬고 헤아려 봐도 소용이 없습니다. 그것은 애초부터 바깥에서 얻어 올 필요도 없고, 무슨 일이 있어도 결코 잃어버리지 않는 것이기 때문입니다. 바로 코끼리를 더듬고 있는 장님 자신을 가리키고 있기 때문입니다. 이름과 모습, 말과 생각에 속아 자기를 잃어버리고 사물을 쫓아가서는 안 됩니다.

　그것은 어떤 대상이 아닙니다. 보고, 듣고, 느끼고, 알 수 있는 대상으로서 파악할 수 있는 것이 아닙니다. 오히려 그러한 부질없는 행위를 멈추는 순간, 찾지 않고 구하지 않았는데 오히려 이미 주어져 있는 무엇에 대한 자각이 일어납니다. 언제나 항상 존재하는 진정한 자기 자신의 모습을 깨닫게 됩니다. 깨닫기 이전에도 이미 이 사실을 알고 있었다는 놀라운 역설을 마주하게 됩니다.

　길에서 도에 통달한 사람을 만나면 말과 침묵으로 상대하지 말아야 합니다. 코끼리를 더듬지 말아야 합니다. 상대를 이루는 순간 그것과 어긋나기 때문입니다. 입을 열어도 상대가 되는 것이요, 입을 다물어도 상대가 되는 것입니다. 스스로 도에 통달하는 순간, 스스로 스스로가 되는 순간, 아무리 입을 열어도 그것이요, 아무리 입을 다물고 있어도 그것입니다.

　하늘 위에 흘러가는 구름, 갑자기 쏟아지는 소나기, 창가에서 지저귀는 새의 노랫소리, 손에 쥐어진 머그잔의 따스함, 홀연히 마음속에서 일어나는 옛 추억이 이미 모든 대답을 다해 마친 것입니다. 질문도 없고 대답도 없습니다. 입을 열기 이전에 이렇게 명백한 것입니다. 입을 다물 필요 없이 이렇게 드러나 있는 것입니다. 알려야 알 수도 없고, 모르려야 모를 수도 없습니다.

　예전에 현사(玄沙) 스님이 설법을 하기 위해 법좌에 올랐습니다. 입을 열어 말을 하려는 찰나, 밖에서 제비가 지지배배 지저귀는 소리가 들려왔습니다. 그러자 현사 스님은 "실상(實相)을 깊이 이야기하고 법요(法要)를 잘 설하는구나!" 하고는 자리에서 내려왔습니다. 옳기는 참으로 옳습니다만, 현사 스님은 코끼리를 더듬는 장님 신세를 면치 못했다 하겠습니다.

다만 이것뿐입니다.

29. 삶과 죽음, 천당과 지옥

유후(留後) 벼슬의 이단원(李端愿)이 달관(達觀) 선사에게 물었다.

"사람이 죽으면 의식은 어느 곳으로 돌아갑니까?"

달관 선사가 말했다.

"삶도 아직 모르는데 어찌 죽음을 알겠는가?"

이 유후가 대답하였다.

"삶이라면 제가 이미 알고 있습니다."

달관 선사가 말했다.

"삶은 어디에서 왔는가?"

이 유후가 머뭇거리자 달관 선사가 그의 가슴을 찌르면서 말했다.

"다만 여기에 있을 뿐이거늘 생각으로 무엇을 헤아리는가?"

이 유후가 대답하였다.

"알겠습니다. 그저 길 가는 것만 탐할 줄 알았지 길을 잘못 든 줄 깨닫지 못했습니다."

달관 선사가 말했다.

"인생 백년이 한낱 꿈일 뿐이다."

이 유후가 다시 물었다.

"지옥은 정말 있는 것입니까, 없는 것입니까?"

달관 선사가 대답했다.

"모든 부처님께서는 없음 가운데서 있음을 말씀하셨으니 눈에 허공 꽃이 보이는 것이요, 그대는 있음 가운데 나아가 없음을 찾고 있으니 손으로 물에 비친 달을 건지는 것이다. 우습다! 눈앞에 보이는 지옥을 피하지 않고서 마음 밖에 보이는 천당에 나고자 하는구나. 즐거움과 두려움이 마음에 달려 있고, 선과 악이 경계를 이루는 것을 전혀 모르기 때문이다. 태위(太尉)여, 다만 자기 마음을 깨달으면 저절로 의혹이 없을 것이다."

이 유후가 나아가 말했다.

"마음을 어떻게 깨닫습니까?"

달관 선사가 대답했다.

"선과 악을 모두 생각하지 마라."

이 유후가 다시 물었다.

"생각하지 않은 후에 마음은 어디로 돌아갑니까?"

달관 선사가 말했다.

"태위여, 집으로 돌아가게!"

_임간록

이 도를 깨닫지 못하면 어떤 것이 진실이고 어떤 것이 허상인지, 어떤 것이 생각 아닌 것이고 어떤 것이 생각인지 올바른 판단을 내리지 못합니다. 예화 속에 등장하는 이 유후와 같이 사람이 죽으면 운운 하는 질문이 그저 허상, 단지 허망한 생각에 불과할 뿐이라는 사실을 도무지 이해하지 못합니다. 진실을, 생각이 아닌 것을 맛본 적이 없기 때문에 지금 자기가 일으키는 생각, 그 허망한 관념을 사실이라 굳게 집착하게 됩니다.

사람이 죽으면 의식은 어디로 가느냐는 질문에 달관 선사는 "삶도 아직 모르거늘 죽음을 어찌 알겠는가?"라는 공자의 말로 대답합니다. 아는 것이 병, 모르는 게 약이라는 말이 있습니다. 삶과 죽음이라는 말과 개념을 배우기 이전에는 삶도 몰랐고 죽음도 몰랐습니다. 삶도 모르고 죽음도 모르기 때문에 삶도 따로 없었고 죽음도 따로 없었습니다. "삶도 아직 모르거늘 죽음을 어찌 알겠는가?"라는 말은 삶도 없고 죽음도 없다는 뜻입니다.

그러나 어리석은 사람은 말의 표면적인 뜻만 따라가서 자신은 삶을 안다고 말합니다. 바로 지금 자신의 눈앞을 떠나서 별개로 존재하는 삶이라는 객관적 실체가 있는 듯 여깁니다. 그래서 그 삶이라는 물건이 도대체 어디에서 왔느냐고 물으면 아무 대답도 하지 못하는 것입니다. 자기 자신이 바로 삶 자체인데 이것이 어찌 다른 어느 곳에서 올 수 있겠습니까? 달관 선사는 묻는 이의 가슴을 찔러 보임으로써 삶과 죽음의 출처를 직접 가리켜 보였습니다.

삶도 아니고 죽음도 아닌, 태어나지도 않았고 죽지도 않을, 있는 그대로의 자기 자신을 곧장 가르쳐 주었으나 이 유후는 알아듣지를 못합니다. 그렇지 않다면 어찌 다시 지옥이 정말 있느냐 운운 하는 질문을 할 수 있겠습니까? 삶과 죽음, 천당과 지옥, 부처와 중생, 너와 나, 선과 악 등등 모든 것이 나온 출처가 바로 가슴을 찌르는 그 자리, 찌를 때마다 감각이 출몰하는 그 텅 빈 곳에 있는 줄 어찌 꿈엔들 생각이나 했겠습니까?

우리가 알고 있는 모든 것이 허망한 분별, 마음 위에 그려진 허상과 생각일 뿐이라는 사실을 깨닫지 못했기 때문입니다. 그렇다면 어떻게 해야 마음을 깨달을 수 있을까요? 달관 선사는 선과 악을 모두 생각하지 말라고 합니다. 이런 생각도 없고 저런 생각도 없지만, 아는 것도 아니고 모르는 것도 아니지만, 생생하게 살아 있는 텅 빈 무엇이 바로 마음입니다. 이것은 생각에 가려서 깨닫지 못하고 있었을 뿐 새롭게 나타나거나 사라지는 것이 아닙니다.

그러나 어리석기 짝이 없는 이 유후는 칠통 같은 생각에 푹 빠져서 도무지 빠져나올 줄을 모릅니다. 생각을 하지 않으면 마음은 어디로 돌아간다니요? 그것이 바로 생각인 줄을 어째서 깨닫지 못하는 것일까요? 생각 아닌 것이 있기에 생각이 출몰하고, 진실이 있기에 허상이 생멸하는 것입니다. 생각이 나타나는 그 자리, 허상이 등장하는 그 자리가 생각 아닌 진실의 자리입니다. 바로 지금 이 글을 보고 있는 이 자리입니다.

쯧쯧쯧, 또 생각하는군요!

30. 오매일여

서록사(瑞鹿寺) 본선(本先) 선사가 상당하여 말했다.

"그대들 여러 사람은 밤새 잠이 푹 들면 일체를 알지 못한다. 이미 일체를 알지 못한다면, 묻노니 그대들은 그때 본래의 성품이 있었다고 여기느냐?

만약 그때 본래의 성품이 있었다고 하자니 그때는 일체를 알지 못하는 것이 죽은 것과 다름이 없었고, 만약 그때 본래의 성품이 없었다고 하자니 그때도 갑자기 잠이 깨면 예전과 같이 느끼고 안다.

알겠느냐? 일체를 알지 못하는 것이 죽은 것과 다름이 없다가 갑자기 잠이 깨면 예전과 같이 느끼고 아니, 이와 같을 때 그것이 무엇인가? 만약 알지 못한다면 각자 몸소 참구하라. 일 없으니 서 있지 마라."

_경덕전등록

무슨 이유 때문인지, 자나 깨나 한결같음〔오매일여(寤寐一如)〕, 또는 깊은 잠 속에서도 한결같음〔숙면일여(熟眠一如)〕을, 움직이나 고요히 있으나 한결같음〔동정일여(動靜一如)〕의 상태를 지나, 꿈에서나 깨어서나 한결같음〔몽교일여(夢覺一如)〕, 또는 꿈속에서도 한결같음〔몽중일여(夢中一如)〕의 상태를 넘어서야 가 닿을 수 있는 지극히 높은 경지인 것처럼 생각하는 경향이 팽배합니다.

다시 말해, 어떤 일정한 정신 상태가 움직이나 가만히 있으나 유지되고, 나아가 꿈속에서도 유지되고, 마침내 자나 깨나 그 특정 상태, 예를 들어 화두를 드는 것과 같은 행위가 똑같이 유지되는 것으로 받아들이는 사람들이 많다는 말입니다. 그러나 그러한 견해는 모두 이 법을 알지 못하기 때문에 벌어지는 오류에 불과합니다. 이 법이 언제 어디서나 한결같다는 말을 곡해한 것입니다.

깨달음에는 점진적인 단계가 있을 수 없습니다. 돈오(頓悟), 단박에 깨닫는다는 말처럼 깨달음은 자기도 모르게 빠져 있던 착각에서 한순간 벗어나거나, 잊어버렸던 기억을 일시에 회상하는 것과 같이 갑작스럽게 인식이 전환되는 사건입니다. 따라서 점진적인 수행을 통해 단계적으로 닦아 가는 것이 결코 아닙니다. 선종의 표준이라 할 수 있는 『육조단경』이 근거입니다.

『육조단경』에 보면 오조(五祖) 홍인(弘忍)은 먼지 티끌이 앉지 않도록 마음이라는 거울을 부지런히 털고 닦자는 점수(漸修)를 주장한 신수(神秀)가 아니라, 본래 한 물건도 없는데 어디에 먼지 티끌이 앉겠느냐는 돈오(頓悟)를 주장한 혜능(慧能)에게 조사(祖師)의 의발(衣鉢)을 전합니다. 그 이후로 육조 문하의 선종은 수행을 통한 깨달음이 아닌, 말끝에 문득 깨닫는 언하변오(言下便悟)를 제창했습니다.

육조 이하 남악(南岳), 백장(百丈), 황벽(黃檗), 임제(臨濟)로 이어지는 선종의 정맥에서는 좌선과 방편에 의지해 오랫동안 갈고 닦아 깨달음을 이룬다는 헛소리가 없습니다. 그러나 세월이 흘러감에 따라 올바른 법을 보는 안목이 흐려지면서 이치로 보면 그럴듯해 보이는 점수론자들의 주장이 오히려 득세를 하게 되었습니다. 말 그대로 호랑이가 사라진 곳에서는 여우가 왕 노릇을 하는 셈입니다.

삿된 안목과 바른 안목의 결정적인 차이는 바로 그 출발점에 있습니다. 삿된 안목, 점수론자들은 지금 당장은 불완전하니 수행 방편을 통해 완전한 상태, 완전한 자기가 되려 합니다. 지금과 미래 사이의 거리를 수행과 방편이라는 징검다리로 극복하겠다는 논리입니다. 매우 합리적인 것처럼 보이지만, 이것이야말로 전형적인 이분법으로 불이법(不二法)인 불법이 아닌 외도(外道)의 주장입니다.

수행을 통한 깨달음의 추구는 반드시 불법이 아니라 하더라도, 각종 선도(仙道) 수행, 힌두교를 비롯한 동서양의 명상 전통에서도 동일하게 이루어지고 있습니다. 만약 수행을 통한 깨달음의 추구가 올바른 불법이라면 석가모니가 일찍이 선정 수행자나 고행자들의 길을 포기할 필요가 없었고, 그랬다면 불교라는 것이 지금까지 전해지지도 않았을 것입니다. 불법을 비방하는 짓을 이제는 그만두어야 합니다.

올바른 안목, 불이법의 입장은 우리 모두가 본래 부처, 본래 깨달아 있다는 사실을 곧장 가리켜 보일 뿐입니다. 본래 부처, 본래 깨달아 있음에도 사람들은 제 스스로의 어리석음 때문에 그 사실을 믿지 못하고 깨닫지 못하고 있습니다. 불법의 진수, 선(禪)은 지금 없는 깨달음을 수행을 통해 만들어 가는 것이 아니라, 이미 있는 깨달음을 보지 못하는 어리석음을 부수어 줄 뿐입니다.

그러므로 불법에서, 선에서 말하는 깨달음은 바로 지금 여기 이 순간

내 눈앞에 있는 바로 이것입니다. 본래 있는 것이기에 아무리 난행고행을 한다 하여도 더 많이 얻을 수 없고, 움직이고 꿈을 꾸고 잠이 들어도 결코 잃어버릴 수 없는 것이 바로 이 마음입니다. 그러므로 옛사람이 말하기를 "깨닫고 나면 깨닫기 전과 같고, 마음이 없으면 법도 없어진다."고 한 것입니다.

예화 속에서 본선 선사는 깊은 잠에 푹 들었을 때 본래의 성품이라는 것이 있는 것인지 없는 것인지를 묻고 있습니다. 만약 본래의 성품이 있는 것이라면 어째서 죽은 사람처럼 일체의 것을 조금도 알지 못하고, 만약 본래의 성품이 없는 것이라면 갑자기 잠에서 깨어난 뒤 어떻게 예전과 다름없이 느끼고 알 수 있을까요? 잠과 깸, 있음과 없음, 앎과 모름이라는 분별에 속지 마십시오.

깨어 있을 때 있던 허다한 분별은 잠이 들면 어디로 사라집니까? 잠들었을 때 사라졌던 허다한 분별은 깨어나면 다시 어디에서 나타납니까? 인연 따라 나타났다 사라졌다 하는 것은 본래 실체가 없는 허깨비와 같은 것일 뿐입니다. 아는 것과 모르는 것은 하나의 손을 손바닥과 손등으로 나누는 것과 같습니다. 본래 온 적도 없고 가지도 않는 것만이 자나 깨나 한결같을 뿐입니다.

깊은 잠에 들었다가 깨어났을 때 아무것도 알지 못하고 잠을 잤다고 아는 그놈은 무엇일까요? 정말 아무것도 없었다면 어떻게 아무것도 알지 못하고 잠을 잔 줄 알 수 있을까요? 분별은 잠이 들었지만 자나 깨나 한결같은 무엇은 결코 잠이 들지 않았습니다. 다른 모든 것은 알기도 하고 모르기도 하지만 제 스스로는 절대 알 수도 없고 모를 수도 없는 무엇이 항상 있습니다.

그것이 무엇일까요?

4장
범부의 마음이
다할 뿐

31. 참된 예불

오대산의 무상(無相) 선사가 부처님께 절을 하고 대중에게 말했다.

"그대들은 진흙 불상을 보기만 하면 곧바로 방아 찧듯 절만 하고 아무런 생각도 하지 않는다. 자기 자신에게 각각 한 분씩 있는 줄 전혀 모르고 있다. 허공에서 온 많은 옛 부처와 옛 관음이 밤낮으로 육근(六根) 앞에서 빛을 내뿜고 땅을 흔든다. 가고 머물고 앉고 눕는 네 가지 행위 가운데 함께 드나들면서 털끝만큼도 서로 벗어나지 않았거늘, 어찌 이 부처에게 절하는 것을 배우지 아니하고 도리어 진흙 덩어리 위에서 살 궁리를 하는가?

그대들이 만약 이 부처에게 절을 할 수 있다면 그것은 바로 그대들 자신의 마음에 절을 하는 것이다. 그대들이 비록 전도망상(顚倒妄想)의 마음이라 할지라도 그것은 본래부터 지금에 이르기까지 광대(廣大)하고 청정(淸淨)하다. 미혹했을 때도 미혹한 적이 없고 깨달아도 깨달은 적이 없어 부처님과 더불어 조금도 모자람이 없다.

다만 그대들이 인연된 경계를 탐착한 까닭에 태어남도 있고 죽음도 있으며, 미혹함도 있고 깨달음도 있게 되었다. 만약 한순간 회광반조(回光返照)할 수 있다면 곧바로 모든 부처님과 같게 될 것이다. 그러므로 '부처는 네 마음에 있거늘 사람들은 밖을 향해 구하네. 안에 값없는 보배를 품고도 한 평생 쉴 줄 모르네.'라고 한 것이다."

_인천보감(人天寶鑑)

예불(禮佛)이란 부처님을 공경하는 일체의 행위, 의식을 말합니다. 그렇다면 공경할 부처님은 어디에 계십니까? 법당 안에 모셔진 돌부처, 금부처, 나무부처, 진흙부처, 합성수지부처가 부처님입니까? 그것들은 불상(佛像), 부처를 본뜬 형상이지 부처님이 아닙니다. 어리석은 사람들에게 부처님과 부처의 가르침을 전하기 위해 방편으로 내세운 이정표, 방향을 가리키는 손가락과 같은 것입니다. 길을 찾는 데 도움을 주는 이정표가 아무리 고마워도, 그 이정표를 법당에 모셔 놓고 절을 드리는 것은 지나친 것을 넘어선 촌극입니다.

참된 부처는 바로 지금 이 마음입니다. 이 마음은 스스로는 일정한 모양이 없습니다. 매 순간 눈앞에 드러난 모양이 바로 그 순간 마음의 모양입니다. 법당에 모신 불상은 그러한 마음의 모양 가운데 하나일 뿐입니다. 불상만 부처님의 모습이라 집착하는 순간, 나머지 모든 모양은 부처님의 모습이 아닌 것이 됩니다. 모양에 집착하면 둘이 없는 마음, 둘이 없는 부처님을 마음과 마음 아닌 것, 부처와 부처 아닌 것으로 스스로 갈라놓게 됩니다. 일체가 마음 아닌 것 없고, 일체가 부처 아닌 것이 없습니다.

모양이 없는 이 마음, 이 부처를 어떻게 만나 어떻게 공경을 드릴 수 있을까요? 바로 지금 이렇게 보고, 이렇게 듣고, 이렇게 냄새 맡고, 이렇게 맛보고, 이렇게 느끼고, 이렇게 생각하는 이 자리에 이 마음, 이 부처님께서 항상 출현하고 있습니다. 자기와 털끝만큼도 떨어져 있지 않기 때문에 하나의 대상으로 파악할 수 없습니다. 그러므로 이 우주 가운데 둘이 없는 자기가 바로 이 마음이요, 바로 이 부처입니다. 언제나 자기 가운데서, 이 마음 안에서, 이 부처를 떠나지 않습니다. 공경

받을 대상도, 공경하는 자도 모두 이것 하나입니다.

 이 마음, 이 부처, 이 자기를 깨닫는 것이 진정한 부처님께 절을 올리는 것입니다. 깨달음이야말로 부처님의 은혜를 알고, 부처님의 은혜를 갚고, 부처님을 공경하는 일입니다. 이 마음, 이 부처, 이 자기가 본래 나고 죽는 바가 없고, 본래 미혹한 바가 없었다는 사실을 깨닫는 것입니다. 깨닫고 보면 실체가 없는 허망한 생각이 사라진 것일 뿐이요, 깨달음이란 새로운 물건을 찾거나 얻은 것이 아니기에 깨달은 것도 따로 없습니다. 언제나 변함이 없는 것이 바로 이 마음, 이 부처, 이 자기입니다.

 이 사실을 분명히 깨달으면 법당 안의 부처님뿐만 아니라, 매 순간 마주하는 모든 대상에서 부처님을 뵐 수 있습니다. 삼라만상 두두물물이 바로 부처님이 모습을 드러내어 설법하는 것입니다. 언제 어디서 무엇을 하든 부처님을 만나 뵙고 부처님을 공경하는 일이 됩니다. 눈 한 번 깜빡거리고, 숨 한 번 쉬고, 밥숟가락을 들어 올리는 일이 모두 부처님의 작용, 불사(佛事) 아닌 것이 없습니다. 사람들과 이야기 나누고, 이런저런 생각을 일으키는 일이 무진장한 다라니와 경전을 염송(念誦)하는 것입니다.

 스스로 이 마음, 이 부처, 이 자기를 깨닫는 순간 온 우주가 살아 있는 부처님의 몸이 됩니다. 삼세제불(三世諸佛), 수억만의 부처님들이 바로 그때 성불하는 것입니다. 허공이 허공으로 돌아오고, 물이 물로 돌아오고, 자기가 자기로 돌아왔을 뿐입니다. 부처가 부처를 보고, 부처가 부처를 듣고, 부처가 부처를 느끼고, 부처가 부처를 압니다. 아무리 보고, 아무리 듣고, 아무리 느끼고, 아무리 알아도 아무것도 본 것이 없고, 아무것도 들은 것이 없고, 아무것도 느낀 것이 없고, 아무것도 안 것이 없습니다. 어떤 흔적도 남지 않습니다.

바로 이러할 때 어느 부처님을 향해 절을 올려야 합니까?

32. 회광반조

정(靜) 상좌(上座)는 처음에 현사(玄沙) 스님을 찾아뵙고 깨달음을 얻었다. 나중에 천태(天台)에 머무르며 30여 년 동안 산에서 내려오지 않았다. 삼학(三學)을 두루 공부하고 품행이 고고하였다. 선(禪)을 공부하는 자가 물었다.

"앉아 있을 때면 마음과 생각이 어지럽게 흩어집니다. 스님의 가르침을 바랍니다."

정 상좌가 말했다.

"그대의 마음과 생각이 어지럽게 흩어지는 바로 그때, 도리어 어지럽게 흩어지는 마음을 가지고 어지럽게 흩어지는 자리를 참구해 보라. 참구해도 그런 자리가 없다면 어지럽게 흩어지는 마음이 어디에 있겠느냐? 참구하는 그 마음을 되돌려 참구하면 능히 참구하는 그 마음은 어떻게 있겠느냐?

또 능히 비추는 지혜(주관)는 본래 텅 비었고, 인연되는 경계(객관) 또한 고요한 것이다. 고요하면서 고요하지 않은 것은 능히 고요하게 할 사람이 없기 때문이요, 비추면서도 비추지 않는 것은 비춰지는 경계가 없기 때문이다. 경계와 지혜가 모두 고요하면 마음과 생각이 편안해지니, 이것이 근원으로 돌아가는 요긴한 길이다."

_인천보감

143

선을 공부하는 데 있어 명심할 것은 경계를 법으로 오인(誤認)하지 말아야 한다는 것입니다. 경계란 지각할 수 있는 것이고, 지각할 수 있기 때문에 분별할 수 있는 것입니다.

예를 들어 좌선을 하니까 마음이 고요하게 가라앉았다 합시다. 그때 경험한 마음의 고요함이란 하나의 대상, 눈앞의 사물과 같이 인식의 주관에 의해 포착된 것으로 고정불변한 것이 아닙니다.

좌선하기 전에는 없었다가 잠시 다른 대상에 대한 관심이 희미해지자 고요함이라는 대상이 인식의 무대에 등장한 것에 불과합니다. 그것은 그렇게 잠시 머물다가 또 다른 대상의 등장과 함께 퇴장할 것입니다.

그렇게 나타났다가 사라지는 것, 변하는 것, 정도의 차이가 지각되고 분별되는 것은 진리, 올바른 법이 아닙니다. 모든 대상경계의 본질은 연기(緣起), 곧 무상(無常)이요, 무아(無我)요, 공(空)입니다.

그러나 그러한 경계와 결코 둘은 아니지만, 그렇다고 경계와 하나도 아닌 것이 바로 법입니다. 경계는 지각되고 분별되지만, 법은 지각되는 것이 아니고 분별되는 것이 아닙니다. 오히려 지각과 분별의 근원, 그 자체입니다.

비유하자면, 눈에 보이는 모든 대상사물들은 눈을 통하지 않고는 볼 수 없습니다. 그러나 모든 대상사물을 보고 분별하는 눈 자체를 대상화하여 볼 수는 없습니다. 그렇지만 눈이 없다고는 말할 수 없습니다.

바로 그러할 때, 비록 눈을 대상화하여 지각하거나 분별할 수는 없지만, 보이는 대상사물 하나하나에서, 심지어는 특별한 대상사물을 보지 않더라도 그 모든 것이 눈의 존재를 드러내고 있습니다.

어떤 의미에서는 보이는 대상사물이 그대로 보는 눈 자체라 할 수 있습니다. 그 대상사물을 떠나서 따로 눈이 존재할 수 있는 것은 아니기 때문입니다. 지금 당장 눈앞에 보는 눈과, 보이는 대상사물과, 보는 일이 다 있습니다.

모든 대상경계들을 지각하는 마음, 모든 대상경계들을 분별하는 의식 역시 마찬가지입니다. 그 마음, 그 의식 자체를 지각하거나 분별할 수는 없습니다. 그러나 모든 지각과 모든 분별이 마음과 의식의 존재를 증명하고 있습니다.

지각하는 마음 자체를 지각하려 하면, 분별하는 의식 자체를 분별하려 하면 순간적으로 지각과 분별이 멈출 수 있습니다. 그때 자칫 그것을 아무 지각이 없는 상태, 아무 아는 것이 없는 상태처럼 지각하거나 분별할 수 있습니다.

그러나 그것 역시 또 하나의 지각이며 분별이라는 사실을 깨달아야 합니다. 지각과 분별이 더 이상 나아갈 수 없는 곳에 몸소 도달해야 합니다. 지각과 분별이 그것들의 나온 근원으로 돌아갈 때 진정한 변혁이 일어납니다.

그것이 바로 말의 길이 끊어지고 마음이 갈 곳이 사라진다, 의심 덩어리만 홀로 드러나 있다, 은으로 된 산과 철로 된 벽을 마주한 것 같다는 표현들이 가리키는 것입니다. 길이 없는 길, 둘이 없는 하나로 가는 길입니다.

깨달음의 순간이란 이미 도달해 있는 곳에 도달하기 위해 이제까지 헛된 노력을 해 왔다는 사실을, 그렇게도 찾고 싶었던 대상이 바로 그렇게 찾고 있는 자기 자신이었다는 사실을 깨닫는 것입니다. 바로 이것입니다.

거대한 착각, 너무나 어이없는 실수, 우주적 농담에 헛웃음이 나오는 일이 깨달음입니다. 눈을 보려고 하는 것이 바로 눈이었고, 마음을 알려고 하는 것이 바로 마음이었으며, 의식을 지각하려는 것이 의식이었습니다.

아무것도 본 것이 없고, 아무것도 안 것이 없고, 아무것도 지각한 것이 없는데도, 그것이 모든 것을 다 본 것이고, 모든 것을 다 안 것이고, 모든 것을 다 지각한 것입니다. 모든 의문이 그 근원으로 돌아가 소멸합니다.

언제나 밝아 있는 이 마음, 언제나 깨어 있는 이 의식, 어떤 대상경계를 지각하고 분별하기 이전에 그것은 이미 스스로를 드러내고 있었습니다. 주관과 객관이 한 덩어리로 녹아든 그것은 결코 알 수는 없지만 모를 수도 없습니다.

바로 이것입니다.

33. 범부의 마음이 다할 뿐

숭신(崇信)은 도오(道悟) 화상에게 출가하여 몇 해 동안 시봉하였다. 그러던 어느 날 숭신이 물었다.

"제가 이곳에 온 이래 마음의 요체에 대한 가르침을 받지 못했습니다."

도오 화상이 말했다.

"그대가 이곳에 온 이래로 일찍이 내가 그대에게 마음의 요체를 가르치지 않은 적이 없다."

숭신이 다시 물었다.

"어느 곳에서 가르쳐 주셨습니까?"

도오 화상이 말했다.

"그대가 차를 가져오면 내가 그대를 위해 받아 마셨고, 그대가 밥을 가져오면 내가 그대를 위해 받아먹었으며, 그대가 절을 하면 나 또한 머리를 숙였다. 어느 곳이 마음의 요체를 가르쳐 주지 않은 것이냐?"

숭신이 그 뜻을 알지 못해 생각하면서 가만히 있자 도오 화상이 말했다.

"보려면 곧장 바로 봐야지, 머뭇거리며 생각하면 어긋난다."

숭신은 그 말을 듣고 툭 트여 깨닫고 말했다.

"마치 떠돌던 자식이 집에 돌아온 것 같고, 가난한 사람이 보배를 얻은 것 같습니다."

도오 화상에게 절을 올리고 다시 물었다.

"어떻게 보임(保任)해야 합니까?"

도오 화상이 말했다.

"성품에 맡겨 자유롭게 노닐며 인연 따라 걸림 없이 지내라. 범부의 마음이 다했을 뿐 달리 성인의 견해가 없다."

_경덕전등록

우리가 마음, 마음이라 하는 '마음'이 무엇일까요? 국어사전에서 '마음'을 찾아보면 다음과 같이 뜻풀이가 되어 있습니다.

① 사람이 본래부터 지닌 성격이나 품성.
② 사람이 다른 사람이나 사물에 대하여 감정이나 의지, 생각 따위를 느끼거나 일으키는 작용이나 태도.
③ 사람의 생각, 감정, 기억 따위가 생기거나 자리 잡는 공간, 위치.
④ 사람이 어떤 일에 대하여 가지는 관심.
⑤ 사람이 사물의 옳고 그름이나 좋고 나쁨을 판단하는 심리나 심성의 바탕.
⑥ 이성이나 타인에 대한 사랑이나 호의(好意)의 감정.
⑦ 사람이 어떤 일을 생각하는 힘.

이와 같은 뜻풀이를 보면 우리는 '마음'이란 이런 것이구나 하고 이해한다고 생각합니다. 그러나 모든 단어가 그러하듯이 '마음'이라는 단어역시 본래 이름 붙일 수 없는 무엇에 대해 사회적 약속으로 규정한 자의적인 기호에 불과하고, 그 기호에 대한 의미 역시 또 다른 기호들의무더기에 지나지 않습니다. '마음'뿐만 아니라 모든 단어에 대한 어떠한정의도 그것의 실체가 아니라, 그것에 대한 부정확하고 불확실한 그림일 뿐입니다.

그러므로 모든 언어, 추상적인 의미 기호는 사실 무의미한 환상, 진실을 가리키기 위한 하나의 이정표일 뿐임을 사무치게 깨달아야 합니다. 따라서 언어로 구성된 우리의 생각은 결코 진실 자체가 아니라는 사실을 명심해야 합니다. 말과 생각을 통해서 진실을 알 수는 절대, 결코 없습니다. 더 이상 말과 생각에 의지할 수 없다는 결론에 이르는 순간, 우리는 거대한 허무, 너무나 두려운 무지와 마주하게 됩니다. 앎과 모름이라는 이원성의 한계선에 다다르게 됩니다.

선에 참여하려면 모름지기 조사의 관문을 뚫어야 하고, 묘한 깨달음을 얻으려면 마음 길이 다해 끊어져야만 합니다. 이제까지 자신이 의지하고 있던 모든 생각, 견해, 이치, 도리, 지식이 완전히 박살이 나서 알 수 없는 허공 속으로 사라져야 합니다. 사방이 옥죄어 오는 감옥이나, 도저히 빠져나갈 수 없는 깊은 함정 속에 떨어진 사람처럼 어떻게든 살아나려 발버둥 쳐야 합니다. 스스로도 도무지 어쩔 수 없는 갑갑한 마음에 가슴이 막히고 눈물이 쏟아져야 합니다.

그렇게 어느 정도 시간이 지나면 비로소 항상 눈앞에 있었지만 그동안 말과 생각에 가려서 스스로 보지 못했던 진실이 드러나는 순간을 맞이합니다. 누군가의 말 한마디, 행동 하나, 보이는 사물, 들리는 소리, 느껴지는 감각 등을 인연으로 해서 본래 아무 부족함 없이 갖추고 있는 자기의 마음, 자기 자신을 문득 발견합니다. 진실로 꿈에서 깨어난 듯, 이제까지의 허다한 망상이 사라지고 눈앞이 모두 진실뿐임을 경이롭게 깨닫습니다. 망상이 다른 물건이 아니었습니다.

예화 속의 숭신은 몇 해 동안 도오 화상을 시봉했지만 불법이니 마음이니 참선이니 하는 것에 대해 가르침을 받지 못했다고 생각했습니다. 처음엔 누구라도 그러하듯 그러한 단어, 이름에 해당하는 어떤 대상이 따로 있을 것이라 믿었기 때문입니다. 그런데 도오 화상은 숭신이 출가한 이래 단 한 번도 불법이니 마음이니 참선에 대해 가르치지 않은 적이 없다고 대답하였습니다. 숭신이 어떤 가르침을 주셨냐고 묻자, 도오 화상은 위의 예화와 같이 대답하였습니다.

아시겠습니까? 생각으로 이해하려 하지 마십시오. 보려면 지금 당장 바로 봐야 합니다. 바로 지금 보고 있는 이것이 마음입니다. 사실 우리는 언제나 마음 안에서, 마음 자체로서, 마음을 확인하고 있습니다. 보면 보는 것이 마음이요, 들으면 듣는 것이 마음이요, 느끼면 느끼는 것이 마음이요, 알면 아는 것이 마음입니다. 차를 마시는 것이 마음이요, 밥을 먹는 것이 마음이요, 인사를 하는 것이 마음이요, 잠을 자는 것이 마음입니다. 가고 머물고 앉고 눕는 모든 것이 마음입니다.

말과 생각에 속아 엉뚱한 것을 찾고 구하는 마음이 사라지면 언제나 늘 있었던 것, 얻을 수도 없지만 결코 잃어버릴 수 없는 마음, 진정한 자기 자신을 확인하게 됩니다. 어떤 조건을 충족시킨 것이 아니라 바라는 마음 하나가 사라졌을 뿐인데, 더없는 만족, 진정한 평화가 찾아옵니다. 더 이상 찾아 헤맬 것이 없어지고, 더 이상 얻어 구할 것이 사라졌습니다. 어리석게도 바깥의 대상경계를 쫓던 범부의 마음이 다했을 뿐, 달리 성스러운 깨달음이라는 견해가 생긴 것이 아닙니다.

언제나 이대로, 늘 그대로, 항상 이것입니다.

150

34. 틀렸다

천평(天平) 화상이 행각할 때 서원(西院) 스님을 찾아뵈었다. 천평은 늘 "불법을 안다고 말하지 마라. 말할 수 있는 사람을 찾아봐도 없다."고 하였다.

하루는 서원 스님이 천평을 멀리서 보고 불렀다.

"종의(從漪: 천평의 이름)야!"

천평이 머리를 드니 서원 스님이 말했다.

"틀렸다."

천평이 두세 걸음 걸어가자 서원 스님이 또 말했다.

"틀렸다."

천평이 가까이 오자 서원 스님이 말했다.

"조금 전에 두 번 틀렸다는 말은 내가 틀렸다는 것이냐, 그대가 틀렸다는 것이냐?"

천평이 말했다.

"제가 틀렸습니다."

서원 스님이 말했다.

"틀렸다."

천평이 그만두자, 서원 스님이 말했다.

"여기서 여름을 보내면서 그대와 함께 이 두 번 틀렸다는 것을 따져 보자꾸나."

천평은 당시에 곧장 떠나가 버렸다.

훗날 선원에 주석하며 대중에게 말했다.

"내가 처음 행각할 때 업풍(業風)이 부는 대로 이끌려 서원 노스님이 계신 곳에 이르렀는데 연이어 두 번이나 틀렸다는 말을 들었다. 그러고는 여름을 보내며 나와 함께 따져 보자고 하였다. 나는 그때는 틀렸다는 것을 알지 못했지만, 내가 발길을 돌려 남쪽으로 가려 할 때 이미 틀렸다는 것을 알았다."

_벽암록(碧巖錄)

천평 화상은 일찍이 자기 나름대로 얻은 바가 있어 "나는 선(禪)도 알고 도(道)도 안다."고 자부하였으며, "불법을 안다고 말하지 마라. 말할 수 있는 사람을 찾아봐도 없다."고 큰 소리를 쳤다고 합니다.

아무것도 알지 못한다는 것도 병이지만, 뱃속에 무언가 담아 놓고 있는 것 역시 큰 병입니다. 공부를 하다가 뭔가를 깨달아 알았다 하더라도 그것 역시 미세한 견해의 병통이 있음을 돌아볼 수 있어야 합니다.

천평의 병을 알아본 서원 스님은 천평을 위해 하나의 방편을 처방해 주었습니다. 멀리서 천평을 보고 서원 스님이 그의 이름을 부르자 고개를 들었더니 대뜸 "틀렸다."고 합니다. 두세 걸음 걸어가자 다시 "틀렸다."고 합니다.

무엇이 틀렸다는 말일까요?

틀렸습니다!

천평이 가까이 오자 서원 스님은 조금 전 두 번의 "틀렸다."는 말이 자신이 틀렸다는 말인지, 천평 그대가 틀렸다는 말인지 묻습니다. 천평이 자신이 틀렸다고 답하자, 서원 스님은 다시 "틀렸다."고 말합니다.

서원 스님이 함께 여름을 보내며 이 "틀렸다."는 말을 따져 보자 제의했지만, 천평은 그대로 떠나 버립니다. 훗날 천평은 대중들에게 그 당시에는 자기가 틀린 줄 몰랐지만 남쪽으로 떠날 때 이미 틀렸다는 사실을 알았다고 했습니다.

쯧쯧쯧, 역시 틀렸습니다.

우리나라 숭산(崇山) 스님이 젊은 시절 견처(見處)가 생겨 스승인 고봉(高峰) 스님을 찾아왔습니다. 고봉 스님이 여러 공안을 가지고 물을 때마다 숭산 스님은 거기에 대해 막힘없이 대답했습니다.

마지막으로 고봉 스님은 "쥐가 고양이 밥을 먹는데 밥그릇이 깨졌다. 이게 무슨 뜻이냐?"라고 물었습니다. 숭산 스님이 그 질문에 서른 가지가 넘는 대답을 해도 고봉 스님은 "아니다. 틀렸다."고만 했습니다.

숭산 스님은 '왜 올바른 답을 했는데 틀렸다고 할까?' 의심을 하면서 한참 동안 고봉 스님을 노려보고 있었습니다. 그러다 문득 한 생각이 돌면서 대답을 했더니 고봉 스님이 마침내 인가를 해 주었다 합니다.[22]

22 1998년 불교TV BTN에서 방영한 〈산중대담: 뜰 앞의 잣나무〉 제5회에서 성태용 교수와 인터뷰한 내용 참고.

숭산 스님은 어떤 대답을 했기에 인가를 받았을까요?

틀렸습니다!

천평도 틀렸고, 서원도 틀렸고, 숭산도 틀렸고, 고봉도 틀렸습니다. 고개를 들어도 틀렸고, 두세 걸음 걸어도 틀렸고, 자기가 틀렸다고 해도 틀렸고, 자기가 옳다고 해도 틀렸습니다. 모두 다 틀렸습니다.

행각을 떠나기 전에 이미 틀렸고, 불법을 깨닫기 이전에 이미 틀렸고, 불법을 깨달아도 이미 틀렸습니다. 입 벌리기 이전에 이미 틀렸고, 생각을 일으키기 이전에 이미 틀렸고, 틀렸다고 말한 것도 이미 틀렸습니다.

도대체 틀렸다는 말이 무슨 뜻일까요?

틀렸습니다!

35. 온몸이 밥, 온몸이 물

설봉(雪峰) 스님은 "밥 광주리 옆에 앉아 굶어 죽은 사람, 물가에서 목말라 죽은 놈."이라 말했다.

현사(玄沙) 스님은 "밥 광주리 속에서 굶어 죽은 놈, 물속에 머리까지 처박고 목말라 죽은 놈."이라 말했다.

두 분의 말씀을 거론하고는 운문(雲門) 스님이 말했다.

"온몸이 밥이고, 온몸이 물이다."

_운문광진선사광록(雲門匡眞禪師廣錄)

진리를 전달하는 데 언어라는 것이 얼마나 불완전한 도구인지는 조금만 생각해 보면 금방 알 수 있습니다. 우리말 속담에 "'아' 다르고 '어' 다르다."라는 말이 있습니다. 우리의 언어, 말과 글은 '아'와 '어'라는 음성과 문자의 변별적 자질, 즉 이원적 대립, 상대적 차별에 의해서만 가능합니다.

다시 말해, 언어, 의미, 개념, 사고, 지식은 이원성에 기반한 것이기 때문에 애초부터 전일(全一)적인 것, 절대적인 것을 표현할 수 없습니다. 전일적이고 절대적이라 말하는 것 자체가 비(非)전일적이고 비(非) 절대적인 것을 짝하지 않고는 어떤 의미도 가질 수 없기 때문입니다.

예화 속에서 설봉 스님은 "밥 광주리 옆에 앉아 굶어 죽은 사람, 물가에서 목말라 죽은 놈."이라고 말했습니다. 진리를 바로 눈앞에 두고도 깨닫지 못한 사람들을 위한 방편적인 가르침이라 할 수 있습니다. 그러나 이 말에는 밥과 사람, 물과 사람의 이원성을 극복하지 못했다는 치명적인 오류가 있습니다.

진리와 진리를 깨달아야 할 사람이 따로 있다면 그 말은 진리와 비(非)진리의 대립이 가능하다는 의미가 됩니다. 아직 진리를 깨닫지 못한 사람은 비(非)진리라는 대립항에 속하기 때문입니다. 그렇다면 진리와 진리를 깨달아야 할 사람 사이의 거리를 메우기 위한 노력, 수단 방편이 불가피합니다.

"밥 광주리 속에서 굶어 죽은 놈, 물속에서 머리까지 처박고 목말라 죽은 놈."이라는 현사 스님의 말은 설봉 스님의 그것보다 좀 더 진리에 가까운 듯하지만, 여전히 이원성을 극복하지는 못했습니다. 진리와 그것을 깨달아야 할 사람 사이의 거리는 사라졌지만 아직까지는 한계가 남아 있습니다.

미세하지만 진리라는 것이 하나의 대상, 타자(他者)라는 분별이 남아 있습니다. 밥 속에, 물속에 사람이 들어 있지만 그 본질에 있어서는 서로 다르기 때문에 여전히 둘로 남아 있습니다. 아직까지 이름과 모양에 따른 차별을 극복하지 못했습니다. 여전히 밥을 먹고 물을 마셔야 할 사람이 남아 있습니다.

"온몸이 밥이고, 온몸이 물이다."라는 운문 스님이 말이 그나마 봐줄

만합니다. 진리를 깨달아야 할 사람이 진리 자체라는 말입니다. 진리와 비(非)진리 사이의 간격, 경계가 없다는 말입니다. 주관과 객관의 이분법적 대립이 사라졌습니다. 그러나 이 말을 긍정 또는 부정하는 순간 다시 주관과 객관, 진리와 비진리로 나뉩니다.

명민한 언어철학자였던 비트겐슈타인은 "말할 수 없는 것에 대해서는 침묵해야 한다."라는 명언을 남겼습니다만, 그 역시 침묵을 지키지는 못했습니다. 언어라는 수단을 통해 진리를 표현하려 하는 한 지저분한 흔적을 남길 수밖에 없습니다. 흔적을 지운다는 것이 또 다른 흔적이 되는 것을 피할 수 없습니다.

그렇다고 침묵을 지키는 것이 능사는 아닙니다. 침묵 역시 언어의 대립항일 뿐이기 때문입니다. 어떻게 하면 언어에도 치우치지 않고 침묵에도 떨어지지 않을 수 있을까요? 언어에도 속하지 않고 침묵에도 속하지 않아야, 언어에도 걸림 없고 침묵에도 걸림 없을 수 있습니다. 다음 예화를 보십시오.

법안(法眼) 스님이 수산주(修山主)에게 물었다.
"털끝만큼이라도 어긋나면 천지 차이로 벌어진다는 말을 그대는 어떻게 이해하는가?"
"털끝만큼이라도 어긋나면 천지 차이로 벌어집니다."
"그렇게 이해해서야 어떻게 깨닫겠는가."
"저는 그렇다 하지만 스님은 어떻습니까?"
"털끝만큼이라도 어긋나면 천지 차이로 벌어진다."
그러자 수산주는 법안 스님에게 절을 하였다.

법안 스님은 "털끝만큼이라도 어긋나면 천지 차이로 벌어진다."고 말을 했지만, 말을 한 것이 아닙니다. 수산주는 법안 스님에게 아무 말 없이 절을 하였지만 말을 하지 않은 것이 아닙니다. 말을 했지만 아무 말을 한 것이 없고, 말을 하지 않았지만 모든 것을 다 말했습니다.

어떤 사람이 선사에게 가서 물었습니다.
"길을 찾기 위해 왔습니다."
선사가 말했습니다.
"그대가 길이다."

말귀를 알아듣지 못하겠다면 기꺼이 한 대 때려 드리겠습니다.

36. 알지 못하는 그것

한 승려가 위산 스님께 물었다.

"어떤 것이 도입니까?"

위산 스님이 말했다.

"무심(無心)이 도이다."

승려가 말했다.

"저는 알지 못하겠습니다."

위산 스님이 말했다.

"알지 못하는 그것을 알아야 한다."

승려가 말했다.

"어떤 것이 알지 못하는 그것입니까?"

위산 스님이 말했다.

"다만 그대일 뿐 다른 사람이 아니다."

위산 스님이 다시 말했다.

"오늘날 사람들은 다만 곧장 알지 못하는 그것이 바로 그대의 마음이며, 바로 그대의 부처임을 알아야만 한다. 만약 바깥에서 하나의 지식과 하나의 이해를 얻는 것으로써 선(禪)과 도(道)로 삼는다면 그것은 전혀 어긋난 것이다. 그것은 똥을 퍼다 붓는 것이지 결코 똥을 퍼내는 것이 아니어서 그대의 마음 밭을 더럽힐 뿐이다. 그러므로 도가 아니라고 하는 것이다."

_연등회요

세상 사람들은 도, 선, 진리, 깨달음이라는 것이 자기와는 멀리 떨어진 어느 곳에 있는 무슨 물건인 줄 착각합니다. 그래서 아직은 자기가 알지 못하고, 찾지 못하고, 구하지 못했지만 꾸준히 노력하여 수행하면 언젠가는 그것을 알고, 찾고, 구할 것이라 기대합니다. 그 모든 것이 완전한 착각, 망상인 줄은 도무지 깨닫지 못합니다.

보조 국사『수심결』에 다음과 같은 대목이 있습니다.

문: 어떤 방편을 지어야 한 생각에 기틀을 돌이켜 문득 자기의 성품을 깨닫습니까?

답: 다만 그대 자신의 마음일 뿐인데 다시 무슨 방편을 짓겠는가? 만약 방편을 지어서 다시 알기를 구하는 것은, 비유컨대 어떤 사람이 자기의 눈을 보지 못하는 것을 자기 눈이 없는 것으로 여겨서 다시 눈을 보려고 하는 것과 같다. 이미 자기의 눈인데 어떻게 다시 보려 하는가? 잃어버리지 않았음을 알았다면 곧 눈을 본 것이다. 다시 보려는 마음이 없는데 어찌 보지 못한다는 생각이 있겠는가? 자기의 신령스러운 앎도 또한 이와 같아서 이미 자기의 마음인데 어찌 다시 알기를 구하겠는가? 만약 알려고 한다면 곧 알 수 없으니, 다만 알지 못하는 줄 알면 그것이 바로 성품을 본 것이다.

바로 지금 어떤 대상을 알기도 하고 모르기도 하는 '무엇'이 있습니다. 마치 눈과 같아서, 다른 모든 대상은 눈으로 볼 수도 있고 보지 못할 수도 있지만, 눈 자체는 볼 수도 없고 그렇다고 보지 못할 수도 없습니다. '본다, 보지 못한다'는 분별을 일으키기 이전에 이미 눈의 존재가 당연하게 전제되어 있습니다. 이 '무엇'도 마찬가지입니다.

　어떤 대상을 알기 이전에 이미 이 '무엇'이 있습니다. 어떤 대상을 알지 못할 때도 또한 그러합니다. 따라서 이 '무엇'은 아는 것에도 속하지 않고, 알지 못하는 것에도 속하지 않습니다. 즉 어떤 대상이 결코 아닙니다. 그러므로 이 '무엇'을 참나, 절대자, 주인공이라 부를 수 있습니다. 제 스스로는 결코 대상화되지 않는 절대 주체입니다.

　그러나 이와 같은 말과 설명도 이미 틀렸습니다. 이런 말을 보고 듣고 '무엇'이라는 절대 주체가 따로 있는 줄 생각한다면 그것은 알 수도 있고 모를 수도 있는 또 다른 대상에 불과합니다. 예화 속의 말처럼 똥을 퍼낸다는 것이 또 다른 똥을 퍼붓는 꼴이 됩니다. 바로 지금 이것입니다. '무엇'에 해당하는 무엇이 없습니다. 그것을 무심(無心)이라 합니다.

　바로 지금 어떤 대상을 의식하고 있는 그 의식 자체를 다시 의식해 보십시오. 무언가 의식되는 것이 있습니까? 어떤 느낌, 어떤 감정, 어떤 생각이 의식된다면 그것은 의식의 대상이지 의식하고 있는 의식 자체는 아닙니다. 바로 지금 보고 듣고 느끼고 아는 의식의 존재를 부정할 수는 없지만 그 의식을 결코 의식할 수는 없습니다. 알지 못하는 줄 알 뿐입니다.

　아무 의식의 내용이 없는 이 투명한 의식 자체는 아는 것도 아니고 모르는 것도 아닙니다. 순수한 의식이요, 청정한 마음이요, 너무나 당연한 존재, 있음 자체입니다. 바로 이것입니다. 언제나 끊어짐 없이 있기에 어떤 대상으로 다시 얻을 수 없고, 너무나 자연스럽게 있기에 어떤 대상으로 다시 알 수 없습니다. 의식되는 모든 것이 그대로 의식 자체입니다.

참된 빛은 번쩍거리지 않고, 커다란 지혜는 어리석어 보입니다. 크게 완성된 것은 마치 모자란 듯 보이고, 완전히 가득 찬 것은 오히려 텅 빈 것 같습니다. 가장 분명한 것은 오히려 모호한 것 같고, 너무나 당연한 것은 도리어 의심을 불러일으킵니다. 너무나 거대한 모양은 보지 못하는 법이고, 너무나 커다란 소리는 듣지 못하는 법입니다.

바로 지금 이 글이 보인다는 사실은 무엇을 증명하는 것일까요?

37. 주인공은 어디 있는가

현사(玄沙) 스님이 어떤 승려에게 물었다.

"요새 어느 곳에서 떠나왔는가?"

승려가 말했다.

"서암(瑞岩)입니다."

현사 스님이 말했다.

"서암 스님은 어떤 말씀으로 대중들을 가르치시던가?"

승려가 말했다.

"길게 '주인공아!' 부르고 스스로 '예!' 하고 대답하고는 '또렷또렷하게 깨어 있어라. 다음에 남에게 속임을 당하지 마라.'고 하셨습니다."

현사 스님이 말했다.

"그것은 한결같이 정혼(精魂)을 가지고 노는 것이니 매우 기괴한 것이다."

그러고는 "왜 거기에 머물러 있지 않는가?" 하고 물으니 승려가 말했다.

"이미 세상을 뜨셨습니다."

현사 스님이 말했다.

"지금도 부르면 대답을 하시겠는가?"

승려가 대답이 없었다.

_오등회원

많은 사람이 '부처', '마음', '의식', '불성', '자성' 등등의 이름에 해당하

163

는 무엇이 있다고 생각합니다. 예를 들어 '육체를 움직이는 것', '송장을 끌고 다니는 사람', '참나', '주인공', '영혼'과 같은 주체, 실체가 있다고 여깁니다. 그런 것을 보면 자신이 개별적인 존재라는 뿌리 깊은 집착은 좀처럼 극복하기 어려운 것 같습니다.

서암 스님은 늘 스스로 "주인공아!"라고 부르고 스스로 "예!" 하고 대답하면서 "정신 차려라. 훗날 다른 사람들에게 속지 마라."고 했답니다. 그런데 "주인공아!"라고 부르는 것이 주인공일까요, "예!" 하고 대답하는 것이 주인공일까요? 악! 정신 차리십시오! 훗날 다른 사람은 고사하고 바로 지금 자기 자신에게 속지 마십시오!

이 일을 두고 무문혜개라는 스님은 다음과 같이 게송으로 노래했습니다.

도를 배우는 사람이 진실을 알지 못하는 것은
다만 예전부터 식신(識神: 정신)을 자기로 알았기 때문이네.
헤아릴 수 없는 과거부터 나고 죽는 근본을
어리석은 사람들은 본래의 자기라고 부르네.

분별망상인 식신(識身), 정식(情識)을 가지고 본래의 자기, 주인공이라 착각해서는 안 됩니다. 예화 속에서 현사 스님이 서암에서 온 승려에게 거기에 머물러 있지 않고 여기에 왜 왔느냐 묻자, 승려는 서암 스님이 돌아가셨기 때문이라고 답합니다. 그러자 현사 스님은 "지금도 '주인공아!' 하고 부르면 대답하겠는가?"라고 묻습니다. 그 질문에 승려는 대답을 하지 못했습니다.

일찍이 현사 스님은 다음과 같이 말했습니다.

"밝고 신령스럽게 깨어 있는 마음이 있어서 능히 보고 들으며 오온(五蘊)의 몸속에서 마음대로 주재한다고 말하니, 이런 말로 스스로 선지식인 양 자처한다면 이것은 크게 사람을 속이는 것이라는 걸 알아야 한다.
내가 지금 그대에게 말하노니, 그대가 만일 밝고 신령스럽게 깨어 있는 것을 그대의 진실로 삼는다면, 어째서 잠이 들었을 때는 밝고 신령스럽게 깨어 있지 못하는가? 만약 밤에 잠이 들었을 때 밝고 신령스럽게 깨어 있지 못하다면 어째서 깨어 있을 때는 밝고 신령스럽게 깨어 있는 것이 있는가? 그대는 알겠는가? 이것은 도적을 자식으로 오인하는 것과 같은 것이니, 이것이 바로 생사의 근본이요, 망상을 일으키는 기운이다.
그 이유를 알고 싶은가? 내 그대에게 말하노니 너의 밝고 신령스럽게 깨어 있는 것은 다만 눈앞의 6경(境)인 색·성·향·미·촉·법에 의하여 일어나는 분별의식일 뿐이다. 말해 보라. 이것이 바로 그대가 말하는 밝고 신령스럽게 깨어 있는 것인가? 만약 눈앞의 6경인 색·성·향·미·촉·법이 없다면, 그대의 밝고 신령스럽게 깨어 있는 것은 거북 털이나 토끼 뿔과 같은 것이다."

깨어 있을 때 또렷또렷하게 알아차리는 것을 가지고 본성, 주인공으로 착각해서는 안 됩니다. 그러한 아는 성품은 식신(識神), 정식(情識)의 경계로서 주관과 객관의 이항대립에서 연기적으로 발생한 분별망상일 따름입니다. 분별망상 하는 것을 주인공으로 알기 때문에 깨어 있을 때와 잠들었을 때가 다르고, 살아 있을 때와 죽었을 때가 나뉘는 것입니다.

대혜(大慧) 스님 역시 이 문제에 가로막혀 "깨어 있을 때는 매사를 주재할 수 있지만, 잠들기만 하면 주재가 되지 않으니 어떻게 생사를 해결할 수 있겠습니까?"라고 고민을 털어놓았습니다. 그럴 때마다 스승인 원오(圓悟) 스님은 "망상을 쉬라."고만 할 뿐이었습니다. 훗날 대혜 스님은 원오 스님의 법문을 듣다가 자신의 문제가 한낱 분멸망상이었음을 깨달았습니다.

『선요(禪要)』로 유명한 고봉(高峯) 스님 또한 설암(雪巖) 스님에게 공부를 점검받을 때, 일상사에서나 잠잘 때 주인이 되느냐는 질문에 "주인이 된다."고 답하였습니다. 그러나 설암 스님이 "잠이 들어 꿈도 없고, 생각도 없고, 보이는 것도 없고, 들리는 것도 없을 때 주인공은 어디에 있느냐?"라는 질문에 가로막혀 답하지 못했다가, 훗날 목침 떨어지는 소리를 듣고 문제를 해결했습니다.

잠이 들거나 육체가 소멸되어 보는 것도, 듣는 것도, 느끼는 것도, 생각하는 것도 사라질 때, 그 모든 것을 주재하는 주인공은 어디에 있습니까?

악!

본래의 자기, 주인공을 매각(昧却)[23]하지 마십시오.

---

23 어둡게 하다, 잊어버리다.

38. 나를 아는 자는 누구인가

비구니 무리가 숭신(崇信) 스님에게 물었다.

"어떻게 해야 비구 승려가 될 수 있습니까?"

숭신 스님이 말했다.

"비구니가 된 지는 얼마나 되는가?"

비구니가 말했다.

"제 말씀은 비구 승려가 될 날이 있겠느냐는 것입니다."

숭신 스님이 말했다.

"그대는 지금 무엇인가?"

비구니가 말했다.

"현재는 비구니 몸이라는 것을 모를 사람이 누가 있겠습니까?"

숭신 스님이 말했다.

"누가 그대를 아는가?"

_경덕전등록

아직도 많은 사람이 마음공부를 지금의 자신을 부정하거나 극복함으로써 더 나은 자신으로 발전시켜 나아가는 것으로 착각하고 있습니다. 지금 부족해 보이고 모자라 보이는 자기 자신 말고, 자기 생각에 훌륭해 보이고 좋아 보이는 어떤 누군가, 어떤 무엇이 되려고 수련 및 수행을 합니다. 그것이 바로 분별이고 괴로움의 근원인 것을 알지 못합니다.

못난 사람이 잘난 사람이 되려 하고, 없는 사람이 있는 사람이 되려 하고, 무식한 사람이 유식한 사람이 되려 합니다. 중생이 부처가 되려 하고, 깨닫지 못한 자가 깨달은 자가 되려 하고, 체험하지 못한 자가 체험한 자가 되려 합니다. 이름과 모양에 집착하여 하나는 부정하고 하나는 긍정합니다. 그것이 모두 자신의 분별망상일 뿐인 것을 깨닫지 못합니다.

모두가 잘못된 자기 정체성, 자기 인식에서 비롯된 문제입니다. '나는 남자다', '나는 여자다', '나는 깨달았다', '나는 깨닫지 못했다' 등등의 자기 정체성, 자기 인식은 모두 허망한 생각일 뿐입니다. 그러한 정체성과 인식의 내용물들은 모두 성장 과정에서 조건적으로 형성된 것들입니다. 우리의 근원적 자기 정체성, 자기 인식은 '나는 ～이다(있다).'라는 막연한 존재감일 뿐입니다.

영어 표현인 '아이 엠(I AM)'을 우리말로 옮긴다면 '나 있음' 내지는 '나임' 정도가 적절할 것입니다. 우리의 근본적인 정체성, 자기 인식의 뿌리는 어떤 생각의 내용물이 첨가되지 않은 순수한 존재의 감각, 알 수는 없지만 영원히 변함없는 무엇이 있다는 느낌일 것입니다. 그것을 가리키는 말이 바로 1인칭 대명사 '나'입니다. 이 '나'는 어떤 내용도 없는 순수한 의식, 순수한 존재입니다.

너무나 당연하고 자연스러운 나머지 결코 우리가 확인해 본 적이 없는 자기 동일성, 자기 정체성, 자기 인식의 근원이 바로 이 '나'입니다. 이 순수한 의식, 순수한 존재 자체는 결코 개별적인 '나'가 아닙니다. 이 근원적인 '나'의 느낌은 모든 사람들에게 동일한 것, 평등한 것입니다.

어떤 의미에선 오직 이 '나'만이 존재할 뿐이고 개별적 정체성은 그 '나'의 그림자와 같은 것입니다.

예화 속에서 비구니는 비구 승려가 되고 싶어 합니다. 여자는 부처가 될 수 없다는 얼토당토않은 이야기를 진실로 믿었기 때문일 것입니다. 여자가 부처가 되지 못한다면 남자 역시 부처가 되지 못할 것입니다. 왜냐하면 부처란 여자나 남자라는 정체성, 허망한 분별에서 벗어난 존재 자체, 아무것도 아니면서 모든 것인 순수한 마음, 의식 자체이기 때문입니다.

'나는 비구니다', '나는 비구다', '나는 깨달았다', '나는 깨닫지 못했다'는 것은 모두 생각, 분별망상의 소산입니다. 그 생각 이전, 분별망상 이전에 아무 내용 없는 '나 있음', '나임'이 있습니다. 어떤 생각, 어떤 분별망상에도 오염되지 않는 맑고 깨끗한 마음, 존재 자체가 있습니다. 스스로는 결코 의식의 대상이 되지 않는 순수하고 투명한 의식 자체가 있습니다.

그 '나'는 남자도 아니고, 여자도 아닙니다. 비구도, 비구니도, 부처도, 중생도 아닙니다. 마음도 아니고, 존재도 아니고, 의식도 아닙니다. 육체도 아니고, 정신도 아니고, 영혼도 아닙니다. 심지어 나도 아니고, 나 아님도 아니고, 나 없음도 아닙니다. 있는 것도 아니고, 없는 것도 아닙니다. 좋은 것도 아니고, 나쁜 것도 아닙니다. 아는 것도 아니고, 모르는 것도 아닙니다.

바로 이러할 때 이 글을 보고 있는 당신은 무엇입니까?

당신은 당신에게 몸이 있다는 사실을 압니다. 그러므로 당신은 몸이 아닙니다. 당신은 당신에게 느낌이 있다는 사실을 압니다. 그러므로 당신은 느낌이 아닙니다. 당신은 당신에게 감정이 있다는 사실을 압니다. 그러므로 당신은 감정이 아닙니다. 당신은 당신에게 생각이 있다는 사실을 압니다. 그러므로 당신은 생각이 아닙니다. 그렇다면 당신은 무엇입니까?

아는 것도 아니고 모르는 것도 아닌, 이 투명한 자각, 이 존재의 감각, 이 열려 있음, 이 비어 있음, 이 고요함, 이 있음, 이 충만함, 이 살아 있음!

당신 자신을 알고 있는 그것은 누구 또는 무엇입니까?

39. 두 가지 선병(禪病)

청원(淸遠) 스님이 말했다.

"선을 배우는 데에는 다만 두 가지 병이 있다. 첫째는 나귀를 타고서 나귀를 찾는 것이요, 둘째는 나귀를 타고서 내리지 않는 것이다.

나귀를 타고서 다시 나귀를 찾는 것이 참으로 큰 병이다. 산승(山僧)이 너희에게 말하노니, 찾지 마라! 영리한 사람은 당장 알아듣고서 찾는 병을 없애서 미친 마음을 마침내 쉴 것이다.

이미 나귀를 알았지만 타고서 내리려 하지 않으니, 이 병이 가장 고치기 어렵다. 산승이 너희에게 말하노니, 타지 마라! 너희가 바로 그 나귀이고, 온 세상이 바로 그 나귀이니, 너희가 어떻게 나귀를 타겠느냐? 너희가 만약 탄다면 절대로 병을 없앨 수 없다. 만약 타지 않는다면 시방세계가 확 트여 걸림이 없을 것이다.

이 두 가지 병이 일시에 사라지면 마음속에 아무 일이 없어 도인(道人)이라 이름하나니 다시 무슨 일이 있겠는가?"

_고존숙어록(古尊宿語錄)

일찍이 만공(滿空) 스님이 후학들에게 남긴 훈계의 말씀 가운데, "깨닫기 이전이나 깨달은 이후나 한 번씩 죽을 고비를 넘겨야 한다."는 말씀이 있습니다. 선을 공부하는 데 있어 깨닫기 전에도 한 고비, 하나의 병통이 있고, 깨달은 후에도 다시 한 고비, 또 하나의 병통이 있습니다.

진실로 이 공부를 한 사람이라면 누구도 그 두 고비, 두 가지 병통을 겪지 않는 이가 없다고 해도 과언이 아닐 것입니다.

깨닫기 이전의 고비, 병통은 깨달음을 달리 찾고 구하는 것입니다. 이미 주어져 있는 것을 없는 것으로 착각하고 바깥을 향해 돌아다니며 구하는 것이 병입니다. 소를 타고 소를 찾는다는 말이나, 물속의 물고기가 물을 찾는다는 말, 경회루에 앉아서 서울 가는 길을 묻는다는 말들이 모두 이러한 병통을 지적하는 것들입니다. 자신이 알지 못하고 얻지 못한 깨달음이 자기 바깥에 따로 있는 것으로 착각하는 것이 병입니다.

망상하지 마라, 찾지 마라, 구하지 마라, 공부하지 마라, 눈앞을 떠나지 마라, 안타까운 마음에 이런저런 가르침을 주지만, 이 병에 걸린 사람들에게는 도무지 납득하기 어려운 말들일 뿐입니다. 바깥을 향해 미친 듯이 찾아 구하는 그 마음이 완전히 쉬어졌을 때, 이미 있었지만 미처 알아차리지 못했던 자기 자신의 본래 성품이 드러나는 것이 이른바 깨달음입니다. 다만 망상분별이 쉬어졌을 뿐 특별한 능력이나 경지를 얻는 것이 아닙니다.

너무나 평범한 것, 본래의 자기, 자연스럽고 당연한 것이 선(禪)이요, 도(道)라는 사실을 납득하기란 쉬운 일이 아닙니다. 뭔가 그럴듯하고 특별한 것이 있을 거라고 그려 내는 자아의식의 환상에 속고 있는 한, 이미 나귀를 타고 있으면서도 타고 있는 줄 모를 뿐입니다. 자기 생각에 자기가 속아 자기만 괴로울 뿐인 겁니다. 그것이 바로 어리석음, 무명(無明)이요, 무언가에 홀려 방황하는 미혹(迷惑)입니다. 그것이 바로 중생(衆生)의 업보입니다.

그러나 지성(至誠)이면 감천(感天)이라고 간절한 마음으로 공부를 해나가다 보면 반드시 어떤 인연에 본래 있었던 자기, 언제나 눈앞을 떠나지 않는 한 물건을 깨닫는 일이 벌어집니다. 문득 스스로 그것을 확인하는 순간, 이 기가 막힌 역설, 거대한 코미디에 헛웃음이 날 수도 있습니다. 이렇게 쉽고 간단하다니! 단 한 순간도 이 자리를 벗어난 적이 없었거늘 어째서 그렇게 찾아 헤매었던고? 커다란 안심과 희열을 만끽하지만 아직 한 고비가 더 남았습니다.

어렵게 돌고 돌아 제 집으로 돌아왔고, 바깥으로 찾아 구하는 마음을 쉬고 이미 있는 것을 발견했지만, 거기에 머무르려 하거나 그것을 소유하려는 순간 다시 길을 잃어버리게 됩니다. 깨닫기 이전에 바깥의 경계에 집착하던 옛날 버릇이 깨달았다고 해서 갑자기 사라지지는 않습니다. 이제는 자신이 발견한 '무엇'에 집착하기 시작합니다. 이것이야말로 정말 약도 없는 중병 가운데 중병입니다. 우리의 분별심은 결코 예상하지 못했던 반전입니다.

깨달음의 여정을 그림과 시로 표현한 「십우도」에 보면 소를 찾아 헤매던 목동이 소를 발견하고, 소를 붙잡고, 소를 길들이고, 소를 타고 집에 돌아와서는 문득 소를 잊어버리게 됩니다. 깨달음의 초기에는 자칫 마음이니 도니 할 만한 '무엇', 어떤 경계가 미세하게나마 남아 있는 경우가 많습니다. 그것을 법에 대한 집착[法執]이니, 깨달았다는 견해[覺見]이니, 혹은 법신 가장자리의 일[法身邊事]이라 합니다. 한마디로 깨달음이라는 망상입니다.

깨닫지 못했을 때는 깨닫지 못했다는 망상을 한 것이요, 깨달은 뒤에는 깨달았다는 또 다른 망상을 하고 있는 것입니다. 본래 나귀는 없었습니다. 본래 소는 없었습니다. 본래 마음이니 도, 진리, 깨달음 같은 것은 없었습니다. 일체가 망상이었습니다. 나아가 나귀를 타고 있는 사람, 소를 기르는 사람, 진리를 깨달은 사람마저도 없었습니다. 미세한 알음알이, 관념까지 그 정체가 환히 드러나 견해의 그림자가 완전히 사라져야 합니다.

아무 모양도 없고〔無相〕, 아무 생각할 것도 없고〔無念〕, 어디에도 집착하여 머물 데가 없습니다〔無住〕. 아무것도 얻은 것이 없고〔無所得〕, 아무것도 가진 것이 없고〔無所有〕, 아무 맛도 없습니다〔沒滋味〕. 나도 비었고 법도 비었습니다〔我空法空〕. 둘이 아니지만〔不二〕 하나 역시 아닙니다〔非一〕. 하나의 마음〔一心〕일 뿐이므로 따로 마음이 없습니다〔無心〕. 억지로 말하자면 날마다 쓰는 일〔日用事〕, 평소의 마음〔平常心〕일 뿐입니다.

언제나 본래의 그 사람이었을 뿐입니다.

40. 감각의 근원

옛날에 16명의 보살이 있었다.
스님들이 목욕할 때 예전처럼 목욕하러 들어갔다가
문득 물의 인연으로 깨달았다.
여러 선덕들이여, 그들이 "미묘한 촉감이 뚜렷이 드러나
부처님의 아들이 되었다."고 한 말을
어떻게 이해하는가?
모름지기 종횡으로 자재해야만 그럴 수 있을 것이다.

_벽암록

선은 이론이 아닙니다. 도는 알음알이가 아닙니다. 선은 직접적인 체험입니다. 도는 분명한 자기 경험입니다. 『달마혈맥론』에 이르기를, "도(道)는 본래 원만하게 완성되어 있는 까닭에 닦거나 증득할 대상이 아니다. 도는 소리와 형상 같은 것이 아니고 미묘해서 보기 어렵다. 마치 어떤 사람이 직접 물을 마셔 보고 그것이 차가운지 더운지 스스로 아는 것과 같다."고 하였습니다.

생각을 통해 도달한 판단, 결론은 허망한 것입니다. 아무리 정교하고 그럴듯한 생각일지라도 생각은 가상의 이미지, 거짓입니다. 진실은 생각할 필요가 없는 직접적인 체험입니다. 생각은 분리된 두 대상 사이의

간극을 관념을 통해 극복하려는 움직임입니다. 분리가 없다면 생각할 필요가 없습니다. 사실 생각 때문에 분리가 있는 것처럼 느껴질 뿐입니다.

지금 당장 눈앞을 의식해 보십시오. 의도적인 주의 집중이 아니라 그저 자연스럽게 눈앞에서 사물들의 모습과 잡다한 소음, 외부 상황과 내면적인 느낌, 생각들이 출몰하고 있음을 알아차려 보십시오. 그 모든 것의 배경에 너무나 당연한 존재의 감각이 있습니다. 존재는 특별한 느낌이 아닙니다. 이 텅 빈 존재의 느낌이 곧 의식 자체, 우리의 본성입니다.

우리의 본성, 의식은 물리적 허공처럼 모든 대상을 수용하지만 제 스스로는 대상화되어 드러나지 않습니다. 굳이 말하자면, 드러난 모든 대상이 그대로 의식, 본성 자체라 할 수 있습니다. 마치 어젯밤 꿈처럼 꿈속의 나도 마음인 것이요, 꿈속의 배경과 다른 인물, 사건과 경험 모두 마음의 작용인 것과 같습니다. 다른 것은 없습니다. 모든 것이 마음, 의식일 뿐입니다.

이 사실을 깨닫지 못한 대부분의 사람들은 전혀 엉뚱하게 인식을 하고 있습니다. 감각의 주체로서 나(자아)라는 것이 있어서 감각 기관을 통해 다른 대상들을 경험한다고 착각을 하고 있습니다. 그 모든 것이 일차적인 감각을 통한 분별인 것을 깨닫지 못합니다. 감각의 주체인 나(자아)도 감각을 통해 분별한 것이요, 감각 기관과 감각되는 다른 대상들 역시 감각의 결과일 뿐입니다.

결국 가장 분명한 사실은 감각이 있다는 것뿐입니다. 그러나 어떤 감각도 아무 변화 없이 고정되어 있는 경우는 없습니다. 끝없이 무상하게 일어났다가 잠시 유지되다가 결국 사라집니다. 이것이 감각의 실체라고 할 '무엇'은 없습니다. 모든 것이 생각을 통해 벌어진 분열, 허망한 분별이었습니다. 진실은 다만 그러한 감각이 끊임없이 일어나고 사라진다는 것뿐입니다.

예화 속에서 16명의 보살이 목욕하러 물속으로 들어갔다가 물을 인연으로 깨달음을 얻었습니다. 도대체 그들은 무엇을 깨달은 것일까요? 바로 지금 차가운 물 한 잔을 준비하십시오. 그리고 그 잔 속에 손가락 하나를 담가 보십시오. 어떻습니까? 분명 차가운 물의 느낌이 느껴질 것입니다. 손가락을 잔에서 빼고 잠시 있으면 좀 전의 차가움은 사라집니다.

물의 감촉은 인연 따라 나타났다 사라졌습니다. 그것은 허망한 것이고 실체가 없는 것입니다. 그런데 물의 감촉이 느껴지기 이전에도 변함이 없고, 물의 감촉을 느낄 때도 변함이 없고, 물의 감촉이 사라진 뒤에도 변함이 없는 것은 무엇입니까? 생각을 통해 분별하지 마십시오. 다시 한 번 손가락을 차가운 물속에 담가 보십시오. 생각할 필요가 없습니다. 바로 지금 여기 이것입니다.

미묘한 촉감이 있습니다. 촉감이 아닌 촉감, 촉감의 근원이 여기 있습니다. 시작도 알 수 없고 끝도 알 수 없는 무한한 촉감의 가능성이 있습니다. 인연이 벌어지면 겉으로 드러나지 않은 이것이 여러 가지 다양한 감촉으로 나타납니다. 우리는 그동안 드러난 모양에 속아서 드러나지 않는, 제 스스로는 어떠한 모양도 없는 촉감의 근원을 미처 깨닫지 못했을 뿐입니다.

이것은 촉감의 근원일 뿐만 아니라, 시각과 청각, 후각과 미각, 생각의 근원이기도 합니다. 오직 이것, 이 마음, 이 의식, 이 존재밖에 없습니다. 생각과 상관없이 언제 어디서나 필요한 작용을 종횡으로 자유자재하게 하고 있건만, 바로 그 작용 가운데 하나인 생각 때문에 이 당연한 것을 알지 못하는 희비극이 벌어집니다. 자기가 자기를 찾고 있는 촌극이 펼쳐집니다.

깨달음이란 이러한 자기분열의 종말입니다. 생각이 자신의 근원으로 돌아갈 때 분리와 분열은 치유되고 마음이 저절로 고요해집니다. 우리가 본래 깨달아 있다는 말은 우리가 본래 이것이라는 말입니다. 이것을 알 다른 누군가가 있는 것이 아닙니다. 그것이 망상입니다. 이것을 알 '누구'도 없고, 그 '누구'가 알아야 할 '이것'도 없으며, '누구'와 '이것'도 없으니 '아는 일'마저 없습니다.

모르겠거든 온몸을 찬물 속에 담가 보십시오.

5장
얻을 수도 없고
닦을 수도 없는 것

41. 놓아 버려라

엄양(嚴陽) 존자가 어느 날 조주(趙州) 선사를 찾아와 물었습니다.

"한 물건도 가지고 오지 않았을 때는 어떻습니까?"

조주 선사가 말했습니다.

"놓아 버려라."

엄양 존자가 말했습니다.

"이미 한 물건도 가지고 온 것이 없는데 무엇을 내려놓으라는 것입니까?"

그러자 조주 선사는 다음과 같이 말했습니다.

"그렇다면 다시 짊어지고 가거라."

_경덕전등록

예나 지금이나 선 공부를 하는 데 있어 가장 큰 걸림돌은 알음알이, 지식과 견해에 의지하는 버릇입니다. 너무나 자신의 알음알이, 지식과 견해에 중독되어 있기에, 마치 엄양 존자와 같이, 본인 스스로 알음알이에 의지해 있다는 사실조차 자각하지 못하는 경우가 많습니다. 알음알이를 극복하지 못하는 한 선의 진수를 맛보기란 불가능합니다.

우리는 왜 알음알이, 지식과 견해에 그렇게 집착하는 것일까요?

알음알이, 지식과 견해, 곧 뭔가를 이해하고 싶은 욕망은 그 밑바탕에 자신이 다른 것들과 별개로 독립된 존재라는 생각이 깔려 있습니다. 무수한 개별자들 가운데서 독립된 자아가 자신만의 고유한 특성을 보호하고 유지하기 위해서는, 끝없이 자기 바깥에 존재하는 것들과의 관계에 신경을 써야 하기 때문입니다. 알음알이는 자아의 욕망, 곧 자아 그 자체입니다.

선을 지도하는 사람은 배우려는 사람들에게 가르치거나 전달할 것이 아무것도 없습니다. 오히려 그들이 애지중지하는 알음알이, 왜곡된 지식과 견해를 빼앗아 없애 버릴 뿐입니다. 그러나 자신의 알음알이에 지나치게 집착해 있는 사람들은 그러한 방편의 가르침을 자아에 대한 공격으로 오해하거나, 심한 경우 그러한 가르침의 말을 역으로 이용해 상대를 비난하거나 공격합니다.

그럴 땐 어쩔 수 없이 조주 선사처럼 다시 짊어지고 가게 놓아둘 뿐입니다.

선은 단도직입적입니다. 생각하고 헤아리고 따질 것이 전혀 없습니다. 즉심(即心), 어떠한 분리가 없는 바로 이 마음이 그대로 부처입니다. '즉(即)'이란 아무런 시공간의 차이가 없다는, 결코 떨어져 있지 않다는 말입니다. 어떤 알음알이, 지식과 견해, 이해가 남아 있지 않을 때, 단 한 순간도 떨어진 적 없는 이 마음에 바로 통하게 됩니다. 그것을 깨달음이라고 합니다.

훌륭한 선의 종장(宗匠)일수록 자질구레한 설명보다는 거친 몽둥이

질과 벼락같은 고함처럼 불합리한 행위를 통해, 배우는 사람으로 하여금 알음알이를 끊고 스스로 깨달을 수 있도록 만들어 주었습니다. 그리고 오랜 선의 역사 속에서 그러한 인연으로 깨침을 경험한 많은 사람이 뒤늦게 자신을 위해 설명해 주지 않은 스승의 은혜에 진정 고마움을 느꼈습니다.

너무나 분명하기 때문에 생각하면 생각할수록 오히려 이것을 깨닫는 것이 늦어질 뿐입니다.

아무리 그럴듯한 알음알이의 집 속에 들어앉아 있는 사람이라 하더라도 자기 가슴 한구석 깊은 곳에서 들려오는 진실은 거부할 수 없을 것입니다. 영원히 채워지지 않는 갈증과 같이 여전히 무언가를 더 알고 싶은 욕망이 멈추지 않는다면 당신은 아직 도달하지 못했습니다. 알음알이의 마른 지혜를 가지고는 절대 자기 영혼의 목마름을 해결할 수 없습니다. 이것이 진실입니다.

완전히 비울 때 완전히 채워지고, 완전히 모를 때 완전히 알게 됩니다.

42. 어떤 것이 마음인가

대전(大顚) 스님이 처음 석두(石頭) 스님을 찾아뵙자 석두 스님이 물었다.

"어떤 것이 그대의 마음인가?"

대전 스님이 말했다.

"말하는 바로 이것입니다."

석두 스님은 곧장 크게 고함을 치며 그를 쫓아냈다.

열흘 쯤 지나서 대전 스님이 다시 석두 스님을 찾아가 물었다.

"지난번 대답이 틀렸다면 그것을 제외하고 어떤 것이 마음입니까?"

석두 스님이 말했다.

"눈썹을 치켜세우고 눈을 깜빡이는 짓 말고 마음을 가져오너라."

대전 스님이 말했다.

"가져올 마음이 없습니다."

석두 스님이 말했다.

"처음에는 마음이 있다고 하더니 어째서 마음이 없다고 하는가? 마음이 없다는 것도 모두 똑같이 비방하는 것이다."

대전 스님은 말끝에 크게 깨달았다.

_경덕전등록

선문(禪文)에 "털끝만큼만 차이가 있어도 하늘과 땅만큼 사이가 벌어진다."는 말이 있습니다. 미세한 견해의 알음알이라도 있으면 바로 그것 때문에 진리와 완전히 계합하지 못합니다. 이치는 분명한 듯하지만 사실에 있어서 일상의 경계로부터 자유를 얻지 못합니다. 분명한 자기 깨달음이 있어야만 이치와 사실 사이의 이원성을 극복할 수 있습니다. 깨달음 이후의 공부라는 것도 결국엔 견해의 똥, 곰삭은 알음알이의 거름을 치우는 일입니다.

예화 속 대전 스님처럼 이 공부를 하다 보면 그럴듯한 견해를 갖게 됩니다. '바로 지금 이것', '현존(現存)', '텅 빈 알아차림의 성품', '바로 지금 눈앞에서 작용하는 것' 등등의 말로 설명할 수 있는 '무엇'을 자기도 모르게 갖고 있는 경우가 있습니다. 그것이 일종의 견해, 결코 대상화할 수 없는 것을 대상화하고 있는 알음알이라는 것을 쉽게 자각하지 못합니다. 그러나 진리에 대한 어떤 생각도 결국 이원성, 진리에 대한 이미지일 뿐 결코 진리 자체는 아닙니다.

석두 스님의 할(喝)과 꾸짖음은 바로 그러한 견해의 장애를 부숴 주기 위한 방편입니다. 대전 스님은 그나마 선근 인연이 있었던 모양인지 열흘쯤 지나서 다시 석두 스님을 찾아와 묻습니다. 어떤 사람들은 10년이 지나도 자신의 허물을 깨닫지 못합니다. 자기의 견해를 스스로 포기하고 진실로 물을 수 있는 자세야말로 선 공부의 필요조건입니다. 스스로 아무 견해에도 의지하지 않을 때 비로소 이미 완벽하게 드러나 있는 진실을 감지할 수 있습니다.

비워야 가득 채워지고, 잃어버려야 비로소 얻게 됩니다. 이 역설은 생각을 통해 이해해 봐야 아무 소용이 없습니다. 몸소 직접 그 경계를 겪어 봐야 깨닫는 것입니다. 지난번 대답이 잘못된 것이라면 그것 말고 어떤 것이 마음이냐고 대전 스님이 물었습니다. 석두 스님은 그 물음에 답을 주는 것이 아니라, 눈을 깜빡이는 요상한 짓 말고 마음을 가져오라고 더 지독하게 다그칩니다. 굶주린 사람의 밥을 빼앗을 뿐만 아니라 그 밥그릇마저 깨 버리는 것입니다.

과거 용성(龍城) 스님이 만공(滿空) 스님에게 넌지시 "어묵동정(語默動靜)을 여의고 이르시오." 하고 질문을 던졌습니다. 이에 만공 스님은 아무 대답도 하지 않은 채 침묵하였습니다. 용성 스님이 "양구(良久: 말없이 있는 것)인가?" 하고 다그쳐 묻자, 만공 스님은 "아니요."라고 대답하였습니다. 훗날 만공 스님이 전강(田岡) 스님에게 "자네는 무엇이라고 대답하겠는가?" 하고 묻자, 전강 스님은 "어묵동정을 여의고 무엇을 이르라는 말입니까?"라고 답했습니다.

눈 밝은 이라면 석두 스님이 "눈썹을 치켜세우고 눈을 깜빡이는 짓 말고 마음을 가져오너라."라고 물었을 때, 눈썹을 치켜세우고 눈을 깜빡여 보였을 것입니다. 그러나 대전 스님은 "가져올 마음이 없다."고 답했습니다. 그러자 석두 스님은 "마음이 있다고 하는 것이나 마음이 없다고 하는 것이나 모두 똑같이 비방하는 것이다."라고 말했습니다. "이 것이 마음이다."라고 하는 것이나 "가져올 마음이 없다."고 하는 것이나 다른 것이 아닙니다.

대전 스님은 석두 스님의 가르침에 무엇을 깨달았을까요?
진실로 마음을 깨달았다면 애초에 석두 스님이 "어떤 것이 그대의 마음인가?"라고 물었을 때, "스승님의 가르침에 감사드립니다." 하며 고개 숙여 인사를 올릴 수 있었을 것입니다.

43. 사자는 사람을 물고 개는 흙덩이를 쫓는다

양주(襄州)의 상시(常侍) 왕경초(王敬初)가 사무를 보고 있었는데 미호(米胡)
스님이 찾아오자 공이 붓을 들어 보였다. 이에 미호 스님이 말했다.

"허공도 판결할 수 있습니까?"

공은 붓을 던지고 안으로 들어가서 다시는 나오지 않았다. 미호 스님은
의심이 들었다.

다음 날, 공양주 고산(鼓山)에게 부탁하여 관청에 들어가 그 뜻을 알아보
려고 하였다. 미호 스님도 따라 들어가 병풍 뒤에 숨어서 염탐하였다. 공
양주가 자리에 앉자마자 물었다.

"어제 미호 스님이 무슨 말을 했기에 서로 보지 않습니까?"

공이 말했다.

"사자는 사람을 물지만, 어리석은 강아지는 흙덩이를 쫓습니다."

미호 스님이 이 말을 듣자 곧 이전의 잘못을 깨달았다. 마침내 병풍 뒤에
서 나와 밝게 웃으며 말했다.

"제가 알았습니다. 제가 알았습니다."

공이 말했다.

"아는 것이 없지 않다면 한번 말해 보시오."

미호 스님이 말했다.

"상시께서 예를 들어 주십시오."

공이 이에 젓가락 한 짝을 세워 보이자 미호 스님이 말했다.

"이 여우 귀신아!"

공이 말했다.

"이놈이 깨달았군."

_오등회원

왕 상시와 미호 스님은 위산영우(潙山靈祐) 선사를 스승으로 함께 공부한 도반이었습니다. 어느 날 미호 스님이 왕 상시가 일하고 있던 곳을 찾아오자 왕 상시는 말없이 붓을 들어 보였습니다.

아시겠습니까?

속지 마십시오. 사실 바로 지금 여기에는 왕 상시도 없고, 미호 스님도 없고, 붓을 들어 보이는 일도 없고, 지금 보고 있는 이 글도 없고, 이 글을 쓰고 있는 사람도 없고, 이 글을 읽고 있는 사람도 없고, 이 글을 읽고 있는 일조차 없습니다.

그러나 이렇게(허공에 손가락 하나를 들어 보이며) 있습니다.

미호 스님은 왕 상시의 뜻을 알지 못하고 엉뚱하게 "허공도 판결할 수 있단 말인가?"라고 말했습니다. 이에 왕 상시가 붓을 던지고 안으로 들어가서 다시 나오지 않으니, 미호 스님은 의문에 빠졌습니다.

다음 날 미호 스님은 공양주에게 부탁하여 그 뜻을 알아내기 위해 관청에 들어가 병풍 뒤에 숨어 염탐을 하였습니다. 공양주가 왕 상시에게 어제 무슨 일이 있었기에 미호 스님을 다시 보지 않느냐 묻자 왕 상시가 이렇게 말했습니다.

"사자는 사람을 물지만, 어리석은 강아지는 흙덩이를 쫓는다."

아시겠습니까? 여전히 흙덩이를 쫓을까 두렵습니다. 왕 상시가 붓을 들어 보이고, 제가 손가락을 들어 보이고, "사자는 사람을 물지만 어리석은 강아지는 흙덩이를 쫓는다."고 말하는 것이 조금도 다른 일이 아닙니다. 흙덩이를 쫓지 마십시오.

그렇다면 흙덩이를 던진 사람은 어디 있습니까?

(허공에 손가락을 하나 들어 보인다.)

마침내 왕 상시의 뜻을 간파한 미호 스님은 병풍 뒤에서 나오면서 외쳤습니다. "내가 알았다. 내가 알았다." 흙덩이를 쫓는 강아지입니다. 왕 상시가 무엇을 알았느냐 묻자, 미호 스님은 왕 상시에게 예를 들어 달라 부탁합니다.

왕 상시가 젓가락 하나를 들어 보이자 미호 스님은 "이 사람 속이는 여우 귀신아!" 하고 말했습니다. 왕 상시는 그 말을 듣고 "이놈이 드디어 깨달았군."이라 했습니다. 이번엔 왕 상시가 흙덩이를 쫓고 있습니다.

흙덩이를 던진 사람은 지금 어디에 있습니까?

44. 본래 있는 성품

숭악(嵩嶽)의 파조타(破竈墮) 스님은 이름을 알지 못한다. 말과 행동을 예측하기 어려웠는데 숭악에 숨어 살았다. 그 산등성이에 사당이 있었는데 매우 영험하였다. 전각 안에는 오로지 한 개의 부뚜막만 있을 뿐인데 원근에서 제사가 끊이지 않아 산목숨을 삶아 죽이는 일이 매우 많았다.

스님이 하루는 시자 스님들을 이끌고 사당에 찾아와 주장자로 부뚜막을 세 번 두드리고는 말했다.

"어허! 이 부뚜막은 다만 진흙과 기와가 합해서 이루어진 것일 뿐인데, 성스러움은 어디에서 오고 영험은 어디에서 일어나기에 이렇게 산목숨을 삶아 죽이는가?"

그리고 다시 세 번 두드리면서 말했다.

"무너져라. 무너져라. 부서져라. 부서져라."

그러자 부뚜막이 부서져 무너지자 잠깐 사이에 푸른 옷에 높은 관을 쓴 사람이 나타나 홀연히 스님 앞에 절을 하였다. 스님이 물었다.

"무엇 하는 사람이냐?"

그가 말했다.

"저는 본래 이 사당의 조왕신(竈王神)인데, 오랫동안 업보를 받다가 오늘 스님께서 무생(無生)의 법을 말씀해 주시는 것을 듣고 이곳을 벗어나 하늘에 태어나게 되어 감사드리기 위해 특별히 왔습니다."

스님이 말했다.

"그것은 그대에게 본래 있는 성품이지 내가 억지로 말한 것이 아니다."

조왕신이 다시 절을 하고는 사라졌다.

조금 있다가 시자들이 스님에게 물었다.

"저희 여러 사람은 오랫동안 스님을 곁에서 모시고 있었어도 스님이 입이 쓰게 저희에게 곧장 일러 주시는 말씀을 듣지 못했는데, 조왕신은 무슨 가르침을 얻었기에 하늘에 태어날 수 있습니까?"

스님이 말했다.

"나는 다만 그에게 진흙과 기와가 합해서 이루어진 것이라 말했을 뿐 별다른 도리를 말한 것이 없다."

시자들이 말없이 서 있자 스님이 말했다.

"알겠느냐?"

시자들이 말했다.

"모르겠습니다."

스님이 말했다.

"본래 있는 성품을 어째서 알지 못하느냐?"

시자들이 이에 절을 올리는데 스님이 주장자로 시자들의 머리를 두드리며 말했다.

"무너져라. 무너져라. 부서져라. 부서져라."

무리가 일시에 깨달았다.

_경덕전등록, 선문염송(禪門拈頌)

주인이 스스로 주인인 줄 알지 못하면 엉뚱한 손님을 주인으로 섬기고 스스로는 손님의 처지에 만족하게 됩니다. 본래부터 있던 것이 주인이고 바깥에서 들어온 것은 모두 손님입니다. 언제 어디서나 주인이 주인 자리에서 벗어나지 않을 때 모든 것은 있는 그대로 진실하게 됩니다.

오조(五祖) 홍인(弘忍)의 여러 제자 중 한 사람인 혜안(慧安) 국사의 법을 이은 파조타 화상은 이름이 알려져 있지 않았습니다. 예화에서처럼 자신이 머물던 숭악(崇嶽)의 조왕신(竈王神)을 때려 부순 일 때문에 훗날 파조타(破竈墮)라고 불렸다 합니다.

예나 지금이나 사람들이 어리석어 자기를 잃어버리고는 돌이나 나무, 쇠붙이나 흙덩이로 만든 우상에 무슨 영험이 있는 양 섬깁니다. 파조타 화상은 시자들을 데리고 조왕신이 있는 곳에 가서 "인연 화합으로 이루어진 것이 무슨 영험이 있단 말이냐?" 하며 주장자로 부뚜막을 두드렸습니다.

이 일로 부뚜막은 무너지고 부서져 조왕신은 태어남이 없는 법을 깨달아 업보에서 벗어나게 되었습니다. 그런데 파조타 화상을 오랫동안 곁에서 모시고 있던 시자들은 이 일을 보고도 전혀 이해하지 못했습니다. 오히려 자신들이 받지 못한 가르침을 조왕신은 받은 것이 아닌가 하고 파조타 화상에게 물었습니다.

그러자 파조타 화상은 "본래 있는 성품인데 어째서 알지 못하느냐?" 라고 하면서 절하는 시자들의 머리를 주장자로 톡톡 때렸습니다. 그 순간 시자들이 일시에 깨달은 바가 있었다고 합니다. 어떻습니까? 여러분들 역시 깨달은 바가 있습니까? 본래 있는 성품인데 어찌 깨닫지 못합니까?

제 손으로 제 머리를 똑똑똑 두드려 보십시오. 본래 이 육신을 온갖 물질적 요소가 화합하여 이루어진 것인데 어떻게 보고 듣고 느끼고 아는 신통과 묘용을 부릴 수 있을까요? 두드리는 이것은 무엇이고, 두드리면 아픈 줄 아는 그것은 또 무엇입니까? 이것이 본래 있는 성품 아니겠습니까?

똑! 똑! 똑!

무너져라. 무너져라. 부서져라. 부서져라.

언제나 변함없이 늘 있는 것만이 본래 있는 주인이고, 인연 따라 나타났다 사라지는 기분, 감정, 느낌, 생각들은 뜨내기손님입니다. 주인이 늘 주인 자리에 있기에 손님들이 자유롭게 드나들 수 있는 것입니다. 손님은 왔다가 가지만 주인은 온 적도 없고 가지도 않습니다. 태어난 바 없는 법입니다.

똑! 똑! 똑!

무너져라. 무너져라. 부서져라. 부서져라.

45. 얻을 수 없고 닦을 수 없는 것

어떤 승려가 거둔(居遁) 스님에게 물었다.

"어떤 것이 도입니까?"

거둔 스님이 말했다.

"다른 사람의 마음과 다름이 없는 것이다."

또 말했다.

"무릇 도를 닦는다는 것은 권유하는 말이요, 맞이하여 이끄는 말이다. 예부터 다른 사람에게 줄 법은 없다. 다만 스승에게서 이어받은 갖가지 방편으로 벗어나려는 뜻을 이야기하여 자기 마음을 알도록 할 뿐이다. 마침내는 얻을 법이 없고 닦을 도가 없다. 그러므로 '보리(菩提)의 도는 저절로 그러하다.'고 한 것이다.

지금 법이라고 말하는 것은 규범이 변함없이 유지되는 것을 일컫는 것이요, 도는 중생의 근본성질이다. 세계가 있기 이전에 일찍이 이 성품이 있었고, 세계가 무너질 때도 이 성품은 사라지지 않는다. 흐름을 따르는 성품이라 하여도 언제나 변함이 없으니 어떻게 지녀서 다른 사람에게 줄 수 있으며, 또한 의도하여 닦을 수 있겠는가?"

_선림승보전(禪林僧寶傳)

도(道)라는 말과 법(法)이라는 말에 해당하는 실체는 달리 없습니다. 이것이 도이다, 저것이 법이다, 가리킬 대상이 없다는 말입니다. 어떤 것도 도 아닌 것이 없고, 법을 벗어난 것이 없기 때문에 얻을 것도 없고, 닦을 것도 없습니다. 그것을 일러 도라고 하고 법이라고 할 뿐입니다.

예화 속에서 어떤 승려가 거둔 스님에게 '도가 무엇이냐'고 묻자, 거둔 스님은 '다른 사람과 다름이 없는 것'이라고 답했습니다. 다른 사람과 다름이 없을 뿐만 아니라, 일체 만법과 다름이 없는 것이 도입니다. 억지로 말하자면 바로 지금 그렇게 묻고 답하는 것이 도입니다.

아니, 바로 지금 이 글을 보고 생각하는 그것이 도입니다.

따라서 도를 닦는다는 말, 법을 구한다는 말은 모두 방편의 가르침에 불과합니다. 도를 가르치고 법을 전한다는 말은 다른 사람과 조금도 다름이 없는 자기의 온전한 마음을 깨달으라는 말입니다. 다른 사람에서 얻을 필요가 없고 조금도 닦을 필요가 없는 것이 바로 지금 이 마음입니다.

보리의 도, 깨달음의 길은 바로 지금 이렇게 저절로 그러한 것입니다. 저절로 모양이 드러나고, 소리가 들리며, 감각이 느껴지고, 대상이 알아지는 것입니다. 보는 자, 듣는 자, 느끼는 자, 아는 자도 없고 보이는 것, 들리는 것, 느껴지는 것, 알려지는 것도 없습니다. 저절로 그럴 뿐입니다.

법이란 변함이 없는 것입니다. 법이 변하면 온갖 질서가 흐트러집니다. 도는 중생의 근본성품입니다. 온갖 중생이 의지하고 있는 근본바탕입니다. 세계의 시작이 이 변함없는 중생의 근본바탕, 이 마음에서 드러납니다. 세계의 종말 역시 이것을 벗어나 있지 않습니다. 온갖 변화역시 마찬가지입니다.

이미 이것 자체이므로 이것을 가질 수 없습니다. 이미 이것 자체이므로 이것을 줄 수도 없습니다. 이미 이것 자체이므로 이것을 닦을 수도 없습니다. 이미 이것 자체이므로 도니 법이니 마음이니 깨달음이니 따질 것도 없습니다. 텅 비어 고요한 가운데 생생하게 살아서 작용하고 있을 뿐입니다.

너무나 당연하고 자연스러운 존재 자체입니다. 이 근원적인 있음 속에서 모든 상대적 차별이 아지랑이처럼 일어났다 사라집니다. 밀물과 썰물이 한 바다의 움직임에 지나지 않는 것처럼 삶과 죽음이 이 한 마음의 움직임에 불과할 따름입니다. 문득 생각을 쉬면 언제나 그 자리, 바로 이것입니다.

이 근본성품에서 벗어나지 않는 것, 그것이 가장 훌륭한 수도(修道)입니다.

46. 자기를 잃을 뻔하다

경청(鏡淸) 스님이 어떤 승려에게 물었다.

"바깥에 무슨 소리냐?"

승려가 말했다.

"빗방울 소리입니다."

경청 스님이 말했다.

"중생이 전도되어 자기를 잃어버리고 사물을 쫓는구나!"

승려가 말했다.

"스님은 어떠하십니까?"

경청 스님이 말했다.

"하마터면 자기를 잃을 뻔했다."

훗날 어떤 사람이 물었다.

"스님께서 그렇게 말씀하신 뜻이 무엇입니까?"

경청 스님이 말했다.

"몸을 빼내는 것은 오히려 쉽지만, 몸을 벗어나는 것을 말하기는 도리어 어렵다."

_벽암록, 조당집(祖堂集)

지금 바깥에 무슨 소리가 들립니까? 그 어떤 소리가 들릴지라도 자기를 잃어버리고 사물을 쫓지는 마십시오. 어리석은 강아지는 흙덩이를 쫓아가고 영리한 사자는 흙덩이를 던진 사람을 문다고 했습니다. 소리를 실마리 삼아 소리가 일어나는 근원, 소리를 듣고 있는 자기를 자각하십시오.

예화 속에서 경청이라는 스님이 어떤 승려에게 "바깥에서 나는 소리가 무슨 소리냐?"라고 묻습니다. 아마 비가 오고 있었던 모양입니다. 승려는 "빗방울 소리입니다."라고 답했습니다. 그러자 경청 스님은 "중생이 전도되어 자기를 잃고 사물을 쫓는다."라고 답했습니다. 그렇다면 어떤 것이 자기일까요?

하마터면 자기를 잃어버릴 뻔했습니다!

빗방울 소리가 똑, 똑, 똑 울리는 그 자리, '어떤 것이 자기일까?' 하고 한 생각 일어나는 그 자리가 이름하여 '자기'입니다. '그 자리'라는 것 역시 또 다른 이름에 불과할 뿐입니다. '사물'과 동떨어져 달리 '자기'나 '그 자리'와 같은 것이 있다면 그것이 도리어 자기를 잃어버리고 사물을 쫓는 격입니다.

현상이 실재인 줄 알고 현상에 집착하는 것이 중생이 전도되어 자기를 잃어버리고 사물을 쫓는 것입니다. 그러나 현상을 초월한 실재라는 실체가 달리 있다고 여긴다면 그것이 바로 하마터면 자기를 잃어버릴 뻔한 것입니다. 자기라는 것이 실체적 존재로 있다면 그것이 바로 진실한 자기를 잃은 것입니다.

바깥의 현상에 끄달리던 마음을 돌이켜 그 현상의 근원을 문득 알아차리는 것은 오히려 쉬운 일입니다. '아, 이것이구나!' 하고 현상으로부터 몸을 빼내기는 그리 어렵지 않습니다. 그러나 다시 '이것'이라는 것에서, '도', '깨달음', '마음', '근원', '자기'라는 것에서 벗어나기는 도리어 어렵습니다.

감각으로 지각되는 현상이 실재라는 것도 자기를 잃고 사물을 쫓는 미혹이지만, 현상을 벗어나 따로 실재가 있다는 것 역시 또한 자기를 잃고 사물을 쫓는 미혹일 뿐입니다. 앞에 맞은 화살은 얕지만 뒤에 맞은 화살은 깊습니다. 자기라는 것은 없는 것은 아니지만, 있는 것 역시 아닙니다.

현상에서 벗어나는 것은 오히려 쉬운 일이지만, 깨달음에서 벗어나는 것은 도리어 어려운 일입니다.

47. 깨달음이란 무엇인가

설봉(雪峰) 스님은 암두(巖頭) 스님과 풍주(灃州) 오산진(鼈山鎭)에 이르렀다가 그만 눈 속에 갇히게 되었다. 암두 스님은 매일 잠만 잤고, 설봉은 오로지 좌선(坐禪)만 하였다. 하루는 설봉 스님이 암두 스님에게 말했다.

"사형! 사형! 일어나 보시오."

암두 스님이 말했다.

"무슨 일인가?"

"금생에 편안함을 얻지 못해 문수(文邃)라는 놈과 함께 행각(行脚)할 때는 이르는 곳마다 그의 일에 말려들었는데, 오늘 여기에 이르러서는 사형은 또 그저 잠만 자십니까?"

암두 스님이 "악!" 하고 외치고는 말했다.

"잠이나 자게. 매일 침상 위에 앉아 있는 것이 마치 시골구석에 있는 사당의 토지신(土地神) 같으니, 훗날 선량한 사람들을 홀릴 것이네."

설봉 스님은 자기 가슴을 가리키며 말했다.

"저의 여기가 아직 편안하질 않으니, 감히 스스로를 속일 수 없습니다."

"나는 그대가 훗날 외로운 봉우리 꼭대기에서 암자를 짓고 큰 가르침을 드날릴 것이라고 생각하고 있었는데, 고작 그따위 말이나 하는가?"

"저는 진실로 아직 편안하질 못합니다."

"그대가 만약 진실로 그렇다면 그대의 견처를 하나하나 말해 보게. 옳은 것은 그대를 위해 증명해 줄 것이고, 옳지 않은 것은 그대를 위해 잘라 주겠네."

이에 설봉 스님이 말했다.

"제가 처음 염관(鹽官) 스님에게 갔을 때, 염관 스님이 상당하여 색(色)과 공(空)의 뜻을 말하는 것을 듣고 들어갈 곳을 얻었습니다."

암두 스님이 말했다.

"앞으로 30년 동안 그런 말은 절대로 거론하지 말게."

"또 동산(洞山) 스님이 물을 건너다가 읊은 게송을 보았는데 '결코 남에게서 찾지 말지니, 나와는 점점 멀어지네. 그는 지금 바로 나이지만, 나는 지금 그가 아니라네.'라고 하였습니다."

"만약 그러하다면 자기 자신조차 구제하기에 부족한 것이네."

설봉 스님이 다시 말했다.

"뒤에 덕산 스님에게 '예부터 내려온 종승(宗乘)의 일에 저의 몫도 있습니까?'라고 물었는데, 덕산 스님은 한 방망이 때리고는 '무슨 말인가?'라고 하였습니다. 저는 그때 마치 통 밑이 쑥 빠지는 것 같았습니다."

암두 스님이 "악!" 하고 외치고 말했다.

"그대는 듣지 못했는가? 문(門)으로 들어오는 것은 자기 집안의 보물이 아니라는 것을!"

설봉 스님이 말했다.

"앞으로 어떻게 해야 옳겠습니까?"

"훗날 큰 가르침을 펼치려 한다면, 하나하나가 자기의 가슴에서 흘러나와야 장차 나와 더불어 하늘을 뒤덮고 땅을 뒤덮을 것이네."

설봉 스님은 이 말 끝에 크게 깨닫고는 곧 절을 하고 일어나 연거푸 외쳤다.

"사형! 오늘에서야 비로소 오산(鼇山)에서 도를 이루었습니다."

_오등회원

깨달음이라는 것이 도대체 무엇일까요? 무엇이 깨달음일까요? 불교를 비롯한 여타 전통의 많은 수행자들, 구도자들이 그렇게 찾고 구하고 있는 깨달음이란 진실로 무엇일까요? 예화 속의 설봉 스님 이야기를 통해 한번 진지하게 고찰해 봅시다.

설봉 스님은 당나라 말 오대(五代)의 격변기를 살았던 분입니다. 당 무종(武宗)에 의해 자행된 회창(會昌)의 법란(841~846)과 황소(黃巢)의 난(875~884)을 겪었지만, 투자산(投子山)을 세 번 오르고 동산(洞山)을 아홉 번 찾아가서 법을 구한 것으로 유명합니다.

사형인 암두 스님과 오산진에 이르렀을 당시 설봉 스님의 나이는 40대 중반이었다고 합니다. 갑작스러운 폭설로 오도 가도 못하는 상황에서 스스로 돌아보니, 10대에 출가하여 어느덧 30년의 세월을 깨달음을 얻기 위해 행각하였지만 아직도 가슴 한 구석이 후련하지는 않았던 모양입니다.

답답한 마음에 잠도 못 이루고 우두커니 좌선만 하고 있는데, 사형인 암두 스님은 코를 골며 잠만 자고 있었습니다. 그 꼴을 보고 있노라니 문득 부아가 났던지, 설봉 스님은 암두 스님을 깨워 자신의 솔직한 속내를 토로했습니다. 그러자 암두 스님은 설봉 스님이 그동안 해 온 공부를 점검해 주기로 합니다.

공부에는 반드시 점검(點檢)과 탁마(琢磨)의 과정이 있어야 합니다. 깨달음의 여정 중에 있는 구도자들은 눈 밝은 사람을 통해 올바른 방향으로 공부를 하고 있는 것인지, 잘못된 지견이나 경험에 자기도 모르게 사로잡혀 있는 것은 아닌지 반드시 점검을 받고 탁마를 받아야 합니다.

암두 스님의 제안에 설봉 스님은 그동안 누구에게도 꺼낸 적이 없는 자기의 견처를 드러내기 시작합니다. 처음에 염관 스님 회상에서 색과 공의 이치를 거론하는 것을 듣고 법에 대한 실마리를 얻었다 말하자, 암두 스님은 단박에 고함을 지르며 앞으로 그따위 이야기는 꺼내지 말라고 잘라 주었습니다.

누구나 처음에는 이치의 길을 따라 공부를 해 나갑니다. 그러나 사교입선(捨敎入禪)[24]이라는 말이 있듯이, 이해로 하는 공부에서 벗어나야 비로소 선에 입문할 수 있습니다. 아무리 현묘한 이해라 할지라도 그것은 진정한 깨달음을 가로막는 장애물에 불과합니다. 깨달음을 위해서는 모든 알음알이를 내려놓아야만 합니다.

다음으로 설봉 스님은 동산 스님의 오도송인 과수게(過水偈)를 보고 느낀 점이 있었음을 말했습니다. 동산 스님의 게송을 통해 절대로 남에게서 찾을 필요가 없는, 본래 있는 것에 대해 눈치를 챈 바가 있었지만, 암두 스님은 그러한 경계로는 자기 자신조차도 구제할 수 없다고 부정합니다.

공부를 하다 보면 미세한 지견(知見), 깨달음에 대한 미묘한 알음알이가 생기는 경우가 있습니다. 그것을 가지고 선지식들이 남긴 게송이나 공안(公案)의 숨은 뜻을 이해하게 되면 그것이 마치 깨달음인 것처럼 착각할 수도 있습니다. 그러나 생각을 해야만 존재하는 것은 모두 망상

---

24 경전을 통한 교리 연구를 버리고 선으로 들어감.

일 뿐 깨달음이 아닙니다.

끝으로 설봉 스님은 덕산 스님에게 어떤 질문을 했을 때, 덕산 스님이 한 방망이 때리는 순간 통 밑이 빠지는 듯한 체험을 했다고 말했습니다. 그 순간 암두 스님은 벼락 같이 고함을 지르면서, 문밖에서 들어온 물건은 자기 집안의 보배가 아니라고 가르쳐 주었습니다.

공부를 하다 보면 이른바 신비한 경계의 체험을 하는 경우가 많습니다. 그러나 대부분의 경우, 체험 당시 경계의 특별한 느낌에 집착하게 되어 차라리 그러한 체험이 없는 것만 못하게 되는 일이 왕왕 있습니다. 그 당시의 통쾌함, 합일감, 완전함에 대한 기억의 흔적에 매몰되어 진실을 놓치게 됩니다.

깨달음은 특정한 느낌의 상태, 정서의 상태, 정신적 경지가 아닙니다. 그것은 모두 객관적으로 인식 가능한 대상으로서, 주객으로 나누어지지 않는 불이(不二)의 진실이 아닙니다. 깨달음은 체험적으로 확인되는 것이지만 어떤 대상적 지각이 아닙니다. 생각할 필요가 없이 자명한 자각 자체일 뿐입니다.

암두 스님은 설봉 스님이 가슴속에 쌓아 두었던 모든 것을 하나하나 부서뜨렸습니다. 설봉 스님이 자기도 모르게 애지중지하고 있던 모든 견처를 무너뜨렸습니다. 이것이 선지식의 역할입니다. 삿된 것을 모두 부술 뿐, 새롭게 줄 바른 것은 없습니다. 삿된 것이 사라지면 바른 것만 남아 있을 뿐입니다.

그동안의 공부를 눈앞에서 모두 잃어버린 설봉 스님은 "그렇다면 앞으로 어떻게 해야 합니까?"라고 물을 수밖에 없었습니다. 비로소 깨달음의 문턱까지 오게 되었습니다. 어떤 것에도 의지하지 않게 되었을 때, 가지고 있는 것이 아무것도 남아 있지 않게 되었을 때, 비로소 문득 깨달을 수 있게 됩니다.

암두 스님은 훗날 가르침을 펼칠 수 있으려면 하나하나가 모두 자기 가슴속에서 흘러나와 자신과 세계 전부를 뒤덮어야 한다고 말했습니다. 이미 부족함 없이 갖추어져 있는 이 사실, 나는 물론 하늘과 땅까지 몽땅 뒤덮고 있는 이 사실은 밖에서 구할 수 있거나 얻어 올 수 있는 것이 아닙니다.

암두 스님의 말끝에 설봉 스님은 비로소 이 사실을 깨달았습니다. 어떤 특별한 이해, 어떤 특별한 지견, 어떤 특별한 느낌도 아닌, 있는 그대로의 본래 모습을 보았던 것입니다. 너무나 분명해서 오히려 알기가 어려웠던 이 사실, 생각할 필요가 없기에 너무나 확실한 이 사실을 비로소 직접 확인했던 것입니다.

"오늘에서야 비로소 오산에서 도를 이루었다."고 설봉 스님이 말했을 때, 암두 스님은 다시 한 방망이 때려 주었어야 그나마 조금 나았을 것입니다. "이것이 어찌 이루고 말고 할 것이 있느냐."고 마지막으로 따끔하게 충고를 해 주었어야 했습니다. 모름지기 철저하게 공부를 해야 하는 법입니다.

바로 지금 이것이 깨달음입니다.

48. 소 치는 일

대안(大安) 스님이 백장(百丈) 스님에게 나아가 절을 하고는 물었다.

"제가 부처를 알고자 합니다. 어떤 것이 부처입니까?"

백장 스님이 말했다.

"소를 타고 소를 찾고 있는 꼴이구나."

대안 스님이 말했다.

"안 다음에는 어떻습니까?"

백장 스님이 말했다.

"사람이 소를 타고 집에 이른 것과 같다."

대안 스님이 말했다.

"모르겠습니다. 처음부터 끝까지 어떻게 보임(保任)해야 합니까?"

백장 스님이 말했다.

"마치 소를 치는 사람이 막대기를 들고 남의 밭을 침범하지 못하게 돌보는 것과 같다."

대안 스님은 이로부터 깨닫고는 다시는 바깥으로 찾아 헤매지 않았다.

_경덕전등록

절에서 쉽게 볼 수 있는 그림 가운데 열 장으로 된 소를 찾는 그림[심우도(尋牛圖) 또는 십우도(十牛圖)]이 있습니다. 선을 공부하는 것을 목동이 소를 찾아 헤매다가, 발자국을 발견하고, 소의 꽁무니를 보고, 소를 잡아서, 소를 기르고, 소를 타고 집으로 돌아와서는, 소는 잊었지만 사람은 남았다가, 사람과 소를 모두 잊고, 근원으로 돌아가서, 다시 저자로 나아가 손을 드리우는 일련의 과정에 빗대어 표현한 것입니다.

소가 마음, 도, 깨달음을 상징한다면, 목동은 그것을 찾고 있는 사람을 나타냅니다. 예화 속에서 대안 스님이 백장 스님에게 "부처를 알고자 하는데 어떤 것이 부처입니까?" 하고 물었습니다. 그러자 백장 스님은 "부처를 알고자 하는 것은 소를 타고 소를 찾는 것과 같다."고 대답했습니다. 이 말은 찾아야 할 소가 따로 있는 것이 아니라 목동이 소를 찾는 작용 그 자체가 바로 찾고자 하는 소라는 뜻입니다. 찾고 있는 그것이 바로 찾으려는 그것이라는 말입니다.

그것이 무엇일까요?

하하하, 소를 타고 소를 찾지 마십시오.

뒤이어 대안 스님이 "부처를 안 뒤에는 어떻습니까?" 하고 묻자, 백장 스님은 "사람(목동)이 소를 타고 집에 이른 것과 같다."고 했습니다. 찾아야 할 소가 따로 없었듯이, 소를 타고 가야 할 집 또한 따로 없습니다. 진실로 부처를 알았다면, 정말 소를 찾았다면, 단 한 순간도 자기 집을, 이 마음을, 이 자리를 벗어난 적이 없다는 사실을 깨달을 것입니다. 애초에 잃어버린 적이 없는 소를 어찌 다시 찾으며, 애초에 떠난 적이 없는 집으로 어찌 다시 돌아가겠습니까?

그러나 처음 공부를 할 때는 찾아야 할 소, 깨달아야 할 마음이 따로 있는 것 같고, 그것을 찾을 목동, 구도자인 자신이 따로 있는 것 같습니다. 그래서 가르침을 발자국 삼아 공부를 하다 보면 문득 소를 발견하는 경험을 하게 됩니다. 그러다가 직접 소를 붙잡고 보면 그것이 바로 목동 자신의 본래면목이었을 뿐 달리 있는 무엇이 아니었습니다. 그럼에도 여전히 항상 주의를 기울이고 살펴야 할 소가 따로 있는 듯한 분리감이 있습니다.

그러한 분리감, 어떨 때는 분명한 것 같다가 어떨 때는 다시 흐려진 것 같은 애매한 상태가 생각보다 오래갑니다. 이 과정을 흔히 보임(保任) 또는 소를 길들이는 단계, 목우행(牧牛行)이라고 합니다. 보임 공부, 또는 목우행이 따로 있는 것이 아니라, 예화 속 백장 스님의 말씀처럼 '소 치는 사람이 막대기를 들고 소가 남의 밭을 침범하지 못하게 하는 것', 즉 다시 바깥의 대상경계, 생각, 감정, 느낌을 쫓아 나가지 않도록 단속하는 것입니다.

여전히 스스로 해결하지 못한 미세한 분별로 인해, 안과 밖, 법과 경계, 분명함과 흐릿함이 있다는 사실을 깨닫지 못합니다. 이른바 깨달음마저 또 다른 미망이었다는 착각을 돌아보지 못했기 때문입니다. 꾸준히 올바른 가르침에 귀를 기울이고 스스로를 살피다 보면, 어느 순간 자신이 찾은 소(마음)도 따로 없고, 그것을 찾은 사람(자신)도 따로 없는, 사람과 소를 모두 잊는 순간을 맞이합니다. 비로소 본래 아무 일이 없는 자리, 둘 아닌 자리에 계합한 것입니다.

그 자리는 일체 만법이 평등하여 아무 흔적이 없지만, 그럼에도 생생하게 살아 있어서 온갖 차별현상을 드러냅니다. 공적으로는 바늘 끝 하나 허용하지 않지만, 사적으로는 수레와 말까지도 통하는 법입니다. 그렇게 오래오래 세월을 보낸 후에 허깨비 같은 인연을 따라서, 허깨비 같은 방편으로, 허깨비 같은 중생들의 어리석음을, 허깨비 같은 깨달음으로 인도합니다. 많은 일들이 있었던 것 같았지만 결국 아무런 일도 없었던 것입니다.

그것이 무엇일까요?

워, 워, 이놈의 소가 또 난동을 부리는구나!

49. 40년 만에 한 덩어리를 이루다

그때 운문(雲門) 스님이 광남(廣南)에서 널리 교화를 하고 있었는데, 향림(香林) 스님이 멀리 촉(蜀)에서 나오니, 아호(鵝湖) 스님, 경청(鏡淸) 스님과 동시대였다. 먼저 호남(湖南)의 보자(報慈) 스님을 찾아뵈었고, 나중에 운문 스님의 회하에 이르러 18년 동안 시자를 하였다. 운문 스님 곁에 있으면서 몸소 얻고 몸소 들었으니 그가 깨달은 시기는 비록 늦었으나 참으로 대근기(大根器)가 아닐 수 없다.

운문 스님 곁에서 18년간 머무는 동안 운문 스님은 항상 "원(遠) 시자야!" 하고 불러서, 향림 스님이 "예." 하고 대답하면, 운문 스님은 "이것이 무엇인고?"라고 말할 뿐이었다. 향림 스님이 당시에 말로써 견해를 드러내고 알음알이를 굴려 보았으나 끝내 서로 계합하지 못했다.

그러다 어느 날 문득 향림 스님이 "제가 알았습니다."라고 말하자, 운문 스님은 "어째서 향상(向上)의 도를 가져오지 않느냐?"라고 하였다. 그래서 다시 3년을 머물렀다. 운문 스님이 방 안에서 커다란 기틀의 가르침을 내린 것은 아마 저 원시자가 인연 따라 깨달아 들어가도록 하기 위함일 것이다.

운문 스님의 한 말씀 한 구절은 모두 원 시자에 의해 거두어졌다. 향림 스님은 훗날 촉으로 돌아갔다. 처음에 도강(導江)의 수정궁(水晶宮)에 머물다가 나중에 청성(靑城)의 향림(香林)에 머물렀다. 그곳에서 40년간 지내다가 80세에 입적하였는데, 일찍이 "나는 40년 만에야 비로소 한 덩어리를 이루었다."고 하였다.

이 공부를 하다 보면 조급증이 나는 경우가 왕왕 있습니다. 처음 이 공부에 입문해서 어서 빨리 이 사실을 깨달아 보려고 갖은 애를 쓰는 경우나, 문득 이 사실을 깨닫고 나서 더욱 이 일을 분명히 밝혀 보고 싶은 마음에 노심초사하는 경우가 그러한 예입니다. 모두 간절한 구도심에서 비롯된 일이기는 하지만 뭐든 지나친 것은 오히려 모자란 것만 같지 못하다는 사실을 명심해야 합니다.

호시우보(虎視牛步)라는 말이 있습니다. 호랑이처럼 예리한 눈으로 사물을 판단하되, 소걸음으로 서두르지 않고 꾸준하게 나아가는 자세를 일컫는 말입니다. 무언가를 성급히 구하는 것은 구할 것이 따로 있고, 구하는 사람이 따로 있다는 미묘한 분별의 소산입니다. 아무것도 구하지 않는 것, 아무것도 구할 것이 없다는 것을 깨닫는 것, 그것이 자유입니다.

그런 의미에서 운문 스님의 법을 이은 향림 스님은 좋은 본보기입니다. 향림 스님은 무려 18년 동안 운문 스님을 시봉했지만, 운문 스님은 그저 매일 "원 시자야!"라고 부르고는, 향림 스님이 "예." 하고 대답하면 "이것이 무엇인고?"라고 묻는 것이 전부였습니다. 거기에 대해 향림 스님이 어떤 말과 견해를 드러내어도 운문 스님은 용납하지 않았습니다.

마침내 하루는 향림 스님이 "제가 이제 알았습니다."라고 말하자, 운문 스님은 "어째서 향상의 도를 가져오지 않느냐?"라고 했다고 합니다.

다른 기록에는 운문 스님이 "지금 이후로는 다시 너를 부르지 않겠다."
고 했다 하는데, 18년 만에야 이 일을 깨우친 제자에게 해 준 말치고는
야박하기 그지없습니다. 어쨌든 향림 스님은 다시 3년 더 운문 스님 곁
에 머물렀습니다.

이 공부는 모름지기 철두철미하게 해 나아가야 합니다. 조금 얻은 것
에 만족해서는 안 됩니다. 운문 스님은 그 사실을 누구보다 잘 알았기
에 향림 스님을 그렇게 단련시켰을 겁니다. 향림 스님은 늘 종이옷을
입고 다니면서 운문 스님이 한마디를 하면 곧바로 적어 두었다고 합니
다. 그 기록이 훗날 운문 스님의 어록으로 남았습니다. 정말 그 스승에
그 제자라 할 수 있습니다.

향림 스님은 나중에 고향인 사천(四川)으로 돌아가 40년간 머물렀는
데 늘상 "나는 40년 만에야 비로소 한 덩어리를 이루었다."고 하였다 합
니다. 이 공부를 하는 사람은 이 향림 스님의 한마디를 무겁게 받아들
여야 할 것입니다. 급히 뭔가를 성취하려는 사람은 결코 18년의 가르침
을 감당할 수 없을 것이고, 40년의 보림 기간을 견딜 수 없을 것입니다.

아직 공부를 알지 못하니 어서 빨리 깨달아야겠다는 것도 망상이요,
이제 공부가 뭔지 알겠다, 이것이 깨달음이구나, 하는 것도 망상입니
다. 이 공부를 더욱 분명히 해야겠다, 더욱더 이 자리에 오래 머물러야
겠다, 한 덩어리를 이루어야겠다, 하는 것 또한 망상입니다. 어떤 것이
든 한 생각 일으키면 망상이요, 아무 생각 없이 멍청하면 무기(無記)입
니다.

이와 같이 다시 30년 더 공부하십시오!

50. 부처가 없는 곳

어떤 도사(道士)가 불전(佛殿)에서 앞을 등지고 앉아 있으니 승려가 말했다.
"도사여, 부처님을 등지지 마십시오."
도사가 말했다.
"대덕이여, 댁들의 가르침에서 '부처님의 몸이 법계에 가득 차 있다.' 하였거늘, 어느 곳을 향해 앉아야 하겠습니까?"
승려가 대답이 없었다.

한 행자가 법사를 따라 불전에 들어왔다가 부처님을 향해 침을 뱉으니 법사가 말했다.
"행자가 버릇이 없구나. 어째서 부처님께 침을 뱉는가?"
행자가 말했다.
"부처님이 없는 곳을 보여 주면 그곳에 침을 뱉겠습니다."
법사가 대답이 없었다.

위산 스님이 말했다.
"어진 사람이 도리어 어질지 못한 사람이고, 어질지 못한 사람이 도리어 어진 사람이다."
앙산 스님이 법사를 대신하여 말했다.
"그저 행자에게 침을 뱉어라."
또 말했다.

213

"행자가 만약 뭐라 하거든 그에게, '나에게 행자가 없는 곳을 보여 달라.' 고 말하라."

_경덕전등록

단 한 순간이라도 떨어져 있을 수 있다면 그것은 진리, 불법, 도가 아닙니다. 부처는 곧 마음인데, 그 마음, 그 부처와 잠시라도 이별할 수 있다면 그 마음, 그 부처는 참 마음, 참 부처가 아닌 것입니다. 보지 못했습니까? 부대사(傅大士)라는 분은 이렇게 노래했습니다.

밤마다 부처를 안고 자고
아침마다 함께 일어나네.
앉으나 서나 늘 따라다니고
말하나 안 하나 함께 있다네.
털끝만큼도 서로 떨어지지 않으니
마치 몸의 그림자 같구나.
부처님 간 곳을 알고자 하는가?
다만 이렇게 말하는 그것이라네.

예화 가운데 어떤 도사가 불전에 들어와서는 부처님을 등지고 앉았습니다. 그러자 그곳의 승려가 부처님을 등지고 앉지 말라고 하였습니다. 도사가 불교에서는 '부처님의 몸이 법계에 가득 차 있다'고 하던데 그렇다면 어느 곳을 향해 앉아야 하느냐고 묻자 승려는 아무 대답을 하지 못했습니다.

어질지 못한 사람이 도리어 어질게 되고, 어진 사람이 오히려 어질지 못하게 되었습니다.

도사가 비록 그럴듯하지만 아직 반밖에 눈을 뜨지 못했습니다. 승려가 온전히 눈을 떴더라면 도사의 허물을 깨우쳐 주었겠지만, 승려는 눈 뜬장님이라 오히려 도사의 병을 더욱 깊게 만들고 말았습니다. 바로 그 때, 말없이 손가락으로 도사를 가리켰다면 공안(公案)이 아름답게 완성되었을 것입니다.

등질 수 있다면 부처님이 아니고, 등졌다고 생각한다면 부처님을 보지 못한 것입니다. 비록 그러하지만 부처님은 부처님이고, 승려는 승려고, 도사는 도사입니다. 일체가 평등한 가운데 차별만 보는 것도 병이지만, 차별을 무시하고 오로지 평등만 고집하는 것 또한 병입니다.

구름은 푸른 하늘에 있고, 물은 병 속에 있을 뿐입니다.

두 번째 예화 속의 버릇없는 행자 역시 똑같은 병에 걸려 있습니다. 앙산 스님이 노파심에, 행자에게 침을 뱉고 그가 만일 뭐라 하거든 '나에게 행자가 없는 곳을 보여 달라.' 하였지만, 도적이 이미 도망간 뒤에 활을 당기는 격입니다. 그렇다면 저 버릇없는 행자를 어떻게 깨우쳐 줄수 있을까요?

이리 가까이 오십시오, 이리 가까이 오십시오.

(손바닥으로 어깻죽지를 한 차례 철썩 때리고)

부처가 있는 곳에 머무르지 말고, 부처가 없는 곳은 얼른 지나가십시오.

2부
깨달음의 노래

숟가락은 밥맛을 모른다

1장
소를 타고
소를 찾네

1. 새가 꽃가지 위에 오르다

낱낱마다 얼굴 앞에는 밝은 달이 환하고
사람마다 발밑에는 맑은 바람이 부네.
거울을 부서뜨리니 그림자의 흔적 없거늘
새는 한 번 울며 꽃가지 위로 오르더라.

_소요 스님[25]

모든 사람의 눈앞에는 밝은 마음 달이 환히 떠 있습니다. 홀로 밝은 이 마음 달이 과거, 현재, 미래의 모든 세계를 비추고 있습니다. 삼라만상과 두두물물이 바로 이 마음 달의 그림자입니다.

또한 우리 각자의 발밑에선 맑은 진리의 바람이 불어옵니다. 한 번 손을 들어 올리고 한 번 발걸음을 옮기는 바로 그 자리가 영원히 변함없는 진리의 바탕입니다. 손이 없는 사람이 차를 마시고, 발이 없는 사람이 길을 갑니다.

인생이란 거울 위에 드리워진 그림자와 같습니다. 있는 듯하지만 실제로는 있지 않습니다. 그림자가 나타나니까 그것을 비추는 거울 같은

---

25 소요태능(逍遙太能, 1562~1649). 조선 중기의 고승. 서산휴정(西山休靜, 1520~1604)의 법을 이음.

실체가 있는 것 같지만, 사실 그런 것은 없습니다. 본래 한 물건도 없습니다.

비록 그렇다 하더라도, 아름다운 새 한 마리는 한 번 울며 꽃가지 위로 오릅니다. 모란이 진 다음에는 작약이 핍니다. 봄이 가고 여름이 옵니다. 만났다 헤어지고, 헤어졌다 또 만나지만, 만남도 없고, 헤어짐도 또한 없습니다.

2. 스승을 찾아 도를 배움은

스승을 찾아 도를 배우는 데 별다른 것 없으니
그저 소를 타고 스스로 집에 이르는 것일 뿐.
백 척 장대 끝에서 거침없이 발걸음을 뗄 수 있다면
항하사 모래수와 같은 모든 부처가 눈앞의 헛꽃이라.

_부휴 스님[26]

이 하나의 진실이 없는 사람이 없건마는 스승의 가르침을 인연하지
않고 그것을 깨닫는다는 것은 도끼를 갈아 바늘을 만드는 일만큼 어려
운 일입니다. 그래서 예부터 급히 스승을 찾아 배우지 않는다면 일생을
헛되이 보내게 될 것이라 하였던 것입니다.

하지만 어렵게 스승을 찾아 도를 물으면, 스승은 도 대신에 그저 묻
고 있는 자기 자신을 곧장 가리켜 보일 뿐입니다. 인연이 있어 문득 눈
앞의 이 사실을 깨닫게 되면 너무나 가까워 미처 보지 못했고, 너무나
쉬워서 도리어 어렵게 여겼다는 사실에 실소를 금치 못합니다.

더 이상 가까이 가려야 갈 수도 없고, 더 이상 멀리 떨어지려야 떨어

---

26 부휴선수(浮休善修, 1543~1615). 조선 중기의 고승. 부용영관(芙蓉靈觀,
   1485~1571)의 제자. 서산휴정의 사제(師弟).

질 수도 없는, 바로 지금 여기 이 자리입니다. 얻을 것도 없고, 버릴 것
도 없는, 있는 그대로의 나 자신입니다. 이러한 말에도 속지 말고 당장
한 점 의혹도 없이 모든 것이 분명해져야만 할 일을 마친 것입니다.

그러할 때 눈앞의 대상경계가 모두 꿈이나 환상 같이 무상하고 실체
가 없는 것인 줄 사무쳐 깨닫게 될 것입니다. 대상경계가 허공의 꽃처
럼 헛된 것이라면 그 경계를 상대할 마음이라 할 것도 달리 있는 것이
아닙니다.

경계도 없고 마음도 없다면, 바로 지금 여기 눈앞의 이것은 무엇입니
까?

3. 콧구멍이 없다

홀연히 어떤 이가 콧구멍이 없다 하는 말을 듣고
문득 삼천대천세계가 바로 나임을 깨달았네.
유월 연암산 아래 길에
일 없는 들사람이 태평가를 부르도다.

_경허 스님[27]

콧구멍이 없는 소는 어느 곳에 코뚜레를 꿰어 붙잡을 수 있을까요?
(상대가 마주하고 있다면 '아얏!' 소리가 나도록 허벅지를 꼬집어 줍니다.) 우뚝
한 두 뿔, 거친 숨결을 내뿜는 콧구멍이 만천하에 드러났습니다.

이 소를 분명히 보았다면 과거, 현재, 미래의 모든 세계가 바로 다시
얻으려야 얻을 수 없고, 잃으려야 잃을 수 없는 자기 자신이라는 사실
을 분명하게 깨달을 것입니다. 그러나 그것만으로는 아직 부족합니다.

유월 연암산 아래 길은 어디로 이어져 있습니까? (다시 한 번 상대의 허
벅지를 꼬집어 줍니다.) 가고 머물고 앉고 눕고, 말하고 침묵하고 움직이
고 멈추는 것이 다만 이 하나의 일입니다.

---

27 경허성우(鏡虛惺牛, 1846~1912). 구한말 근대 한국선의 중흥조. 만공월면(滿空月面,
1871~1946), 혜월혜명(慧月慧明, 1862~1937) 등의 법제자가 있음.

일 없는 들사람이 태평가를 부른다 하니, 훗날 전강(田岡)[28] 스님은 법의 때가 묻었다 꼬집었습니다. 어떤 이가 "그러면 마지막 구절을 어찌할 것인가?" 묻자, 전강 스님은 "여여 여여로 상사뒤야."라고 노래하며 덩실덩실 춤을 추었다 합니다.

그렇다면 일 없는 들사람이 태평가를 부른다는 것과 "여여 여여로 상사뒤야."라고 노래하며 덩실덩실 춤을 추는 것 가운데 어떤 것이 더 옳은 것일까요? (다시 한 번 상대의 허벅지를 꼬집어 줍니다.) 아시겠습니까?

---

28 전강영신(田岡永信, 1898~1975). 경허 스님의 법맥을 이은 만공 스님의 법제자.

4. 불 속의 얼음

삼라만상 가운데 홀로 드러난 몸은
스스로 긍정해야만 비로소 친숙해지나니
지난날엔 잘못하여 길 위에서 찾았으나
오늘날 와서 보니 불 속의 얼음이로다.

_장경 스님[29]

삼라만상, 온갖 현상들이 곧바로 이 하나의 몸, 이 진실입니다. 모든 모양이 그대로 일정한 모양이 없는 이 진실입니다. 이 진실은 숨김없이 드러나 있으나 모양을 분별하는 눈으로는 결코 볼 수 없습니다. 보지만 보지 못합니다. 봐도 보는 줄 모릅니다. 보려고 하기에 오히려 엉뚱한 것만 봅니다.

오직 스스로 납득하고 긍정할 수 있을 때에야 비로소 이 진실을 깨달아 친숙해질 수 있습니다. 이 진실은 쉽게 믿을 수가 없습니다. 너무나 가깝고, 너무나 단순하고, 너무나 당연하고, 너무나 쉽습니다. 그런 까닭에 도리어 멀리 있는 것 같고, 어려운 것 같고, 특별한 것 같고, 어려운 것 같습니다.

---

29 장경혜릉(長慶慧稜, 854~932). 당말오대(唐末五代) 때의 승려. 일찍이 설봉의존(雪峰義存, 822~908) 문하에서 30년을 있다가 법을 이음.

그래서 이 진실을 미처 깨닫기 전에는 수단과 방편에 치우쳐 찾기 바쁩니다. 무엇을 얻으려 구하기 바쁩니다. 이 진실은 찾을 수도 없고, 얻을 수도 없고, 구할 수도 없다는 사실을 깨닫지 못합니다. 이미 충분하게 있는 것은 돌아보지 않고 자꾸만 본래 없는 것을 좇기 때문입니다.

그러다 문득 눈앞에 분명한 이 진실을 깨닫고 나면 갑자기 꿈에서 깨어난 것 같습니다. 이제까지의 삶이란 분명 경험했지만 아무런 실체가 없는 환상과 같다는 느낌이 듭니다. 모든 것이 개울가의 물거품, 뜨거운 화로 위의 눈송이, 밝은 태양 아래의 그림자, 불 속의 얼음같이 아무런 흔적이 없습니다.

5. 꽃을 드니 미소 짓네

영취산에서 꽃을 들어 뛰어난 기틀을 보이시니
눈먼 거북이가 물 위에 뜬 나무를 만난 것 같네.
가섭 존자 빙그레 미소 짓지 않았더라면
한없이 맑은 바람 누구에게 주었을꼬.

_삽계 스님[30]

영취산에서 석가모니 부처님이 말없이 꽃을 들어 대중들에게 보이니
가섭 존자만이 홀로 빙그레 미소 지었습니다. 그러자 부처님께서는 "나
에게 있는 '정법안장 열반묘심 실상무상 미묘법문'을 문자를 세우지 않
고 가르침 바깥에 따로 전하여 마하가섭에게 부촉한다."고 말씀하셨습
니다. 그리하여 이 사건을 이심전심(以心傳心)의 대표적인 사례로 뽑습
니다.

그러나 진실로 꽃을 들어 보이고 미소 짓는 일이 있고 법을 전한 일
이 있다 믿는다면, 이는 부처님과 부처님의 법을 비방하는 일입니다.
문자를 세우지 않고 가르침 바깥에 따로 전한 '정법안장 열반묘심 실상
무상 미묘법문'은 꽃을 들어 보이고 미소 짓는 곳에 있지 않습니다. 그
것은 전하려야 전할 수 없고 받으려야 받을 수 없는 곳에 있습니다. 있

---

30 삽계 익(霅溪 益). 생몰연대 미상. 『선문염송집』에 그 이름이 나오나 전기 불명.

다는 이 말도 허물이 큽니다.

가섭 존자가 빙그레 미소 지은 뜻을 참으로 깨달아야 합니다. 자기 스스로 고개를 끄덕이며 빙그레 미소 지을 수 있어야 합니다. 부처님과 부처님의 법, 꽃을 들어 대중에게 보이는 일이 바로 지금 이 글을 보고 있는 눈앞의 일임이 분명해야 합니다. 석가모니가 꽃을 들어 전하려는 것이 본래 자신에게 갖추어져 있다는 사실을 확연하게 보아야만 합니다.

바로 그러할 때야 비로소 영산회상이 아직 흩어지지 않았더라는 옛사람의 말씀에 몸소 계합하게 될 것입니다. 사람사람마다 한없이 맑은 이 바람이 아무 모자람 없이 갖추어져 있어 언제 어디서나 쓰고자 하면 바로 쓰고 있습니다. 전한 바 없이 전한 법을, 받은 바 없이 받아 쓰고 있습니다. 그렇다면 이 맑은 바람은 지금 어디서 불고 있습니까?

화단의 장미가 붉습니다.

6. 개울이 깊으면 국자도 길다

어떤 사람이 조사가 서쪽에서 온 뜻을 묻는다면
개울이 깊을수록 나무 국자의 자루도 길다 하리라.
이 가운데 한량없는 뜻을 알고자 하는가?
솔바람이 줄 없는 거문고를 뜯고 있다네.

_도오겐 스님[31]

어떤 사람이 깊은 산속에 살면서 나무 국자로 개울물을 떠먹으며 살고 있었습니다. 한 선객이 찾아와 "어떤 것이 조사가 서쪽에서 오신 뜻인가?" 물으니, 그 사람은 나무 국자를 들어 보이며 "개울이 깊으면 국자 자루도 길다."고 하였습니다. 이 시는 이러한 이야기에서 유래되었습니다.

어떤 것이 조사가 서쪽에서 오신 뜻입니까? 손가락을 들어 보이고, 방바닥을 치고, 동쪽으로 갔다가 서쪽을 가기도 하고, '악!' 하고 고함을 치거나, 묻는 사람의 뺨을 때릴 수도 있고, "뜰 앞의 잣나무."라고 하거나, "판때기 이빨에 털이 났다."고 말할 수도 있습니다. 그러나 그것으로는 충분치 못합니다.

---

31 영평도원(永平道元, 1200~1253). 일본 조동종(曹洞宗)의 개조.

어떤 사람은 "어떤 것이 조사가 서쪽에서 오신 뜻인가?"라는 물음에, "만약 뜻이 있다면 자기조차도 구제하지 못한다."고 하였습니다. 손가락에도 뜻이 없고, 방바닥을 치는 데도 뜻이 없고, 동서로 오가는 것도 뜻이 없고, 할과 방도 뜻이 없고, 뜰 앞의 잣나무, 판때기 이빨에 털 난 것도 뜻이 없습니다.

뜻이 없는 곳에 참뜻이 있습니다. '개울이 깊으면 국자 자루도 길다.' 이 가운데 무한한 뜻을 알고 싶으까? 무심히 불어오는 솔바람은 줄 없는 거문고를 타는 소식이요, 오뉴월 열린 창틈으로 전해지는 은은한 장미꽃 향기는 구멍 없는 피리를 부는 소식입니다. 이 뜻 없는 뜻을 아시겠습니까?

7. 배고프면 밥을 먹고

배고프면 밥을 먹고 피곤하면 잠을 잔다.
한 번 쉬어 버리니 온갖 경계가 한가롭다.
시비를 끄집어내어 나에게 따지지 말게.
덧없는 인생사에 간섭하지 않는다네.

_백운 스님[32]

눈으로는 사물을 보고 귀로는 소리를 듣는 일이 불법의 분명한 뜻입니다. 배가 고프면 밥을 먹고 피곤하면 잠을 자는 일이 살아 있는 부처가 작용하는 것입니다. 오줌 누고 똥 싸는 일이 거룩한 불사(佛事)입니다. 너무나 당연하고 자연스러운 일상사를 떠나 따로 부처와 불법이 있지 않습니다.

이와 같이 온갖 경계가 한결같은 이 하나의 사실로 귀결되어야 한 번크게 쉴 수 있습니다. 다섯 가지 감각기관과 의식으로 바깥의 대상들을 쫓아다니며 취사분별하는 일이 꿈속의 경계를 꿈인 줄 모르고 진실로착각하는 일과 같다는 사실을 깨달아야 합니다. 천차만별의 현상이 오직 이 한 마음일 뿐입니다.

32 백운경한(白雲景閑, 1298~1374). 고려 말의 선승(禪僧). 원(元)나라에 들어가 석옥청공(石屋淸珙, 1272~1341)을 만나 가르침을 받고 그의 법을 이음.

온갖 차별현상이 그대로 평등한 하나의 마음이요, 하나의 평등한 마음이 그대로 온갖 차별현상임이 분명해야 합니다. 그러할 때 옳고 그름이 없는 가운데 분명 옳은 것은 옳은 것이요, 그른 것은 그른 것이라 분별할 수 있습니다. 아무리 분별하여도 옳은 데도 머물지 않고, 그른 데도 머물지 않습니다.

문득 돌아보면 뜬구름처럼 덧없는 것이 인생입니다. 속절없이 오가는 허망한 것들에 집착함 없이 오로지 오지도 않고 가지도 않는 이 마음 하나에 머무는 바 없이 머뭅니다. 왔지만 온 바가 없고, 가지만 가는 바가 없습니다. 그런 가운데 예전처럼 해는 떴다가 지고, 봄이 가면 여름, 가을, 겨울이 갈마듭니다.

8. 망상이 본래 텅 비어 고요하니

일체가 불사(佛事) 아닌 것 없거늘
어찌 마음 거두고 좌선만 해야 하리오.
망상은 본래 텅 비어 고요하니
인연을 끊어 없앨 필요가 없다네.

_지공 스님[33]

눈으로 보는 일이 불사(佛事)요, 귀로 듣는 일이 불사입니다. 가고 머물고 앉고 눕는 일이 불사요, 말하고 침묵하고 움직이고 멈추는 일이 불사입니다. 모든 일이 불사라는 말은 모든 일이 바로 지금 여기 있는 그대로의 자기 자신을 벗어나 있지 않다는 말입니다. 우주 가운데의 온갖 차별현상이 둘이 없는 자기 자신, 이 살아 있는 마음의 현현입니다.

자기 자신이 자기 자신이 되기 위해 특별히 노력해야 할 일은 없습니다. 둘이 없는 마음 가운데에는 진실과 진실 아님이 따로 있지 않습니다. 하나에 집착하거나 저항하는 순간 곧 둘을 이루어 대립합니다. 한 생각을 일으켜 분별하면 곧 둘이 됩니다. 둘이 되면 선택의 갈등, 마음의 흔들림을 경험합니다. 수행은 그러한 흔들림에서 나왔으므로 결국

---

33 금릉보지(金陵寶誌, 418~514). 중국 위진남북조 시대 양(梁)의 승려. 『대승찬(大乘讚)』 『불이송(不二頌)』 등의 게송을 남김.

에는 그것을 극복할 수 없습니다.

그런 까닭에 예부터 선정 수행을 통한 해탈을 논하지 않고 오직 견성, 자기 자신의 본성을 깨닫는 것만을 귀하게 여겼습니다. 아지랑이나 신기루처럼 온갖 차별현상이 일어났다 사라지지만 결코 실체가 없다는 사실을 바로 보아야 합니다. 바람이 허공에서 일어났다 허공으로 사라지는 것처럼 망상이 일어나는 그 자리는 본래 한 물건도 없이 고요합니다.

인연에 끄달려 자유롭지 못함을 느끼는 그 순간 고개를 돌려 회광반조 하십시오. 이 무엇입니까? 인연이 벌어지는 그 자리에서 당장 멈추고 바라보십시오. 제 스스로는 인연이 아니지만 온갖 인연이 펼쳐지고 있는 이 순간 이 자리, 눈앞의 이 사실을 퍼뜩 알아차리십시오. 이 무엇입니까? 아무도 묶은 사람이 없는데 벗어나려는 그 사람은 누구입니까?

악!

9. 나에게 보물이 있거늘

나에게 보물이 있거늘
우습구나, 조사가 서쪽에서 온 뜻이여!
무엇이 황매에서 법을 전한 일인가?
방과 할이 빗방울과 같도다.

_서산 대사[34]

　나에게 보물이 있습니다. 아니, 내가 바로 보물입니다. 온 우주에 유일무이한 한 물건, 그것이 바로 나입니다. 우주 가운데 나 하나가 있는 것이 아니라, 온 우주가 그대로 나 하나입니다. 내가 있고 우주가 있는 것이 아니라, 내가 곧 우주 자체입니다. 내가 이 우주를 벗어나지 못하듯이, 우주 역시 나를 벗어나지 못합니다. 하늘 위와 하늘 아래에 오직 나만이 존귀합니다!

　이러한 줄 단박에 깨친다면 조사가 서쪽에서 오신 뜻은 나의 비웃음을 면치 못합니다. 과거 · 현재 · 미래의 모든 부처와 역대의 조사들은 입을 다물고 급히 꽁무니를 빼야 합니다. 이 자리에서는 부처가 오면 부처를 죽이고, 조사가 오면 조사를 죽이기 때문입니다. 석가와 미륵은 내가 부리는 머슴이요, 조사와 선사는 제 발로 걷지 못하는 어린아이에

34　청허휴정(淸虛休靜, 1520~1604). 조선 중기의 승려 · 승군장.

불과합니다.

어떤 것이 오조(五祖) 홍인(弘忍)이 황매산에서 육조(六祖) 혜능(慧能)에게 전한 법입니까? 배가 고프면 밥을 먹고 날이 추우면 옷을 꺼내 입습니다. 이미 나에게 충분한 것을 어찌 다시 얻을 수 있으며, 누가 다시 줄 수 있겠습니까? 청천백일에 두 눈 버젓이 뜨고 사람을 속이는 짓입니다. 본래 나의 물건을 제 물건처럼 주고 뺏으니 도둑 중의 도둑입니다.

어떤 어리석은 사람이 도대체 그것이 무엇이냐고 묻는다면, 몽둥이로 비 오듯 두들겨 패고 귀머거리가 되도록 고함을 질러 댈 뿐입니다. 바로 지금 이렇게 보고 있는 그것은 무엇입니까? 바로 지금 이렇게 듣고 있는 그것은 무엇입니까? 바로 지금 이렇게 한 생각 일어나는 이것이 도대체 무엇입니까? 아직도 모르겠다면 하늘을 보고 침을 뱉어 보십시오.

10. 눈앞에 주인공이 나타났네

내가 나를 온갖 것에서 찾았는데
눈앞에 바로 주인공이 나타났네.
하하, 이제 만나 의혹 없으니
우담발화 꽃빛이 온 누리에 흐르누나.

_경봉 스님[35]

'나'라는 것은 찾을 수 있는 하나의 대상이 아닙니다. '나'는 알 수 있고 경험할 수 있는 대상이 아닙니다. 오직 '나'만이 알고 경험하는 주체입니다. '나'는 어떤 물질적 육체도 아니고, 어떤 감각도 아니고, 어떤 감정도 아니고, 어떤 생각도 아니고, 어떤 의식의 상태도 아닙니다. 그 어떤 것도 아니지만, 그 모든 것을 벗어나 따로 있지 않습니다. '나'는 분리가 없는 절대입니다.

바로 지금 이 눈앞이 그대로 '나'입니다. 육체적인 나와 세계, 나의 내면과 외면의 경험 세계 전체가 말하자면 '나', '주인공'입니다. 언제나 이와 같았습니다. 깨닫기 이전에도 이와 같았고, 깨닫고 난 뒤에도 이와 같습니다. 그런 까닭에 여여(如如)라고 합니다. '나'는 늘 '나'만 보고, '나'

---

35 경봉정석(鏡峰靖錫, 1892~1982). 근현대의 고승으로 오랫동안 통도사 극락암에 주석하였음.

만 알고, '나'만 경험하고 있었습니다. 결코 벗어날 수 없는 것이 바로 이 '나', '주인공'입니다.

하하하! 이렇게 쉽단 말인가? 이 '나'를 직접 본 사람은 터져 나오는 웃음을 참을 수 없습니다. 눈앞에 두고서 그렇게 찾아다녔다니! 사람마다 늘 이것을 마주하고 있는데도 이 사실을 알아차리지 못한다는 사실에 경악을 금치 못합니다. 나무를 잇대어 만든 물통의 테두리가 터져 나가듯 일시에 의문이 해소되니 통쾌하기가 그지없습니다.

그런 다음 세상을 보면 이것 아닌 것이 없습니다. 삼라만상 두두물물이 바로 '나'의 다른 모습, 다른 이름에 지나지 않습니다. 어떤 것도 이 '나'를 벗어나 따로 있는 것이 없습니다. 온 우주가 이 나라고 할 것 없는 '나' 하나입니다. 온 우주가 바로 이 '나'가 꾸는 꿈에 불과합니다. 순간 속에서 영원을 살고, 영원 속에서 순간을 살아갑니다.

11. 소를 타고 소를 찾는구나

그림자 없는 나무를 베어다가
물속의 거품을 모두 태워 버렸도다.
우습구나, 소 탄 자여!
소를 타고 다시 소를 찾는구나.

_서산 대사

　그림자 없는 나무를 어떻게 벨 수 있을까요? 음지와 양지가 없는 땅, 메아리 없는 골짜기에 있는, 뿌리 없는 나무 한 그루를 찾으면 됩니다. 줄 없는 거문고를 퉁기고, 구멍 없는 피리를 불며, 허공의 뼈를 발라내는 솜씨가 있다면 됩니다. 함이 없는 나라〔無爲國〕에 들어가 남이 없는 노래〔無生曲〕를 부를 수 있으면 됩니다. 자기에게 돌아오면 됩니다.

　물속의 거품을 어떻게 모두 태워 버릴까요? 한입에 낙동강 물을 모두 마시고, 한 주먹에 금정산을 가루로 만들면 됩니다. 콧구멍으로 온 우주를 빨아들이고, 털구멍 안에 온 세상을 감출 수 있으면 됩니다. 풀 한 포기로 부처님을 만들어 쓰고, 부처님으로 풀 한 포기를 만들어 쓸 수 있으면 됩니다. 바로 지금 작용하는 데 아무 걸림이 없으면 됩니다.

　지금 무엇이 보고 있습니까? 지금 무엇이 듣고 있습니까? 지금 무엇이 느끼고 있습니까? 지금 무엇이 알고 있습니까? 바로 지금 여기 무언가가 있습니다. 보기도 하고, 듣기도 하고, 느끼기도 하고, 알기도 하는 무언가가 있습니다. 도대체 그것이 무엇입니까? 한 생각 일으켜 '이것이다.' 입을 열면 결코 그것은 아닙니다.

어느 옛사람은 "찾고 있는 소는 그만두고, 타고 있는 소나 가져와 보라."고 하였습니다. 물속에서 물을 찾고 있으니 어찌 다시 물을 얻는 일이 있겠습니까? 이미 있는 것은 돌아보지 않고 본래 없는 것을 구하는 어리석음을 어찌해야 멈출 수 있을까요? 바로 지금 이 한 생각은 어디에서 일어나서 어디로 사라집니까? 찾는 순간 이미 어긋나 버렸습니다.

12. 돼지 왼쪽 허벅지에 뜸을 뜨더라

회주 땅의 소가 풀을 뜯어 먹으니
익주 땅의 말의 배가 터졌다.
천하에 의원을 찾아 물어보았더니
돼지 왼쪽 허벅지에 뜸을 뜨더라.

_두순 스님[36]

언제였던가요? 옛 스승의 회상에서 스승은 어느 젊은 여성에게 천성산(千聖山) 습지보존 문제와 관련된 '산이 아프면 우리도 아프다'라는 신문기사 제목을 들어 물으셨습니다. "산이 아픈데 어째서 우리도 아픕니까?" 그때 그 여성이 했던 답은 기억이 나질 않습니다. 만약 이제 와서 다시 제게 답할 기회가 주어진다면 비명 소리가 나오게 스승의 허벅지를 꼬집어 드릴 것입니다.

'회주 땅의 소가 풀을 뜯어 먹었는데 익주 땅의 말의 배가 터졌다. 장서방이 술을 마셨는데 이 서방이 취한다. 산이 아프니까 우리도 아프다. 중생이 아프면 보살도 아프다. 세존께서 도솔천을 떠나지 않으신 채 이미 왕궁에 내려오셨고, 어머니의 태에서 나오시지 않은 채 이미 중생들을 모두 제도하셨다.' 이 모든 언구(言句)의 낙처(落處)[37]가 어디입

---

36 제심두순(帝心杜順, 557~640). 수(隋) · 당(唐)의 승려. 화엄종 제1조.
37 귀결점.

니까?

 천하에 눈 밝은 이들을 찾아 물어보았더니, 어떤 사람은 손가락 하나만 말없이 들어 보이고, 어떤 사람은 방바닥을 치고, 어떤 사람은 망상하지 말라 하고, 어떤 사람은 자기에게 돌아오라고 하였습니다. 모두 돼지 왼쪽 허벅지에 뜸을 뜨는 소식입니다. 어떤 것이 돼지 왼쪽 허벅지에 뜸을 뜨는 소식이냐 물으신다면, 비명 소리가 나오게 그대의 허벅지를 꼬집어 드리겠습니다.

13. 언제나 깨달음의 자리를 떠나지 않네

부처님의 몸이 법계에 가득하여
널리 일체 중생 앞에 나타나시네.
인연 따라 두루 감응하지 않음이 없으나
언제나 깨달음의 자리를 떠나지 않으시네.

_화엄경 게송

부처님의 몸이 곧 법계이고, 법계가 곧 부처님의 몸입니다. 부처님의 몸은 법계로서 충만하고, 법계는 부처님의 몸으로 충만합니다. 부처님의 몸이라는 말과 개념, 법계라는 말과 개념을 잠시 내려놓고, 그 모든 것이 나타나고 사라지는 그 자리를 바로 보십시오.

어떤 것이 부처님의 몸입니까? (주먹을 하늘 위로 들어 보인다.)
어떤 것이 법계입니까? (주먹으로 탁자를 탕! 내리친다.)

바로 이 자리에서 모든 현상이 보이고 들리고 느껴지고 알아집니다. 중생의 눈앞이 바로 법계요, 부처님의 진신입니다. 중생의 가지가지 번뇌와 고통마저 이 눈앞, 이 법계, 이 부처님의 몸을 벗어나 따로 있지 않습니다.

(주먹을 하늘 위로 들어 보인다.) 보이십니까?

(주먹으로 탁자를 탕! 내리친다.) 들리십니까?

인연 따라 두루 감응하지 않음이 없습니다. 아무리 (주먹을 하늘 위로 들어 보인다.) 보고, 아무리 (주먹으로 탁자를 탕! 내리친다.) 들어도, 바로 지금 이 자리, 눈앞에 떠나지 않습니다. 언제나 이 깨달음의 자리, 지각(知覺)의 현장을 떠나지 않습니다.

(주먹을 들어 쥐었다 펴 보이며) 인연 따라 두루 감응하지만, (손을 감추고) 언제나 이 자리를 떠나지 않습니다.

14. 마음과 짝하지 마라

마음과 더불어 짝하지 마라.
무심하면 마음 절로 편하리.
만약 마음을 가지고 짝을 삼으면
꼼짝하자마자 곧 마음에 속으리.

_진각 국사[38]

마음과 더불어 짝하지도 말고, 만법과 더불어 짝하지도 마십시오. 다만 단박에 눈길을 돌려 마음이 드러나는 이 바탕, 만법이 드러나는 이 자리로 돌아오십시오. 상대를 이루면 거리가 생기고, 거리가 생기면 갈등이 벌어지고, 갈등이 벌어지면 괴로움을 피할 수 없습니다.

내가 아는 마음은 참마음이 아닙니다. 그 마음을 아는 자는 누구입니까? 아는 자를 안다면 그 아는 자는 알려지는 대상이지 아는 자가 아닙니다. 그렇다고 모르는 마음이 참마음인 것도 아닙니다. 아는 마음이나 모르는 마음이나 모두 더불어 짝을 이루는 마음일 뿐입니다.

마음과 더불어 짝하지도 않고, 만법과 더불어 짝하지도 않으면, 마음

---

38 진각혜심(眞覺慧諶, 1178~1234). 고려 후기의 승려. 보조지눌(普照知訥, 1158~1210)의 제자로 『선문염송』을 저술하였음.

이라 할 것도 따로 없고 만법이라 할 것도 따로 없습니다. 분리감이 없이 온전히 한 덩이를 이루면 천차만별의 분리감 그대로 온전한 한 덩이입니다. 분리를 없애서 하나를 이루는 것이 아니라 분리가 그대로 하나입니다.

만약 마음과 짝을 이루어 마음을 어찌하려 한다면, 스스로가 스스로에게 속는 일이며 스스로가 스스로를 속이는 짓입니다. 마음을 상대하는 마음도 헛것이요, 마음에 상대되는 마음 또한 헛것입니다. 그 둘을 일시에 놓아 버리고, 도달할 수도 없고 벗어날 수도 없는 이 자리에 문득 발을 디뎌야 합니다.

아는 마음도 참마음이 아니요, 알려지는 마음도 참마음이 아니면, 참마음은 도대체 어디에 있을까요? 그 참마음이라는 말마디 역시 놓아 버리십시오. 여기서 꼼짝이라도 한다면 바로 어긋나 버립니다. 이럴 수도 없고 저럴 수도 없으며, 이러지 않을 수도 없고 저러지 않을 수도 없습니다.

이 무엇입니까?

15. 일 없이 한가한 도인

참선도 하지 않고 책도 읽지 않으며
예전 그대로 맡겨 두고 천진함을 귀히 여기네.
한 개 신령스러운 마음, 시비를 벗어나 있으니
일 없이 한가한 도인을 그 누가 알겠는가?

_뎃슈 스님[39]

이 일은 가부좌 틀고 삼매 속에 들어가는 것과도 상관없고, 온갖 경전과 어록의 말씀을 이해하는 것과도 상관없습니다. 이 일은 본래 완성되어 있는 것이고, 본래 완전한 것입니다. 바로 지금 이 순간 있는 그대로의 나 자신을 떠나 따로 있는 것이 아니기에, 달리 소유할 것 없고〔無所有〕 얻을 바 없습니다〔無所得〕.

설사 깨닫는다 하더라도 예전 모습 그대로의 나일 뿐, 다른 사람이 되는 것이 아닙니다. 얻고, 채우고, 내세울 것이 있는 게 아니라 잃고, 비우고, 겸허해질 뿐입니다. 본래부터 타고난 천진한 자신의 면목을 새삼 깨달았을 뿐 신통방통한 재주나 능력을 얻은 것이 아닙니다. 늘 정확히 자기 자신이었을 뿐입니다.

---

39 철주덕제(鐵舟德濟, ?~1366). 일본 무로마치 시대(1338~1573) 임제종 승려.

이 신령스러운 마음, 바로 지금 이렇게 드러나 온 우주를 비추고 있는 이 마음은 인간의 시비분별로 따질 수 있는 것이 아닙니다. 말 그대로 신성불가침의 영역이며, 말과 생각의 길이 모두 끊어진 절대입니다. 한 방울의 물방울이 바다로 떨어지듯, 자신을 잃어버리는 순간, 전체가 자기로서 드러납니다.

이 가운데의 일을 달리 알 사람이 없습니다. 일 없이 한가한 도인은, 함이 없지만 함이 없지 않으며, 한가하지만 한가하지 않으며, 도인이지만 도인이 아닙니다. 바로 지금 여기 이 순간 있는 그대로의 나의 존재를 벗어나 달리 그러한 도인이 있는 것이 아닙니다. 둘이 없는 그것이 참된 도인입니다.

16. 집에 있으며 도를 이루니

세상에 살며 진실에 맡기니 마음이 넓어지고
집에 있으며 도를 이루니 바탕이 살찌네.
색깔과 소리에 걸림 없는 줄 깨달았다면
반드시 산골짜기에 오래도록 앉아 있을 필요 없네.

_부설 거사[40]

이 일은 본래 두 가지가 없습니다. 겉으로 드러난 모양을 따라 구별
하니 출가가 있고 재가가 있으며, 부처가 있고 중생이 있을 뿐, 이 일은
본래 그러한 차별이 없습니다.

출가하였으면서도 이 일을 깨닫지 못한다면 육신의 집 안에 갇혀 있
는 사람이고, 세속에 살면서도 이 일을 깨달았다면 세상의 틀 밖으로
홀연히 벗어난 사람입니다.

그윽한 산골짜기 고요한 암자 가운데 선정에 들어 있더라도 이 일 바
깥이 아니요, 시끄러운 세속 저잣거리에서 시비분별을 하더라도 이 일
을 떠난 것이 아닙니다.

---

40 부설 거사(浮雪居士). 신라 선덕여왕 때의 거사. 부인과 아들, 딸 일가족이 도를 깨달은 것으
    로 유명함.

보고 듣고 느끼고 아는 이 작용 가운데 본래 보는 자도, 보이는 것도, 보는 일도 없다는 사실을 깨닫는다면, 어찌 세상을 등지고 산속에 들어가 선정을 탐하고 깨달음을 구하겠습니까?

17. 구름은 푸른 하늘에 있고

하나의 큰 허공 가운데 다함없는 곳간이여!
고요히 아는 것은 냄새도 없고 소리도 없네.
지금 말을 듣고 있거늘 어찌 번거롭게 묻는가?
구름은 푸른 하늘에 있고 물은 병에 있네.

_사명 대사[41]

하나의 커다란 허공이라 하였으나 천부당만부당입니다. 이것에서 공간이 출현하였으니 이것은 공간이라 할 수도 없습니다. 본래 한 물건도 없는 가운데에서 화수분처럼 온갖 현상이 나타났다 사라집니다. 바로 지금 이것을 헤아리려는 '나'마저 여기에서 나왔습니다.

고요히 아는 것이라 이름하지만 역시 천번 만번 부당합니다. 고요히 아는 것이 온갖 현상 밖에 따로 있지 않습니다. 온갖 현상의 본질이 그대로 이 고요한 앎 자체입니다. 보이고 들리고 느껴지고 알아지는 모든 것이 이 고요한 앎, 다함없는 곳간에서 출현합니다.

바로 지금 이 글을 보고 있는, 이 소리를 듣고 있는 이 자리, 이것일

---

41 사명유정(四溟惟政, 1544~1610). 조선 선조 때의 승려. 청허휴정(淸虛休靜: 서산 대사)의 제자.

뿐 다른 것은 없습니다. 바로 지금 한 생각 일으키는 그것입니다. 가고 머물고 앉고 눕고 말하고 침묵하고 움직이고 멈추지만, 이것은 가지도 머물지도 앉지도 눕지도 말하지도 침묵하지도 움직이지도 멈추지도 않습니다.

당나라 때 이고(李翺)라는 사람이 약산유엄(藥山惟嚴) 선사에게 "도가 무엇입니까?"라고 묻자, 선사가 손으로 위를 한 번 가리켰다가 다시 아래를 가리켰습니다. 이고가 알아듣지 못하자 선사가 말씀하시기를, "구름은 푸른 하늘에 있고 물은 병에 있네."라고 하였습니다.

손가락으로 하늘과 땅을 가리키는 것과 "구름은 푸른 하늘에 있고 물은 병에 있다."라는 말 모두 천만부당합니다. 단칼에 손가락을 잘라 버리고, 한 주먹에 말하는 입을 쳐 버립니다. 하나의 큰 허공 가운데 다함 없는 곳간이여! 고요히 아는 것은 냄새도 없고 소리도 없습니다.

18. 다시 한 걸음 더

한 걸음, 두 걸음, 세 걸음, 네 걸음,
전후좌우 어디에도 떨어지지 말고 가게.
산이 다하고 물이 다한 때를 만나거든
다시 한 걸음 더 나아가야 좋은 곳이네.

_효봉 스님[42]

이것도 아니고, 저것도 아닙니다. 이것 아닌 것도 아니고, 저것 아닌
것도 아닙니다. 오직 한 걸음, 두 걸음, 세 걸음, 네 걸음일 뿐입니다.
한 걸음은 한 걸음이 아닌 한 걸음입니다. 두 걸음도 한 걸음이요, 세
걸음, 네 걸음도 역시 이 한 걸음입니다.

앞도 아니고 뒤도 아니요, 왼쪽도 아니고 오른쪽도 아니며, 한가운데
마저도 아닌 곳은 어디입니까? 한 걸음 앞으로 나오십시오. 한 걸음 뒤
로 물러나십시오. 왼쪽으로 한 걸음 갔다가 다시 오른쪽으로 한 걸음
가십시오. 다리 없는 사람이 한 걸음을 걷습니다.

한 걸음, 한 걸음 꾸준히 걸어가십시오. 부처 있는 곳에도 머물지 말

---

42 효봉학눌(曉峰學訥, 1888~1966). 한국 근세의 선지식으로 정화 당시 조계종 제4대 종정
    (1958~1962)과 대한불교조계종 제1대 종정(1962~1966)을 역임. 제자로 구산수련(九山
    秀蓮, 1910~1983)과 법정(法頂, 1932~2010) 등이 있음.

255

고, 부처 없는 곳은 얼른 지나가십시오. 만 리 길에 풀 한 포기 없는 곳으로 가기도 하고, 그 길 위의 풀 하나하나를 모두 밟고 가기도 하십시오. 가다가다 산이 다하고 물이 다한 곳에 이르거든,

거기에서 다시 한 걸음 더 나아가십시오. 한 걸음, 오직 한 걸음뿐입니다.

19. 꿈속에서 꿈을 꾸지 말라

온 누리가 꿈 동산이니
꿈속에서 꿈을 꾸지 마라.
달 밝은 새벽 비로소 꿈 깨고 나면
본래부터 일 없는 사람이더라.

_보월 거사[43]

사람들은 이 세상을 현실이라 굳게 믿고 집착하며 살고 있습니다. 그러나 그렇게 생각하고 있는 자기 자신은 물론, 그를 둘러싼 이 모든 세상은 흡사 꿈속의 세상과 다를 바 없습니다. 모든 것은 무상하고 어떤 것도 고정된 실체를 가지고 있지 않습니다. 헛되고 헛되고 헛됩니다.

이 거대한 꿈을 깨지 못한 사람들은 헛되고 헛된 가운데서 다시 헛된 일을 벌입니다. 고된 노력 끝에 성취한 모든 것은, 이루었지만 곧 허물어질 것이고, 얻었으나 머잖아 잃을 것입니다. 그것이 황금이든, 왕좌든, 깨달음이든, 부처의 지위든 다를 바 없습니다. 결국엔 빈손마저 남지 않습니다.

---

43 보월 거사(普月居士). 조선 고종 때 서울 감로암(甘露庵)에서 열렸던 재가 중심의 수행결사 〈감로법회(1872~1875)〉의 법주.

깨달음의 새벽에 이르러서야 비로소 깨닫게 되는 것은 본래 아무 일도 없었다는 사실입니다. 아무 일 없는 가운데 꿈결처럼 모든 일을 겪습니다. 일 없는 가운데서 온갖 일을 하나하나 맛보는 신통과 묘용이 펼쳐집니다. 현실 가운데 꿈을 살고 꿈 가운데 현실을 누립니다.

일 없는 가운데 눌러 앉지 않고, 일 속에 파묻히지 않습니다. 배고프면 밥을 먹고, 목마르면 물마시고, 추우면 옷을 입고, 더우면 옷을 벗습니다. 아무리 먹어도 먹은 일 없고, 아무리 마셔도 마신 일 없고, 아무리 입어도 입은 일 없고, 아무리 벗어도 벗은 일 없습니다. 늘 이대로입니다.

20. 복사꽃 한 번 본 후

삼십 년 동안 칼을 찾던 나그네여,
몇 번이나 낙엽 지고 다시 가지 돋았던가.
복사꽃 한 번 본 후로는
이제껏 다시 의심하지 않네.

_영운 스님[44]

어리석은 나그네는 삼십 년 동안이나 무엇을 찾아다녔을까요? 바깥으로 구구히 찾아보아도 그저 헛되이 세월만 보낼 뿐입니다. 너무나 가까이, 결코 떨어져 있지 않은 것을 어찌 찾을 수 있겠습니까? 찾을 수 없는 것을 찾는 순간, 진정 찾은 것은 없습니다.

허황하게 헤매던 삼십 년 동안에도 가을이면 나뭇잎은 떨어지고 봄이 오면 가지가 새로 돋았습니다. 눈에 보이고 귀에 들리는 하나하나의 경계마다 날카로운 취모검(吹毛劍)의 칼날이 번뜩입니다. 어떤 때는 살아 있는 사람을 죽이기도 하고, 어떤 때는 죽은 사람을 살리기도 합니다.

---

44 영운지근(靈雲志勤, ?~820). 당나라 때 스님으로 위산영우(潙山靈祐, 771~853) 문하
에서 복사꽃을 보고 깨달음.

영운은 비록 복사꽃을 인연하여 깨달았지만, 그가 깨달은 것은 복사꽃에 있지 않습니다. 석가모니가 새벽별을 보고 깨달았지만 깨닫고 보니 그것은 별이 아니었고, 향엄(香嚴) 스님은 기왓장이 대나무에 부딪치는 소리를 듣고 깨달았지만 그가 깨달은 것이 소리가 아닌 것과 같습니다.

복사꽃은 바로 지금 누구의 눈앞에서 피어나고, 새벽별은 언제 어디서 반짝이며, 기왓장이 대나무에 부딪치는 소리는 무엇의 존재를 가리키고 있습니까? 단박에 바로 알아차렸다면 다시는 의심하지 마십시오. 자기가 가지고 있는 보검(寶劍)을 놓아두고 다른 사람의 천 검(劍)을 구하지 마십시오.

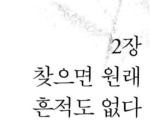

2장
찾으면 원래
흔적도 없다

21. 곧바로 여기

영운 스님은 복사꽃을 보고 도를 깨달았지만
나는 복사꽃을 보고 시를 읊조리며 잔을 기울이네.
선에 아무 뜻이 없음을 알고 싶다면
곧바로 여기를 참구해 보게.

_도오쿄 스님[45]

영운은 복사꽃을 한 번 보고 의심이 없었다고 했습니다. 그러자 스승인 위산은 선뜻 "인연 따라 깨달아 들어가는 자는 영원히 물러서거나 잃어버리는 일이 없다."고 하였습니다. 그런데 그 당시 현사(玄沙)라는 분이 말하기를 "매우 그럴듯한 말이지만 감히 내 장담하건대 노형은 아직도 철저하지 못한 점이 있다."고 하였습니다.

어떤 점이 철저하지 못한 점일까요? 이 일은 영운에게 있는 것이 아니고, 복사꽃에 있는 것도 아니고, 깨닫는 데조차 있는 것이 아니라는 사실을 돌아보십시오. 그렇다면 이 일은 도대체 어디에 있는 것일까요? 영운은 복사꽃을 보고 깨달았지만, 나는 복사꽃을 보고 시를 읊조리며 술잔을 기울입니다. 그렇다면 당신은 지금 무엇을 하고 있습니

---

45 도경혜단(道鏡慧端, 1642~1721). 일본 에도시대 임제종 승려. 정수노인(正受老人)이라는 이름으로 알려져 있으며 백은혜학(白隱慧鶴, 1686~1769)의 스승.

까?

　모름지기 이 일은 철저하고 철저해야 합니다. 완전히 밑바닥을 꿰뚫어 통 밑이 쑥 빠져야 합니다. 이 일에는 별다른 도리나 의미가 없습니다. 헤아리고 분별할 것이 정말 없습니다. 허망한 것들이 모두 사라지고 나면 말쑥하고 엄연한 한 물건, 한 물건이라 말할 수조차 없는 무엇이 스스로 드러납니다. 알려야 알 수도 없지만, 모르려야 모를 수도 없습니다.

　곧바로 여기를, 곧장 이것을 참구해 보십시오. 이것이 무엇입니까? 여기서 문득 뒷생각이 끊어지면, 영운이 복사꽃을 한 번 본 후로 다시 의심하지 않은 일이 무엇인지 스스로 납득하게 될 것입니다. 어째서 현사는 영운의 깨달음이 철저하지 않다고 하였는지 확연해질 것입니다. 바로 지금 여기, 바로 지금 이것을 놓친다면 살아 있어도 산 사람이 아니기 때문입니다.

22. 한 움큼 버들가지 거두지 못해

바닷바람이 능가산에 불어오니
사방의 선객들은 눈여겨 살펴보라.
한 움큼 버들가지 거두지 못해
바람결에 옥난간에 걸어 두노라.

_황정견[46]

　황정견이 일찍이 회당조심(晦堂祖心) 선사를 찾아가서 마음의 요체를 묻자 선사가 다음과 같이 말했습니다. "공자께서 말씀하시기를 '나는 너희들에게 숨기는 것이 없다.'고 했으니, 그대는 어떻게 생각하는가?" 황정견이 머뭇거리다가 대답하려 하자 선사는 "아닐세. 아니야."라고 말했습니다. 이에 황정견은 민망하여 어쩔 줄 몰랐습니다.

　이후로 법을 물을 때마다 선사는 "그대에게 숨기는 것이 없다."는 말만 되풀이하였습니다. 어느 날 선사를 모시고 산책을 하는데 우거진 녹음 사이로 산목련이 곱게 피어 있었습니다. 선사가 물었습니다. "그대는 저 산목련 향기를 맡는가?" 황정견은 "맡습니다."라고 대답했습니다. 그러자 선사가 말했습니다. "나는 그대에게 숨기는 것이 없네."

46　황정견(黃庭堅, 1045~1105). 북송(北宋)의 문인. 소동파(蘇東坡, 1037~1101)의 제자.

이에 황정견이 비로소 의심이 풀려 곧 선사에게 절하고 말하였다. "스님의 노파심이 간절하심을 알겠습니다." 그러자 선사가 웃으며 말하였다. "그대가 비로소 집에 이르렀구나." 그 뒤 조심 선사의 입멸 소식을 전해 들은 황정견은 위와 같은 시를 지었다 합니다. 바닷바람이 능가산에 불어옵니다. 아무것도 숨긴 것이 없습니다.

천하의 선객들은 이것을 눈여겨 살펴봐야 합니다. 장미는 붉고 국화는 노랗습니다. 개는 멍멍 짖고 고양이는 야옹 웁니다. 설탕은 달고 소금은 짭니다. 더우면 옷을 벗고 추우면 옷을 입습니다. 모든 것이 숨김 없이 드러나 있습니다. 얻으려야 얻을 수가 없고, 잃으려야 잃을 수가 없습니다. 얻을 수 있다면 마음이 아니고, 잃을 수 있다면 도가 아닙니다.

말하고 싶지만 말할 수 없고, 생각하고 싶지만 생각할 수 없습니다. 모든 것이 허공에다 그린 그림 같고, 물 위에 쓴 글씨 같습니다. 연주가 끝난 뒤에도 허공에 남아 있는 소리의 여운, 잔을 비운 다음에도 여전히 은은한 차의 향기 같습니다. 봄바람에 하늘하늘 춤추는 한 줄기 버들가지 같아서 그저 바람결에 맡겨 옥난간에 걸쳐 둘 뿐입니다.

23. 백팔번뇌가 바로 법

백팔번뇌가 바로 법이니
법이라는 법이 바로 번뇌의 성품일세.
모든 망상이 마음에서 일어나니
망상과 번뇌가 모두 묘한 이치일세.

_해산 스님[47]

백팔번뇌가 바로 법입니다. 번뇌를 없애고 따로 법을 구하려 하는 것이 망상입니다. 법이라고 할 법이 있다면 그것이야말로 번뇌의 성품입니다. 얻어야 하고 지켜야 할 무엇이 있다면 어찌 번뇌가 되지 않겠습니까?

모든 번뇌와 망상은 어디에서 일어납니까? 번뇌와 망상이 일어나는 그 자리는 번뇌와 망상이 없습니다. 본래 없는 곳에서 출현했다가 다시 그 자리로 사라지는 번뇌와 망상이 어찌 실제로 있는 것이겠습니까?

그러므로 번뇌와 망상이야말로 묘한 도리입니다. 본래 아프지 않은데 아프고, 본래 괴롭지 않은데 괴롭고, 본래 생사가 없는데 생사가 펼

---

47 해산수진(海山守眞, 1910~1980). 밀양 표충사(表忠寺) 내원암(內院庵)에 오래 주석하
    셨던 스님. 만공 스님에게 인가 받음.

처집니다. 참으로 묘하고 묘합니다. 번뇌와 망상이 법의 묘용입니다.

   그대는 보지 못했습니까? 배움이 끊어진, 일 없이 한가한 도인은 망
상도 없애지 않고 참됨도 구하지 않습니다. 무명(無明)의 참 성품이 바
로 불성(佛性)이요, 허깨비 같은 빈 몸이 바로 법신(法身)입니다.[48]

---

48 「증도가(證道歌)」

24. 구름은 흘러가도 하늘은 움직이지 않고

구름은 흘러가도 하늘은 움직이지 않고
배가 가도 언덕은 옮겨가지 않네.
본래 한 물건도 없거늘
어느 곳에서 기쁨과 슬픔 일어나리.

_편양 스님[49]

구름은 흘러가도 하늘은 움직이지 않습니다. 옳기는 옳지만 충분하지 않습니다. 배가 가도 언덕은 옮겨가지 않습니다. 옳기는 옳지만 반밖에 이르지 못했습니다.

구름도 흘러가지 않고 하늘도 움직이지 않습니다. 구름은 하늘을 벗어난 적 없습니다. 배도 가지 않고 언덕도 옮겨가지 않습니다. 배와 언덕은 늘 그 자리에 있습니다.

구름이 있는 것도 아니요, 하늘이 있는 것도 아닙니다. 배는 배가 아니요, 언덕은 언덕이 아닙니다. 움직이는 것이 곧 움직이지 않는 것이요, 움직이지 않는 것이 곧 움직이는 것입니다.

---

49 편양언기(鞭羊彦機, 1581~1644). 서산 대사의 마지막 사법(嗣法) 제자.

본래 한 물건도 없음이 확연하면, 기쁨과 슬픔이 일어나도 그만, 사라져도 그만입니다. 바로 그러할 때, 구름은 하늘가를 달리고 배는 물결 따라 언덕을 떠나갑니다. 늘 그러할 뿐입니다.

25. 만법이 사라질 때

만 리를 흐른 물은 마침내 근원으로 돌아가고
사방에서 부는 바람도 근본을 흔들지는 못하네.
밖으로 구하는 것은 원숭이가 달을 잡으려는 짓
만법이 사라질 때 전체가 드러나리라.

_구산 스님[50]

(주먹을 들어 보이며) 물은 흘러가지만 이것만은 흘러가지 않습니다. (주먹으로 탁자를 탕! 내리치며) 바람이 불어와 온갖 사물을 흔들지만 이것만은 흔들 수 없습니다.

(주먹을 들어 보이며) 이렇게 역력하게 보지만, (주먹을 뒤로 감추며) 이것은 일정한 모양으로 볼 수 없습니다. (주먹으로 탁자를 탕! 내리치며) 이렇게 성성하게 듣지만, (주먹을 감추며) 이것은 일정한 소리가 아닙니다.

(상대의 어깻죽지를 탁! 때리면서) 바깥을 향해 찾아 구하지 마십시오. (상대의 어깻죽지를 탁! 때리면서) 여기 이렇게 명백하게 드러나 있습니다. 물에 비친 달그림자를 잡으려는 어리석은 원숭이 놀음을 그만두십시오.

---

50 구산수련(九山秀蓮, 1909~1983). 송광사 조계총림 초대 방장. 효봉 스님의 제자.

(주먹을 들어 보이며) 만법 그대로 전체가 드러난 것입니다. (주먹으로 탁자를 탕! 내리치며) 하나하나의 현상이 그대로 전체입니다. (상대의 어깻죽지를 탁! 때리면서) 만법도 아니고 전체도 아닙니다.

26. 부처와 조사도 여기에
이르면 목숨을 잃는데

밝은 달과 맑은 바람 스스로 오가고

사시사철 피는 꽃 밤에도 분명하구나.

부처와 조사도 여기에 이르면 목숨을 잃는데

별무리는 동쪽을 향하고 구름은 서쪽으로 달리네.

_근일 스님[51]

밝은 달과 맑은 바람이 저절로 오가는 것은 어떤 소식을 누설하고 있습니까? 밝은 달은 어디에서 떠오르고, 맑은 바람은 어디로 사라졌습니까? 저절로 오가는 밝은 달과 맑은 바람은 놓아두고, 바로 지금 그것들을 마주한 그대의 주인공은 어디 있습니까?

화단에 붉은 꽃은 향기를 토하고, 한가한 범나비는 넘실넘실 춤을 춥니다. 이 말 역시 두 번째 자리에 떨어져서 하는 소리에 불과합니다.

사시사철 피어 있는 깨달음의 꽃은 밤에도 분명합니다. 소소영영(昭昭靈靈)[52]한 것만 나의 마음이 아니라, 소소영영하지 않은 것도 나의 마음입니다. 둘이 없는 마음이라 낮에 깨어서도 분명하고, 밤에 잠이 들

---

51 현봉근일(玄峰勤日, 1940~). 부석사, 고운사 조실. 경봉, 구산, 전강, 성철 스님 회상에서
공부.

52 밝고 신령스러움.

어서도 분명합니다. 어떤 것이 잠이 들어도 분명한 것입니까?

다만 알지 못하는 줄 알면 그것이 바로 성품을 본 것입니다. 번갯불에 바늘귀를 꿴다 할지라도 이미 늦었습니다.

부처는 무엇이고 조사는 무엇입니까? 바로 지금 이 자리에는 그러한 쓸데없는 살림살이가 전혀 없습니다. 중생도 없고 중생의 어리석음도 없습니다. 번뇌도 없고 망상도 없습니다. 나도 없고 너도 없습니다. 시간도 없고 공간도 없습니다. 일체가 없고 없다는 그것마저 없습니다.

부처가 있는 곳은 얼른 지나가고 부처가 없는 곳에는 머무르지 마십시오. 조금이라도 헤아렸다가는 목숨을 잃습니다.

아무것도 없는 그 자리에서 예전 그대로 별무리는 동쪽을 향하고 구름은 서쪽으로 달립니다. 배고프면 밥을 먹고 졸리면 잠을 잡니다. 날마다 쓰고 있는 것을 벗어나 다른 기특한 일이 있는 것이 아닙니다. 변함없이 눈은 가로로 달려 있고 코는 세로로 달려 있습니다.

마땅히 머무는 바 없이 그 마음을 낼 뿐입니다. 밖으로 모든 법의 모양을 분별하되 안으로 첫째 뜻[第一義: 근본]에서 움직이지 않습니다.

27. 미혹이 없는데

물에 사는 고기와 용은 물을 알지 못하고
물결을 따라 흐름에 맡겨 자유롭게 노니네.
본래 스스로 벗어나지 않았거늘 누가 얻고 잃으랴.
미혹이 없는데 깨달음을 말하는 것은 무슨 까닭인가?

_진각 국사

물고기가 물을 알지 못하는 것은 당연합니다. 물 아닌 것을 경험해 본 적이 없기 때문입니다. 사람들이 도를 알지 못하는 것은 당연합니다. 도 아닌 것을 경험해 본 적이 없기 때문입니다. 그러므로 옛사람은 "다만 알지 못하는 줄 알면 그것이 바로 견성(見性)이다."라고 하였습니다.

알지는 못하지만 인연에 맞게 사용하는 데 아무런 걸림이 없습니다. 가도 선(禪)이요, 머물러도 선이요, 앉아도 선이요, 누워도 선입니다. 말해도 도(道)요, 침묵해도 도요, 움직여도 도요, 가만히 있어도 도입니다. 작용을 따라 자유자재로 분별을 쓰지만 늘 변함없는 성품을 벗어나지 못합니다.

본래 이 성품밖에 없는지라 스스로 벗어날 수 없거늘 무엇을 얻을 수 있으며 무엇을 잃을 수 있겠습니까? 얻을 수 있으면 선이 아니요, 잃을 수 있으면 도가 아닙니다. 무언가 얻은 것이 있다면 분별을 하는 것이요, 무언가 잃은 것 같다면 망상에 떨어진 것입니다. 그러나 분별망상도 이 밖의 일은 아닙니다.

미혹을 벗어나 달리 깨달음이 있다면 그것이야말로 미혹 중의 미혹입니다. 깨달음이란 본래 미혹한 바가 없었다는 사실에 대한 깨달음일 뿐입니다. 미혹한 바가 없으니 깨달은 바 또한 없습니다. 물속의 물고기가 물을 찾기 전에도 물속에 있었고, 물을 찾은 다음에도 물을 떠나지 못하는 것과 같습니다.

28. 서리 내린 후 국화가 만발하네

고요하지만 천 가지로 드러나고
움직이지만 한 물건도 없네.
없는 것도 없는 이것은 무엇인가?
서리 내린 후 국화가 만발하네.

_태고 스님[53]

마음은 어떤 모양도 없고 고정된 위치도 없지만 늘 바로 지금 이렇게 작용하고 있습니다. 어제 일을 떠올려 보십시오. 무엇이 허망한 어제의 일을 되살려 내고 있습니까? 그리고 그 기억이 떠오르는 장소는 어디 입니까? 내일 일을 예상해 보십시오. 지금 무엇이 그러한 일을 하며 어디에서 그러한 일이 벌어집니까? 제 스스로는 움직이지 않지만 삼라만 상을 드러내고 있습니다.

그러나 아무리 어제의 일을 떠올리고 내일의 일을 예상해도 실제로 는 마음에 한 물건도 있지 않습니다. 온갖 느낌, 감정, 생각들은 아무 실체가 없는 이미지나 환상 같습니다. 바로 지금 보이고 들리고 느껴지

---

53 태고보우(太古普愚, 1301~1382). 고려 말의 고승. 1346년에 원(元)에 가서 석옥청공(石屋淸珙, 1272~1352)을 만나 인가를 받고 그의 법을 이어받음.

고 알아지는 외부의 대상들 역시 의식과 감각지각이 만들어 내는 꿈의 세계와 전혀 다름이 없습니다. 아무리 작용해도 그 마음일 뿐 다른 것은 없습니다.

비록 마음이라 말하지만 마음이라는 것마저 따로 있지 않습니다. 지금 보이고 들리고 느껴지고 알아지는 것을 벗어나 따로 마음이라는 것이 있는 것은 아닙니다. 그런데 보이고 들리고 느껴지고 알아지는 것이 꿈과 같이 실체가 없는 것이라면 마음 역시 실체가 없는 것입니다. 그렇다면 '없다, 없다' 하는 이것은 무엇입니까? 없는 것 역시 없는 이것은 무엇입니까?

대상이 아닌 자기 자신, 아무 내용이 없는 마음과 일체의 현상은 결코 둘이 아닙니다. 아는 자와 알려지는 대상은 둘이 아닙니다. 그런 까닭에 누가 도를 물으면 손가락을 들어 보이고, 탁자를 톡톡 두드립니다. 손가락과 두드리는 소리에 속지 않는다면 그것이 무엇입니까? 서리가 내린 후에 국화가 만발하고, 매서운 추위를 지낸 뒤에 매화 향기가 더욱 진해지는 법입니다.

29. 찾으면 원래 흔적도 없네

몸소 집안의 여의보를 얻으면
영원토록 써도 다함이 없으리.
사물마다 명백히 드러나 있지만
찾으면 원래 흔적도 없네.

_나옹 스님[54]

(주먹을 들어 보이며) 보았습니까? (주먹으로 탁자를 탕! 치며) 들었습니까? (다시 주먹을 들어 보이며) 주먹은 사라졌다 다시 나타나고, (다시 주먹으로 탁자를 탕! 치며) 소리는 나타났다 다시 사라집니다. 그런데 나타나지도 않았고 사라지지도 않은 것은 무엇입니까? (주먹을 들어 보이고 탁자를 탕! 친다.)

몸소 이것(주먹을 들어 보이며)을 확인한다면 이것이야말로 진정한 자기 자신이며, 나고 죽음을 벗어나 있는 영원한 생명이라는 사실을 깨닫게 될 것입니다. 삼라만상이 다만 이것(주먹을 들어 보이며)의 모양일 뿐 실제로는 아무 실체가 없는 꿈이나 환상과 같다는 사실에 사무칠 것입니다.

---

54 나옹혜근(懶翁慧勤, 1320~1376). 고려 말 스님. 원나라에 들어가서 임제종 평산처림(平山處林, 1279~1361)의 법을 이음.

화단의 붉은 장미가 바로 이것(주먹을 들어 보이며)이며, 나무 위에서 지저귀는 새의 노래가 바로 이것(주먹으로 탁자를 탕! 치며)입니다. 시원한 바람이 피부에 와 닿는 느낌이 바로 이것(주먹을 들어 보이며)이며, 점심을 먹은 뒤 마시는 달달한 커피 맛이 바로 이것(주먹으로 탁자를 탕! 치며)입니다.

그러나 막상 '이것'을 찾으려 하면, (주먹을 들어 보이며) 주먹은 있지만 '이것'은 없고, (주먹으로 탁자를 탕! 치며) 소리는 있지만 '이것'은 없습니다. 바로 그때, 찾을 수 없는 거기, 흔적이 없는 거기를 재빨리 돌아보십시오. 분리된 대상이 아니기에 찾을 수 없고, 전체가 그것이라 흔적이 없을 뿐입니다.

(주먹을 들어 보이고 탁자를 탕! 친다.)

30. 다만 믿지 않을까 두려울 뿐

날이 맑으면 해가 나오고
비가 내리면 땅이 젖는다.
정성을 다해 모두 말했으나
다만 믿지 않을까 두려울 뿐.

_무문 스님[55]

날이 맑으면 해가 나옵니다. 당연한 이야기입니다. 이렇게 당연한 것
이 도(道)입니다. 비가 내리면 땅이 젖습니다. 평범한 말입니다. 이렇게
평범한 것이 선(禪)입니다. 진리는 당연하고 평범한 것입니다.

지극히 당연하고 지극히 평범한 일은 과연 무엇일까요? 바로 지금
이 일입니다. 지금 이 글을 보고 그 인연으로 생각을 일으키는 바로 이
일입니다. 조금도 노력할 필요 없이 너무나 자연스러운 것이 진리입니
다.

성심성의를 다해 모든 것을 다 말씀드렸습니다. 손안에 감추어 둔 비
밀 같은 것은 없습니다. 비밀 중의 비밀은 바로 그대 자신에게 있습니

---

55 무문혜개(無門慧開, 1183~1260). 중국 남송(南宋)의 임제종(臨濟宗) 승려. 『무문관
(無門關)』을 지음.

다. 아니, 진정한 그대 자신이야말로 비밀 중의 비밀입니다.

배고프면 배고픈 줄 아는 신령한 그것이 참된 우리 자신입니다. 몸도 아니고, 마음도 아니고, 물건도 아닙니다. 있는 것 같지만 없고, 없는 것 같지만 분명히 있습니다. 다만 그대가 믿지 않을까 두려울 뿐입니다.

자기 자신을 알기 위해 또 다른 자기 자신은 필요 없습니다. 이미 있는 것은 새롭게 얻을 수 없고, 이미 알고 있는 것은 특별히 알 것이 없습니다. 아는 것도 아니고 모르는 것도 아닌 그것! 천기(天機)는 이미 누설되었습니다.

31. 백 년 동안 묵은 종이를

열려 있는 문으로 나가려 하지 않고
창문에 부딪치고만 있으니 크게 어리석구나!
백 년 동안 묵은 종이를 파고들어 봤자
어느 날에야 빠져나갈 기약이 있으랴.

_신찬 스님[56]

이 시는 신찬(神贊)이라는 스님이, 방 안에 들어온 벌 한 마리가 문이 활짝 열려 있음에도 불구하고 자꾸만 창호지 창문을 뚫고 나가려 하는 모습을 빗대어, 경전 연구에만 몰두할 뿐 본래 갖추어져 있는 불성을 미처 깨닫지 못한 자신의 은사(恩師)를 격발시키기 위해 읊은 시라고 합니다.

진리라고 하는 것, 도(道)라고 이름하는 것은 활짝 열려 있는 문처럼 바로 지금 이렇게 드러나 있습니다. 어쩔 수 없어 말과 글을 빌려 이 일을 이야기하지만, 사실에 있어서는 알아야 할 것도, 얻어야 할 것도, 심지어 깨달아야 할 것마저 없는 '있는 이대로'일 뿐입니다.

---

56 고령신찬(古靈神贊, ?~?). 중국 당나라 때의 스님. 백장회해(百丈懷海, 749~814)의 법을 이음.

그리하여 남의 말과 글을 통해 이 일을 알려고 하는 어리석음을 다른 사람이 뱉어 놓은 침이나 싸 놓은 똥을 받아먹는 일, 술은 맛보지 못하고 술을 거르고 난 지게미나 먹는 것에 비유하곤 했습니다. 언설로써 전달할 수 없는 일을 언설에만 집착하고 있는 한, 깨달을 기약이 없는 것입니다.

깨닫기 이전에 경전을 보는 것과 깨달은 이후에 경전을 보는 것은 하늘과 땅 차이입니다. 깨닫기 이전에 경전을 보는 것은 마치 눈먼 사람이 빨간 장미라는 말의 의미를 상상하는 것과 같다면, 깨달은 이후에 경전을 보는 것은 밝은 대낮에 멀쩡한 눈으로 빨간 장미를 직접 보는 일과 같습니다.

비록 언어문자가 이 일을 벗어나 있지는 않지만 이 일을 몸소 깨우치지 못한다면 언어문자의 한계 밖을 경험해 볼 수는 없을 것입니다. 언어문자 너머의 진실을 직접 맛보아야만 언어문자의 한계에 걸림 없이 자유자재하게 언어문자를 부리며 사는 즐거움을 알 수 있습니다.

32. 한입에 삼천대천세계를 몽땅 삼켰더니

홀연히 들리는 종소리 어느 곳에서 오는가?
아득히 높고 먼 하늘이 바로 나의 집일세.
한입에 삼천대천세계를 몽땅 삼켰더니
물은 물대로, 산은 산대로 제각각 밝더라.[57]

_백봉 거사[58]

눈앞의 이 일을 밝히지 못했을 때는 소리가 저 바깥에서 오는 줄 착각합니다. 그러나 어떤 인연에 문득 눈앞의 이 사실을 밝히게 되면 소리의 당처, 소리의 근본을 비로소 분명하게 깨닫습니다. 한 손바닥이 내는 소리를 똑똑히 듣게 되니 가슴에 걸려 있던 의심이 사라집니다.

그 순간, 만 리에 구름 없는 하늘은 만 리 전체가 하나의 하늘이듯, 텅 비고 고요한 이 세상 전체가 천진한 나의 본래면목이었습니다. 나라고 할 것마저 없는 나, 있는 것과 없는 것에 걸림이 없는 나를 깨우치니, 수많은 경계 사이에 있어도 자기 집 안에 홀로 있는 듯 편안합니다.

---

57 忽聞鐘聲何處來 廖廖長天是吾家 一口吞盡三千界 水水山山各自明. 백봉 거사의 한글 풀이는 다음과 같다. '홀연히도 들리나니 종소리는 어디서 오나/ 까마득한 하늘이라 내 집안이 분명허이/ 한입으로 삼천계를 고스란히 삼켰더니/ 물은 물은 뫼는 뫼는 스스로가 밝더구나.'

58 백봉(白峯) 김기추(金基秋, 1908~1985). 한국의 유마 거사로 추앙받는 재가도인. 보림선원(寶林禪院)을 설립하여 재가풍의 수행을 이끎.

단박에 과거 · 현재 · 미래의 세계가 있는 그대로의 나일 뿐 다른 것이 아니었습니다. 마치 꿈속의 세계가 그저 하나의 마음이 그려 내는 환상인 것과 같습니다. 있어도 있는 것이 아니요, 없어도 없는 것이 아닙니다. 있는 것이 없는 것이요, 없는 것이 있는 것입니다.

그러고 나서 살펴보면, 모든 분별이 분별 그대로 분별이 아닙니다. 꿈속의 세계가 비록 하나의 마음이지만, 나는 나이고, 너는 너이며, 산은 산이고, 물은 물입니다. 차별 그대로가 평등한 것이요, 평등 그대로가 차별되는 것입니다. 세속을 떠나 진리가 없고, 진리를 벗어난 세속이 없습니다.

33. 몸을 돌린 진흙소가 물 위로 가느니라

똑똑히 볼 때는 볼 것이 없고
분명히 깨달은 곳에는 깨달을 것이 없네.
비록 그러하더라도 기특한 것 없다 마라.
몸을 돌린 진흙소가 물 위로 가느니라.

_설봉 스님[59]

이 소식을 어찌 말할 수 있을까요? 말한다 한들 누가 알아들을 수 있을까요? 똑똑히 보았는데 본 것이 없고, 분명히 깨달았는데 깨달은 것이 없다는 이 소식! 정녕 찾았는데 찾은 것이 없고, 진정 얻었는데 얻은 것이 없습니다. 허허! 이것이 정말 어찌된 일이란 말입니까?

이러하니 눈이 밝지 못하면 보고도 보지 못하고, 깨닫고도 깨닫지 못합니다. 백척간두에서 한 걸음 더 내딛고, 절벽에서 매달린 손을 스스로 놓아야 합니다. 죽은 사람을 완전히 죽여야 비로소 산 사람을 볼 것이요, 죽은 사람을 완전히 살려야 비로소 죽은 사람을 볼 것입니다.

분명하게 깨닫고 나면 깨닫기 이전과 한 치도 다름없으니, 산은 그대

---

59 설봉학몽(雪峰鶴夢, 1890~1969). 조선총독부 문관(文官)이었으나 항일운동 관련으로 파면 후 출가. 만공 스님의 인가를 받고 영남으로 남하하여 전법활동. 『선문촬요』 『선문염송』 등의 현토 주석서와 법어집 『설봉대전』이 있음.

로 산일 뿐이고, 물은 여전히 물일 뿐입니다. 아무 특별할 것 없는 예전의 그 사람일 뿐 다른 사람이 되는 것이 아닙니다. 비록 그렇다 하더라도 기특한 것이 아주 없는 것은 아닙니다. 그렇다면 뭐가 기특한 것일까요?

몸을 돌린 진흙소가 물 위로 갑니다. 보았지만 본 것이 없고, 들었지만 들은 것이 없습니다. 온종일 밥을 먹어도 쌀 한 톨 씹은 적 없고, 밤새도록 잠을 잤지만 잠시도 존 적이 없습니다. 살아도 산 것이 아니요, 죽어도 죽은 것이 아니니 이 얼마나 기특한 일입니까?

34. 시비와 분별을 모두 놓아 버리고

눈으로 보되 보는 바 없으면 분별이 없고
귀로 듣되 소리가 없으면 시비가 끊어지네.
시비와 분별을 모두 놓아 버리고
다만 마음이 부처임을 보아 자신에게 귀의하라.

_부설 거사

어떤 것이 보는 눈과 듣는 귀입니까? 이렇게 물으면 사람들은 손가락으로 자기 얼굴 위에 붙어 있는 눈을 가리키고 귀를 가리킵니다. 쓰고 있으면서도 알지 못하고 분별을 따라 죽은 고깃덩이만 쫓아갑니다. 금방 숨이 끊어진 사람도 눈과 귀가 있건만 어찌하여 보지도 듣지도 못합니까? 볼 수 있는 것이 진짜 눈이고 들을 줄 아는 것이 진짜 귀입니다. 그렇다면 어떤 것이 진짜 보는 눈과 듣는 귀입니까?

어떤 것이 보이는 모습이고 들리는 소리입니까? 이렇게 물으면 사람들은 바깥의 사물이나 소리를 가리킵니다. 한통속 안에 있으면서 스스로 허망한 시비분별에 떨어져 자기를 잊어버리고 경계를 쫓아갑니다. 모든 모양이 모양 없는 것 안에서 드러나고, 모든 소리가 소리 없는 것 안에서 나타납니다. 보는 자와 보이는 모습이 둘이 아니고, 듣는 자와 들리는 소리가 다르지 않습니다. 그렇다면 어떤 것이 진짜 보이는 모습

289

이고 들리는 소리입니까?

악! 일체의 시비분별을 놓아 버리십시오!

다만 보는 자와 보이는 것이 모두 마음이고, 듣는 자와 들리는 것이 모두 자기 성품임을 보십시오. 이것이 육신에 한정되지 않은 본래 마음이요, 이것을 일러 부처라 하며, 이것이 진정한 자기 자신입니다. 마치 꿈속 세상에서 오가는 주인공만 나인 줄 알았다가 꿈을 깨고 보니 꿈속 세상 전체가 바로 내 마음의 작용이었음을 깨닫듯이, 바로 지금 이대로가 하나의 마음이 꾸는 꿈과 같은 것임을 깨달으십시오. 참된 자기에게 귀의하십시오.

35. 찾고 구하면 얻기 어렵네

오고 가며 나고 죽기도 하지만
찾고 구하면 얻기 어렵네.
짊어진 온갖 것 모두 내려놓으면
본래 아무 일 없는 하나의 허공일세.

_보월 거사

가고 머물고 앉고 눕고, 말하고 침묵하고 움직이고 멈추고, 보고 듣고 느끼고 알고, 생겨나고 머무르고 변하고 사라지고, 나고 늙고 병들고 죽습니다. 끝없는 생멸변화가 눈앞에서 펼쳐지고 있습니다. 이것을 부정할 수는 없습니다.

그러나 그러한 변화와 작용의 원인인 주체도, 변화와 작용의 결과인 객체도, 나아가 변화와 작용 자체도 찾아 구할 수 없습니다. 그러한 일이 있지만 동시에 그러한 일은 없습니다. 모든 것은 무상(無常)이요, 무아(無我)이며, 연기(緣起)이자 공(空)입니다.

모든 것은 아무런 실체가 없는 허상, 이미지, 관념일 뿐입니다. 모든 행위, 업(業)은 착각의 결과물일 뿐입니다. 행위를 하지만, 하는 자도, 하는 행위도, 그 행위의 결과도 아무런 실체를 갖지 않습니다. 따라서 어떤 일에도 집착할 것이 없습니다. 모든 것을 방하착할 수 있습니다.

바로 그러할 때, 언제나 눈앞에 있는 그대로 펼쳐져 있는 텅 빈 의식 허공, 허공 같은 의식, 의식인 허공, 허공인 의식을 자각할 수 있습니다. 모든 일이 그것 안에서 그것으로 일어났다가, 그것 안에서 그것으로 사라진다는 사실을 깨닫게 됩니다. 모든 일이 있었지만, 실제로는 아무 일도 없었습니다.

36. 바다 밑 진흙소는 달을 물고 달아나고

바다 밑 진흙소는 달을 물고 달아나고
바위 앞 돌호랑이는 새끼를 안고 졸고 있네.
쇠뱀이 금강의 눈을 뚫고 들어가니
곤륜이 탄 코끼리를 백로가 끌고 가네.

_고봉 스님[60]

이 게송은 고봉 스님의 법어집 『선요(禪要)』에 실려 있는데, 이 게송 아래 다음과 같은 말씀이 이어집니다. "이 네 구절 안에 한 구절이 죽이기도 하고 살리기도 하며, 놓아주기도 하고 빼앗기도 하니, 만일 이것을 점검해 내면 일생의 공부를 마쳤다고 허락하겠다." 그리하여 예부터 많은 분들이 그 한 구절을 가려내 보라는 질문으로 공부하는 사람의 안목을 점검하였습니다.

어떤 것이 그 한 구절일까요?

생각으로 헤아리고 이치를 따진다면 죽음을 면치 못하고, 단박에 말과 개념을 뛰어넘을 수 있다면 비로소 살아날 구멍을 찾을 것입니다. 이 한 구절이 능히 모든 분별망상을 죽이기도 하고, 그럼으로써 애초부

---

60 고봉원묘(高峯原妙, 1238-1295). 원나라 때의 고승. 법어집 『선요』가 있음.

터 갖춰져 있는 우리의 본래면목을 살려 내기도 하는 것입니다. 놓아주면 일체가 다 한 구절이요, 빼앗으면 어떤 것도 한 구절은 아닙니다.

(주먹을 들어 보였다 탁자를 탕! 치며) 끝없는 허공이 바로 이 한 구절입니다.

천만 구절이 바로 이 (주먹을 들어 보이며) 한 구절이요, 이 (탁자를 탕! 치며) 한 구절이 그대로 천만 구절입니다. 바다 밑 진흙소가 여기(주먹을 들어 보이며)에서 달을 물고 달아나고, 바위 앞 돌호랑이가 여기(탁자를 탕! 치며)에서 새끼를 안고 졸고 있습니다. 한 구절이라 말하지만 한 구절마저 아닙니다. 그럼 무엇일까요?

(잠시 말없이 있다가 주먹을 들어 보이고 탁자를 탕! 친다.)

37. 마음 밖에서 부처를 찾고 있네

배고프면 밥을 먹고 피곤하면 잠을 자니
다만 이 수행이야말로 현묘하고 현묘하네.
세상 사람들에게 말해 줘도 모두 믿지 않고
도리어 마음 밖에서 부처를 찾고 있네.

－ 중관 스님[61]

진리는 남녀노소(男女老少) 빈부귀천(貧富貴賤) 지위고하(地位高下)를 막론하고 평등하고 차별이 없어야 진리라 할 수 있을 것입니다. 능력과 노력 여하에 따라 차별이 있을 수 있다면, 개인에 따라 소유할 수도 있고 소유하지 못할 수도 있다면, 그것은 부분적이고 상대적인 대상으로서 절대적인 진리라 할 수 없습니다.

바로 그러한 진리에 대한 깨달음은 어떠한 수행을 통해 지금 여기 없는 것을 얻는 것이 아니라, 본래 아무 조건 없이 주어져 있는 것을 문득 발견하는 것이어야 합니다. 비록 발견한다고 말하지만, 발견하는 주체가 바로 발견하는 대상이어서 결국 새롭게 찾거나 얻은 것이 없어야 합니다.

---

61 중관해안(中觀海眼, 1567~?). 조선 중기의 승려. 서산 대사의 제자.

배가 고프면 배가 고픈 줄 압니다. 특별히 배우거나 갈고 닦을 필요가 없습니다. 피곤하면 잠잘 줄 압니다. 너무나 당연하고 자연스럽습니다. 눈으로 보고 귀로 들으며, 손으로 물건을 잡고 발로는 땅 위를 걷습니다. 아무 차별이 없습니다. 때로 눈과 귀, 손과 발이라는 기관은 차이가 있을 수 있지만, 그것을 사용하는 것은 차이가 없습니다.

이것이 궁극의 수행, 수행 없는 수행입니다. 억지로 조작하여 하는 것은 없으나 어떤 것도 하지 못하는 것이 없습니다. 이 사실을 세상 사람들에게 말해 줘도 도무지 믿으려 하지 않습니다. 진리는 숨어 있지 않은데 도리어 사람들 스스로 눈을 감고 보려 하지 않습니다. 보는 그것을 떠나서 달리 마음이랄 것도 없고, 부처랄 것도 없습니다.

눈 한 번 깜빡이고 손가락 하나 까딱할 필요가 없는 것이 진리입니다. 눈 한 번 깜빡이는 것이 진리이고, 손가락 하나 까딱하는 것이 진리입니다. 바로 지금 이 순간 있는 이대로가 진리입니다. 진리와 나는 둘이 아닙니다. 따라서 진리는 알 것도 없고 모를 것도 없습니다. 참된 나는 앎과 모름의 대상이 결코 아닙니다. (손가락 하나를 들어 보이며) 그저 이러할 뿐입니다.

38. 도를 보려는 마음을 가지면

도를 보려는 마음을 가지면 도리어 도에 미혹하고
편안함을 구하는 마음을 두면 오히려 편안치 않네.
편안함 없는 곳에서 편안하고 보는 것 없이 보아야
바야흐로 이 일이 복잡한 것이 아님을 알게 되리라.

_원감 스님[62]

도를 보려 하거나 깨달음을 얻으려 하면 할수록 오히려 보지 못하고 얻지 못합니다. 도라고 하건 깨달음이라 하건, 그 이름들이 가리키려고 하는 것은, 말하자면 나머지가 없는 전체라서 결코 대상화할 수 없기 때문입니다. 한 생각 일으켜 어찌하려고 하면 그만 어긋나 버리는 것입니다.

편안함을 구하는 마음이 있는 한 편안하지 않은 이유 역시 마찬가지입니다. 편안함을 구하는 마음이 바로 편안함과 편하지 않음을 둘로 나누어 놓는 분별심이기 때문입니다. 어떤 것을 편안하다고 집착하는 순간, 저절로 그 반대편에 편안하지 않음이 생겨나기 때문입니다.

헤르만 헤세는 다음과 같이 말한 바 있습니다.

---

62 원감충지(圓鑑沖止, 1226-1292). 고려 말의 고승, 보조지눌(普照知訥, 1158~1210)
의 종풍을 계승하였음

행복을 찾아 좇아다니는 한

당신은 아직 행복을 누릴 만큼 성숙하지 못한 것입니다.

비록 모든 사랑스러운 것이 당신의 것이 된다 해도.

당신이 잃어버린 것을 한탄하고

목표를 정하고 초조하게 있는 동안은

당신은 아직 평화의 뜻을 모르고 있습니다.

모든 희망을 포기하고

어떠한 목적도 욕망도 모르고

행복이란 말을 부르지 않을 때

그때야 비로소 세상의 만사 흐름은

당신의 마음을 괴롭히지 않을 것이요,

당신의 영혼은 안식을 찾을 겁니다.

완전한 편안함은 편안하지 못함마저 포함하고 있는 편안함입니다. 따라서 진정한 편안함에는 편안함이 따로 없습니다. 진정으로 보는 것에는 보는 것이 따로 없습니다. 아무것도 볼 것이 없다는 것을 본 것이 참으로 본 것이요, 아무것도 깨달을 것이 없다는 것을 깨달은 것이 참으로 깨달은 것입니다.

참된 도의 입장이라면 이미 '도'라는 이름부터 잘못된 일입니다. 그러니 도라는 것을 보려 하고 깨달으려 하는 것은 이미 병이 깊은 것입니다. 이 일은 그렇게 복잡한 것이 결코 아닙니다. 한없이 단순한 일이라고 말하는 것조차 오히려 번거로운 일입니다. (손가락으로 허공에 점을 찍으며) 그저 이 일입니다!

39. 방 거사 역시 처자식이 있었으나

도는 자신에게 있는 것이지 산에 있지 않으니
이 세상 속에서 일 없는 것이 고고한 한가로움일세.
방 거사 역시 처자식이 있었으나
저잣거리 한가운데서 홀로 문을 닫아걸었다네.

_보우 스님[63]

무엇이 보이십니까? 보이는 대상은 내버려 두고, 그 대상이 보이기 이전에 무엇이 이미 거기 있었습니까? 무슨 소리가 들리십니까? 들리는 소리는 내버려 두고, 그 소리가 들리기 이전에 무엇이 이미 거기 있었습니까? 무엇이 느껴지십니까? 느껴지는 감각은 내버려 두고, 그 감각이 느껴지기 이전에 무엇이 이미 거기 있었습니까? 무슨 생각을 하십니까? 일어나는 생각은 내버려 두고, 그 생각이 일어나기 이전에 무엇이 이미 거기 있었습니까?

어떤 것보다도 먼저 있는 이것은 무엇입니까?

이것은 산에 들어가도 더 늘어나지 않고, 이 세상 저잣거리 한가운데

---

63 허응보우(虛應普雨, 1515~1565). 조선 중종 · 명종 때의 선승. 억불숭유 정책으로 인하여 피폐한 불교를 문정왕후(文定王后)의 도움으로 한때 부활시켰으나, 끝내 성공하지 못하고 제주도에 유배당하여 장살(杖殺)됨.

살더라도 더 줄어들지 않습니다. 이것은 술과 고기를 먹지 않는다고 더 깨끗해지지도 않고, 처자식을 거느리고 살림을 산다 해서 더 더러워지지도 않습니다. 이것은 선방에 앉아 좌선 삼매에 든다고 해서 더 고요해지지 않고, 소란스러운 일터에서 정신없이 일하고 있더라도 더 시끄러워지지 않습니다. 이것은 박식하다고 해서 더 밝아지지 않고, 일자무식이라 해서 더 어두워지지 않습니다.

어떤 것에도 물들지 않는 이것은 무엇입니까?

도를 깨달은 방 거사가 사내라면 나도 사내요, 도를 깨달은 방 거사 부인이 여인이라면 나도 여인입니다. 모름지기 바깥에서도 구하지 말고, 안에서도 찾지 마십시오. 어떤 대상으로 잡으려 하지 말고, 어떤 느낌으로 느끼려 하지 마십시오. 알려고 애쓰지 말고, 모르겠다고 포기하지 마십시오. 쫓아가지도 말고, 가만있지도 마십시오. 입을 열어 묻지 말고, 입 다물고 침묵하지 마십시오. 숨을 들이쉬지도 말고, 내쉬지도 마십시오.

바로 그때, 아무것도 아닌 이것은 무엇입니까?

40. 색깔을 보지 않을 때

색깔을 보지 않을 때 오히려 성품을 보고
소리를 듣지 않는 곳에서 도리어 마음을 듣네.
육안을 사용하지 않고 항하사 같은 세계에 통하니
아나율(阿那律)[64]의 아름다운 이름 예와 지금에 펼쳐 있네.

_정관 스님[65]

바로 지금 눈앞을 보십시오. 보이는 모든 대상은 모두 색깔[色]과 모양[相]입니다. 색깔과 모양은 인연 따라, 시간과 장소에 따라 변하여 일정하지 않습니다. 그런데 보이는 색깔과 모양, 변화하는 색깔과 모양 말고, 그것과 둘이 아니지만 그것에 상관없는 무엇이 언제나 변함없이 그 자리에 있습니다.

예를 들어, 눈앞에 컵이 놓여 있는 것을 보다가 잠시 후 그 컵이 사라진 자리를 볼 때, 보이는 대상인 컵은 나타났다 사라졌지만 컵을 볼 때도 뚜렷하고 컵이 사라진 자리를 볼 때도 변함없는 것이 있습니다. 그것이 성품입니다. 성품을 보는 것이 아니라, 보는 놈[見]이 성품[性]입

---

64 석가모니의 10대 제자 가운데 한 사람. 공부하다 육안(肉眼)이 멀었으나 천안통(天眼通)을 얻어 심안(心眼)이 열림.

65 정관일선(靜觀一禪, 1533~1608). 사명유정(泗溟唯政)·편양언기(鞭羊彦機)·소요태능(逍遙太能)과 함께 서산 대사의 4대 제자 중 한 분.

니다.

그런데 보이는 대상인 색깔과 모양이 이 보는 놈을 떠나 있지 않습니다. 보이는 대상과 보는 놈은 사실 둘이 아닌 것입니다. 보이는 대상이 그대로 보는 놈이고, 보는 놈이 그대로 보이는 대상입니다. 늘 성품이 성품을 보았을 뿐이므로, 아무리 보아도 본 것이 없습니다.

소리도 마찬가지입니다. 소리는 나타났다 사라지지만 소리를 듣는 그것, 소리가 나타나는 바탕인 마음은 나타나지도 사라지지도 않습니다. 늘 그 자리에 있습니다. 그러므로 모든 소리가 사실은 마음입니다. 듣는 놈도 마음, 들리는 소리도 마음, 마음이 마음을 듣고 있으니 아무리 들어도 들은 바 없습니다.

그렇다면 온 우주가 그대로 하나의 성품, 하나의 마음입니다. 보고 듣고 느끼고 아는 성품, 마음을 떠나서 객관적으로 존재하는 우주는 있을 수 없기 때문입니다. 우주가 마음이고, 마음이 우주입니다. 우주와 마음이 둘이 아닙니다. 그렇다고 하나조차 아닙니다. 그러므로 우주도 없고, 마음도 없습니다.

그런데 지금 (손가락 하나를 들어 보이며) 이것은 무엇입니까?

302

3장
돌이 서서
물소리를 듣는다

41. 뎅그렁 뎅 뎅그렁

온몸이 입이어서 허공에 매달려
동서남북의 모든 바람 상관치 않고
한결같이 그와 함께 반야를 이야기하니
뎅그렁 뎅 뎅그렁.

_여정 스님[66]

처마 밑의 풍경(風磬)은 어디에 매달려 있습니까? 동서남북의 바람은
어디에서 출몰합니까? 뎅그렁 뎅 풍경 소리는 어디에서 들립니까?

눈으로 풍경을 보고 귀로 그 소리를 듣는 것이 바로 반야입니다. 뎅
그렁 뎅이 곧 반야입니다. 아니, 그저 뎅그렁 뎅일 뿐입니다.

풍경은 처마 밑에 매달려 있고, 바람은 동서남북에서 불어옵니다. 바
람에 풍경은 흔들리고, 풍경은 뎅그렁 뎅 뎅그렁 웁니다.

풍경은 풍경이 아니고, 소리는 소리가 아닙니다. 반야는 반야가 아니
고, 뎅그렁 뎅은 뎅그렁 뎅이 아닙니다.

---

66 천동여정(天童如淨, 1163~1228). 송나라 때 조동종(曹洞宗) 승려. 그의 법을 이은 도오
겐(道元, 1200~1253) 선사는 일본 조동종의 개조(開祖)가 됨.

아무리 보아도 모습이 없고, 아무리 들어도 소리가 없는 것이 반야입니다. 그럼에도 풍경은 바람에 흔들리며 뎅그렁 뎅 뎅그렁 웁니다.

42. 내 가슴속에 한마디 말이 있건만

내 가슴속에 한마디 말이 있건만
그대에게 읊어 주기가 매우 어렵네.
우리 스님께서 무슨 말이냐 묻는다면
전각 아래 풍경이 바람에 흔들린다 하리라.

_월봉 스님[67]

사람마다 제각각 한마디〔一句〕소식이 있습니다. 이 한마디가 바로
최초구(最初句)이자 말후구(末後句)요, 향상구(向上句)이자 향하구(向下
句)입니다. 입을 벌려 말하기 이전에 드러나 있는 이 한마디를 어떻게
남에게 전할 수 있을까요?

옛날 용성(龍城) 스님이 전강(田岡) 스님에게 물었습니다. "어떤 것이
제일구(第一句)냐?" 그러자 전강 스님은 반문하듯 "예?" 하고 물었습니
다. 용성 스님이 다시 "어떤 것이 제일구냐?"라고 묻자, 전강 스님은 손
뼉을 치며 "허허!" 웃었습니다.

용성 스님이 "아니다." 하기에, 전강 스님이 여쭈었습니다. "그러면

---

67 월봉무주(月峯無住, 1624~?). 조선 중기 선승. 『월봉집』이라는 문집이 있음.

어떤 것이 제일구입니까?" 그러자 용성 스님은 "영신[68]아!" 하고 불렀습니다. 전강 스님이 "예." 하고 대답하자, 용성 스님은 "제일구를 다 말했노라."고 하셨습니다.

그때 전강 스님은 다시 손뼉을 치고 "허허!" 웃었습니다. 그리고 사흘 뒤 용성 스님은 자기가 전강 스님에게 속았다고 말씀하셨다 합니다. 이 두 분께서 후학들을 위해 펼친 한바탕 멋진 연극을 감히 평하자면, 젊은 도둑이 늙은 도둑을 속였다 하겠습니다.

이 한마디 말이 무엇이냐 묻는 말에 시인은 "전각 아래 풍경이 바람에 흔들린다."고 하였지만, 저 같으면 아무 말 없이 뒤돌아 가겠습니다. 그렇다면 "예?" 하고 반문하는 것, "전각 아래 풍경이 바람에 흔들린다."고 말하는 것, 아무 말 없이 뒤돌아 가는 것 가운데 어떤 것이 옳은가요?

(손뼉을 치며) 허허!

---

68 영신(永信). 전강 스님의 법명.

43. 예부터 실낱만큼도 틈이 없었나니

내가 늘 너를 부르면 너는 이에 응답했고
네가 행여 내게 물으면 나는 바로 대답했다.
이 가운데 불법이 없다고 말하지 마라.
예부터 실낱만큼도 틈이 없었나니.

_원감 스님

『달마혈맥론』에 다음과 같은 말이 있습니다. "그대가 나에게 묻는 것
이 곧 그대의 마음이요, 내가 그대에게 대답하는 것이 곧 나의 마음이
니, 내가 만약 마음이 없다면 무엇으로 그대에게 대답하며, 그대가 만
약 마음이 없다면 무엇으로 나에게 물을 것인가? 이것이 그대의 마음
이니라. 끝없는 옛날부터 광대한 겁 이래로 움직이고 행동하는 것이 언
제든지 어디서든지 모두가 그대의 근본 마음이며, 모두가 그대의 근본
부처이니, 곧 마음이 바로 부처라 말하는 것도 역시 이와 같으니라."

마음, 부처, 진리, 도, 불법은 멀리 있지 않습니다. 나를 떠나서 있지
않습니다. 지금 보는 것과 보이는 것, 듣는 것과 들리는 것, 느끼는 것
과 느껴지는 것, 아는 것과 알려지는 것이 모두 그것입니다. 가고 머물
고 앉고 눕고, 말하고 침묵하고 움직이고 멈추는 것이 모두 그것입니
다. 달리 어떤 것이 있는 것이 아니라, 드러난 모든 것이 그것이요, 드

러나지 않은 모든 것 역시 그것입니다. 오직 그것뿐이라 그것이라 할 것이 없는 그것입니다. 둘도 아니고 하나도 아닙니다. 둘이면서 하나요, 하나이면서 둘로 드러납니다.

따라서 그것은 주관/객관, 있다/없다, 안다/모른다, 옳다/그르다, 얻는다/잃는다, 산다/죽는다, 깨끗하다/더럽다 등등의 상대적 차별을 넘어서 있습니다. 대립되는 모든 것 사이에 조금의 틈도 없습니다. 둘 아님은 곧 전체입니다. 전체는 곧 절대입니다. 절대는 곧 모양 없음이요, 생각 없음이요, 머묾 없음입니다. 절대는 곧 저절로 그러함입니다.

『중용』에 이르기를, "도라는 것은 잠시라도 떠날 수 없는 것이니, 떠날 수 있다면 도가 아니다."라고 하였습니다. 결코 떠날 수 없는 이 세간의 모습 그대로가 절대의 자기 현시입니다.

44. 갔다가 돌아오니 별다른 것 없더라

여산(廬山)의 안개비와 절강(浙江)의 물결이여!
가 보지 못했을 땐 온갖 한이 많았는데
갔다가 돌아오니 별다른 것 없더라.
여산의 안개비와 절강의 물결이더라.

_소식[69]

풍문을 통해 전해 들은 이상향의 소식은 언제나 조금은 과장되고 왜곡되기 마련입니다. 도(道)라든가 깨달음이라 하면 보통 사람은 쉽게 다가갈 수 없는, 신비스러운 어떤 것일 거라는 선입견을 갖고 있는 경우가 많습니다. 이 누추한 현실과는 다른, 일상의 자질구레한 문제들을 훌쩍 벗어나서, 그것을 한번 얻기만 하면 바야흐로 완전한 자유와 행복을 누릴 것이라 예상합니다.

그리하여 자신도 모르게 서로 다른 두 가지 상태나 세계를 상정하고, 그 가운데 하나는 버리고 다른 하나는 취하려는 의도와 노력으로 도(道)나 깨달음을 구합니다. 그러나 진정한 도 내지 깨달음은 한 상태에서 다른 한 상태로의 변화나 전이가 아닙니다. 이러한 근본적인 착각을

---

69 소식(蘇軾, 1037년~1101년). 중국 북송 시대의 시인이자 문장가, 학자, 정치가. 흔히 소동파(蘇東坡)라고 부름.

돌아보지 못한 까닭에 찾아 구할수록 오히려 점점 더 헤매고 멀어지는 아이러니가 벌어집니다.

결국엔 몸소 한번 맛보아야만 합니다. 풍문으로 듣고 상상 속에서 그렸던 사실을 직접적으로 경험해야만 합니다. 그 경험은 우리의 예상과 달리 매우 소박할 수도 있습니다. 오랫동안 잊고 있었던 기억을 회상하는 것과 같을 수 있습니다. 새롭게 얻거나 알아야 할 대상이 있었던 것이 아니라, 있는 이대로 아무것도 달리 얻을 것이 없다는 사실에 대한 확신이라 할 수도 있습니다.

직접 맛을 보면 별다른 것은 아닙니다. 너무 큰 기대를 했던 사람은 그만큼 실망스러울 수도 있습니다. 그러나 이 평범함, 이 소박함이야말로 진실로 비범한 것이요, 특별한 것입니다. 눈앞을 가리고 있던 한 생각에서 벗어나고도 한동안은 이 평범함의 비범, 소박함의 특별함을 실감하기 쉽지 않습니다. 어느새 스스로를 살펴보는 일이 멈춰지는 순간 본래의 완전무결만 남습니다.

45. 나 바깥에서 나를 찾아 헤매었네

전생에는 누가 나였으며
내생에는 내가 누구일까?
금생에야 비로소 나를 알고 보니
나 바깥에서 나를 찾아 헤매었네.

_학명 스님[70]

전생이라 말하지만 전생보다 먼저 '나'가 있어야 전생이 드러납니다. 이 '나'는 몸뚱이와 마음으로 이루어진 개체를 가리키는 것이 아닙니다. 그 개체는 이 '나'에 의해 지각되어 드러나는 것입니다. 이 '나'는 스스로는 결코 대상화되지 않고 무엇보다 선행하여 이미 있는 무엇입니다.

내생 역시 그것보다 먼저 이 '나'가 있어야 합니다. 이 '나'는 결코 변할 수 없습니다. 어떠한 형태, 어떠한 경계, 어떠한 한계가 없기에 변화의 유무를 논할 수조차 없습니다. 전생도 '나'를 떠나 있지 않고 내생 역시 '나'를 벗어나 있지 않습니다. '나'는 그러한 분별 이전에 스스로 드러나 있습니다.

---

70 학명계종(鶴鳴啓宗, 1867~1929). 근대 부안 내소사와 변산 월명암, 정읍 내장사 등지에서 선풍을 펼친 선승. 원불교 개조 소태산(小太山) 박중빈(朴重彬, 1891~1943)과 교류.

금생 또한 이 '나'에 다름 아닙니다. 바로 지금 이 순간의 현존과 '나'는 둘이 아닙니다. 따라서 이 사실을 알기 이전부터 항상 '나'였고, 이 사실을 비로소 알았다 할지라도 늘 '나'일 뿐입니다. '나'는 알고 모르는 것과 상관없습니다. '나'를 알았다면 착각이요, '나'를 모른다면 망상입니다.

이 '나'의 바깥은 없습니다. 바깥이 없으니 '나'의 안이라고 할 것도 없습니다. 안팎이 없다면 '나'라고 할 것마저 없습니다. '나'를 잃어버렸다 할지라도 다른 일이 아니요, '나'를 찾았다 할지라도 다른 일이 아닙니다. 애초에 없는 것을 잃거나 찾을 수는 없습니다. 그렇다면 지금 이 일 (손가락을 딱! 튕김)은 무엇입니까?

46. 부처란 중생의 마음속 부처

부처란 중생의 마음속 부처이니
자신의 근기 따라 감당할 뿐 다른 물건 아니네.
일체 모든 부처의 근원을 알고자 하는가?
자신의 무명을 깨달으면 본래 부처일세.

_이통현[71]

자신에게 본래 갖추어져 있는 것은 알지 못하고, 자신에게 없는 것을 욕망하는 것이 중생의 어리석음입니다. 어떤 것이 자신에게 본래 갖추어져 있는 것일까요? (주먹을 들어 보이고 탁자를 탕! 내려침)

바깥에서 들어온 것(주먹을 들어 보임), 분별되는 경계(탁자를 탕! 내려침)는 무상하게 변화하지만, 본래 갖추어져 있는 것(주먹을 들어 보이고 탁자를 탕! 내려침)은 새롭게 나타나지도 않고 시간의 흐름을 따라 사라지지도 않습니다.

보이는 모양(주먹을 들어 보임)에서 모양에 속지 않고, 들리는 소리(탁자를 탕! 내려침)에서 소리에 끌려가지 않는다면, 이것(주먹을 들어 보이고

---

71 이통현(李通玄, 635~730). 중국 당나라의 불교 학자로 『화엄경』을 연구하여 『신화엄경론』 등을 저술하였음.

탁자를 탕! 내려침)이 도대체 무엇일까요? 아시겠습니까?

어떤 사람은 입을 열기 이전에 알아차리고, 어떤 사람은 한마디 말끝에 알아차리고, 어떤 사람은 바깥의 경계를 인연으로 알아차리고, 어떤 사람은 아무리 말해 줘도 끝내 알아차리지 못합니다. 그러나 결국 모두가 이것(주먹을 들어 보이고 탁자를 탕! 내려침)뿐입니다.

중생의 어리석음이 그대로 부처의 깨달음입니다. 물고기가 용으로 변해도 그 비늘을 바꾸지 않고, 범부를 고쳐 성인을 이루어도 그 얼굴을 바꾸지 않습니다. 문득 이 사실(주먹을 들어 보임)을 깨닫고 보면 언제나 옛날의 그 사람(탁자를 탕! 내려침)입니다.

47. 돌이 서서 물소리를 듣는다

변산 아홉 구비 길에
돌이 서서 물소리를 듣는다.
없고 없으며 없는 것 또한 없고
아니고 아니며 아닌 것 역시 아니다.

_소태산 박중빈[72]

　전북 부안 변산에는 아홉 갈래 구비의 계곡이 빼어난 절경이라 하지
만, 나의 이곳에는 오직 한 줄기 외길만 있을 뿐입니다. 시작도 없고 끝
도 없지만 과거 · 현재 · 미래의 모든 곳으로 이어져 있으며, 가도 가도
언제나 이 자리를 떠나지 못하고 가만히 있어도 온 세상을 두루하지 못
함이 없습니다.

　돌은 서서 물소리를 듣고, 꽃은 앉아서 설법을 합니다. 나무는 옳다
옳다 박수를 치고, 산은 아니다 아니다 돌아앉습니다. 발밑의 그림자는
서래의(西來意)를 누설하고, 귓가의 맑은 바람 일불승(一佛乘)을 노래합
니다. 산하대지가 방광을 하고, 삼라만상이 춤을 춥니다. 얼씨구절씨구
지화자 좋네!

72　소태산(少太山) 박중빈(朴重彬, 1891~1943). 원불교의 개조.

없고 없으며 없는 것 또한 없는 그 가운데, 나도 있고 너도 있고 천태만상이 모두 있습니다. 없지만 분명히 있고, 있지만 명백히 없습니다. 없는 것 이대로 있는 것이고, 있는 것 그대로 없는 것입니다. 없는 것에 머물지 않고 있는 것을 세우며, 있는 것에 눌러앉지 않고 없는 것으로 돌아갑니다.

이것도 아니고, 저것도 아니며, 이것과 저것 아닌 것도 아닙니다. 그러나 동시에 이것도 그것이고, 저것도 그것이며, 이것과 저것 아닌 것도 모두 그것입니다. 부정하려면 모두를 다 부정해야 하고, 긍정하려면 일체를 다 긍정해야 합니다. 그러나 부정하는 이것은 무엇이고, 긍정하는 이것은 누구입니까?

악!

48. 낱낱이 바로 고향이로다

곳곳에서 돌아갈 길을 만나고
낱낱이 바로 고향이로다.
본래 이루어져 드러나 있는 일을
어찌 생각으로 헤아릴 필요 있으랴.

_신조 스님[73]

눈에 보이는 대상 하나하나, 귀에 들리는 소리 하나하나, 몸으로 지각되는 느낌 하나하나, 마음속에 떠오르는 생각 하나하나가 언제나 바로 진리, 도, 선입니다. 한시도 떠날 수 없고 벗어날 수 없는 것이 바로 그것입니다.

감각 기관과 의식으로 하는 온갖 분별과 가고 머물고 앉고 서고, 말하고 침묵하고 움직이고 멈추는 모든 행위가 언제나 바로 불성, 본래면목, 참나입니다. 언제 어디서나 결코 변함없는 것이 바로 이 일입니다.

수행을 통해 닦아 이룩할 필요가 없는 것, 본래 저절로 갖추어져 있는 것, 언제나 항상 눈앞에 드러나 있는 것이야말로 진리, 도, 선이라 할 수 있고, 불성, 본래면목, 참나라 할 수 있습니다.

---

73 신조본여(神照本如, 982~1051). 북송 때의 승려.

생각으로 헤아려 구할 필요가 없는 유일한 일은 바로 지금 눈앞에 버젓이 드러나 있는 이 일입니다. 늘 경험하고 있으면서도 스스로 그 사실을 돌아보지 못하는 것이야말로 불가사의한 일입니다.

따로 떨어져 있지 않기에 오히려 찾기 어렵고, 나와 둘이 아니기에 도리어 알지 못합니다. 찾으려 하고 알려고 할수록 더욱더 미혹되고, 찾으려 하고 알려는 마음을 쉬게 되면 분명하게 드러나 있습니다.

물속의 물거품과 같고, 허공 가운데의 뜬구름과 같습니다. 꿈속의 온갖 현상이 결국 마음의 작용일 뿐이듯, 생시의 모든 경계 역시 마음 하나로 귀결됩니다. 자기 한 사람이 자기 자신을 찾고 있었으니 어찌 이런 일이 있습니까?

49. 보지 못하는 그것

사람들은 모두 나라고 말하지만
나는 도대체 어느 곳에 있는가?
몸속을 찾아도 볼 수 없으니
보지 못하는 그것이 참나일세.

_효봉 스님

'나'라는 것은 도대체 무엇을 가리키는 말일까요? 너무나 자연스럽게 쓰고 있는 말이지만 그것이 실질적으로 가리키고 있는 것은 무엇일까요? 한번 이 '나'를 찾아보십시오.

하하하!

이 무슨 우스꽝스러운 일입니까? '나'를 찾아보려는 이것은 무엇입니까? 이 글을 보고 이해하는 그것은 또 무엇입니까? 이렇게 보고 듣고 느끼고 분별하는 이 작용은 모두 무엇입니까?

'나'라고 하는 것은 어디에 고정되어 있는 대상이 아니지 않습니까? '이것이 나다' 할 수 있다면 그것은 절대로 '나'가 아닙니다. 그저 '나'에 의해 의식되는 대상에 불과합니다.

아시겠습니까?

무엇을 보아서 '나'를 발견하는 것이 아니라 이와 같이 보지 못한다는 사실에서 한번 생각이 뒤집히는 순간, 본래부터 드러나 있던 나를 깨닫는 것입니다. 애초에 잃지 않았는데 어찌 다시 찾을 수 있겠습니까?

찾으면 찾지 못하고, 찾지 않으면 찾게 됩니다.

50. 전삼삼 후삼삼

몸이 바다 속에 있으면서 물을 찾지 말고
날마다 산등성이를 다니면서 산을 찾지 마라.
꾀꼬리의 노래와 제비의 지저귐 다르지 않으니
전삼삼(前三三)과 후삼삼(後三三)[74]을 묻지 마라.

_야보 스님[75]

그대는 지금 어디 있습니까? 행여 이 질문에 속아서 특정 시공간 속에 위치한 하나의 육신으로 자신의 좌표를 더듬고 있다면, 그것이 바로 물속에 있으면서 다시 물을 찾는 짓입니다. 진정한 그대 자신은 하나의 육신에 갇힌 존재가 아니라 그대의 육신까지 포함한 시공간 전체입니다. 바로 그러할 때 당신은 언제나 바로 지금, 바로 여기, 바로 이것입니다.

---

74 무착문희(無著文喜) 선사가 문수보살을 만나기 위해 오대산 화엄사(華嚴寺)로 가다가 금강굴(金剛窟)에 들러 예를 갖추려고 했는데, 거기에서 소를 끌고 가는 노옹을 만났다. 노옹은 무착을 맞이하며 절로 들어갔다. 노옹이 말하였다. "근래에 어디에서 오는가?" "남방(南方)입니다." "남방의 불법은 어떤가?" "말법시대의 비구들이 계율을 받는 정도입니다." "대중은 얼마나 되는가?" "삼백 내지는 오백쯤 됩니다." 무착 스님이 도리어 물었다. "이곳에서는 불법이 어떻습니까?" "용과 뱀이 뒤섞이고 범부와 성인이 함께 머문다(龍蛇混雜凡聖同居)." "대중은 얼마나 됩니까?" "전삼삼(前三三) 후삼삼(後三三)이다." 조금 뒤 노옹이 균제(均提)라는 동자로 하여금 무착을 배웅하게 하였다. 무착이 동자에게 물었다. "전삼삼 후삼삼은 얼마나 됩니까?" 동자가 "대덕(大德)이시여!" 하고 부르니 무착 스님이 "예!" 하고 대답을 하였다. 동자가 말했다. "얼마나 됩니까?"

75 야보도천(冶父道川, ?~?). 12세기 남송 때 승려. 『금강경』에 대한 게송 형식의 가르침이 남아 있음.

그대는 누구 혹은 무엇입니까? 이 물음에 속아서 '나는 누구인가, 나는 무엇인가?' 헤아리고 있다면, 그것이 바로 매일 산등성이를 다니면서 따로 산을 찾는 일입니다. 역시 스스로를 하나의 개체와 동일시하는 어리석음에서 벗어나지 못한 까닭입니다. 진정한 그대 자신은 모든 감각 지각과 인식이 펼쳐지는 눈앞의 텅 빈 의식, 존재 자체입니다.

꾀꼬리의 울음소리가 바로 그대 자신입니다. 제비의 지저귐 역시 다른 것이 아닙니다. 복사꽃이 피는 것, 기왓장이 대나무에 딱! 하고 부딪치는 것, 몽둥이로 때리고 크게 고함을 지르는 일 역시 마찬가지입니다. 밥 먹고 물 마시며 똥 싸고 오줌 누는 일이 바로 그것입니다. 나아가 온갖 시비분별과 번뇌망상 역시 그것을 떠나 따로 있지 않습니다.

앞도 삼삼이요, 뒤도 삼삼입니다. 한 손가락으로는 하늘을 가리키고, 다른 한 손가락으로는 땅을 가리킵니다. 하늘에서는 솔개가 날고, 물속에서는 잉어가 헤엄칩니다. 돌사람은 물을 긷고, 나무여자는 꽃을 땁니다. 태산이 눈을 부릅뜨고 오니, 녹수(綠水)가 귀를 막고 갑니다. 말을 해도 30방이요, 말을 하지 못해도 30방입니다. 속지 마십시오! 속지 마십시오!

51. 깨진 그릇을 서로 맞춘다

어묵동정(語默動靜)을 벗어난 글귀를

이 가운데 누가 감히 손대랴.

나에게 동정(動靜)을 떠난 것을 묻는다면

곧장 깨진 그릇을 서로 맞춘다 하리라.[76]

_혜암 스님[77]

옛날 용성 스님이 만공 스님에게 "어묵동정(語默動靜), 곧 말과 침묵, 움직임과 멈춤을 떠나서 한마디 일러 보시오."라고 말했습니다. 그러자 만공 스님은 아무 말 없이 있었습니다. 용성 스님은 "양구(良久: 말없이 가만히 있는 것)란 말이오?"라고 물으니, 만공 스님은 "아니오."라고 했습니다.

그 후 전강 스님이 만공 스님을 뵙고 "두 큰 스님께서는 서로 멱살을 쥐고 흙탕물에 들어간 격입니다."라고 하니, 만공 스님은 "그러면 자네는 어떻게 하겠는가?"라고 물었습니다. 그때 전강 스님이 "어묵동정을 떠나서 무엇을 이르란 말입니까?"라고 하니, 만공 스님은 "옳다. 옳다."

76　즉파기상종(卽破器相從). 어떤 책에는 '파기불상종(破器不相從)', '깨진 그릇은 서로 맞추지 못한다.'라고 되어 있다. 그러나 '깨진 그릇을 서로 맞춘다.'는 말과 그 뜻하는 바는 같다.

77　혜암현문(惠菴玄門, 1884~1985). 덕숭총림 수덕사 초대 방장. 만공(滿空, 1871~1946) 스님의 제자.

하셨다고 합니다.

　용성, 만공, 전강, 그리고 혜암 스님, 그리고 이 글을 쓰고 있는 사람과 읽고 있는 사람까지 모두가 이미 깨진 그릇을 서로 맞추고 있는 꼴입니다. 한 생각 일으키고 입을 여는 순간, 그릇은 천 갈래 만 갈래로 깨졌습니다. 생각을 멈추고 입을 다물고 있다고 해도 그릇을 온전히 보전하지는 못합니다.

　그렇다면 어떻게 해야 그릇을 깨뜨리지 않을 수 있을까요? 말할 때는 말하고, 침묵할 때는 침묵하고, 움직일 때는 움직이고, 가만히 있을 때는 가만히 있으십시오. 말을 해도 말한 바 없고, 침묵해도 침묵한 바 없고, 움직여도 움직인 바 없고, 가만히 있어도 가만히 있은 바 없으면, 깨질 그릇도 이미 없습니다.

52. 이와 같고 이와 같으니

이와 같고 이와 같으니 이것이 이와 같네.
이와 같음 바깥에 따로 이와 같음 없거늘
세상 사람들 이것이 이와 같은 줄 알지 못하고
이곳저곳 헤매며 이와 같음을 찾고 있네.

_백봉 거사

이와 같습니다. 이러합니다. 이렇습니다. 이 말도 허물이 큽니다. '이'라는 말이 일어난 자리가 이와 같고, 이러하고, 이렇습니다. 허물에 허물을 더했습니다. '이'라는 말이 일어나기 이전의 자리가 이와 같고, 이러하고, 이렇습니다. 온통 허물뿐입니다. 그러나 그 역시 이와 같고, 이러하고, 이럴 뿐입니다.

이와 같습니다, 이러합니다. 이렇습니다. 이것 이외에 달리 이와 같고, 이러하고, 이런 것은 없습니다. 눈으로 온갖 사물을 봅니다. 이와 같습니다. 귀로 온갖 소리를 듣습니다. 이러합니다. 몸으로 온갖 느낌을 느낍니다. 이렇습니다. 생각으로 온갖 분별을 일으킵니다. 이것입니다.

세상 사람들이 도무지 알지 못하는 것이 바로 이것, 이와 같음입니

다. 알지 못하는 그것이 때로는 알기도 합니다. 이러합니다. 그것 자체
는 알 수도 없고 모를 수도 없습니다. 이렇습니다. 있는 듯 없는 듯 하
지만, 인연을 만나면 즉각 작용합니다. 이것입니다.

　여기를 가도 이와 같고, 저기를 가도 이와 같습니다. 찾아도 이와 같
고, 찾지 못해도 이와 같습니다. 얻어도 이와 같고, 잃어도 이와 같습니
다. 깨달아도 이와 같고, 깨닫지 못해도 이와 같습니다. 부처도 이와 같
고, 중생도 이와 같습니다. 번뇌도 이와 같고, 열반도 이와 같습니다.
이것입니다.

53. 아침 내내 밥 먹었지만

아침 내내 밥 먹었지만 어찌 먹은 적 있으며
밤새도록 잠을 잤지만 잠을 잔 것 아니라네.
고개 숙여 연못 아래 그림자만 보느라
밝은 달이 푸른 하늘에 떠 있는 것을 모르네.

_동계 스님[78]

스크린 위에서 수많은 영화가 상영되지만, 어떤 영화의 장면도 스크린 위에 남아 있는 것은 없습니다. 어떤 시간, 어떤 공간, 어떤 인물, 어떤 사건도 그저 텅 빈 스크린 위에 비춰진 빛의 그림자에 불과합니다. 스크린 위에서 펼쳐지는 영상을 바라보는 주체 역시 이 스크린 위에 등장하는 또 다른 그림자입니다.

세간의 모습은 영화와 같습니다. 영화와 스크린이 결코 떨어져 있지 않듯이 세간의 모습과 그것을 드러내는 성품은 둘이 아닙니다. 세간의 모습 이대로 변함없는 성품이고, 성품이 그대로 천변만화하는 세간의 모습입니다. 세간의 모습을 떠나서 따로 성품이 없고, 성품을 떠나 따로 세간의 모습이 없습니다.

---

78 동계경일(東溪敬一, 1636 1695). 조선 중기의 승려.

영화 장면 속에서 불이 타고 물이 불어도 스크린이 타거나 젖지 않듯이, 세간의 모습 가운데 이런저런 경계가 출몰하더라도 본래의 성품에는 아무 흔적이 남지 않습니다. 모든 일이 있었지만 결국엔 아무 일도 없는 것입니다. 티끌만큼도 얻을 수 있는 일, 남아 있는 일이 없습니다.

이 사실을 확실하게 깨닫지 못하면 영화 속 장면에 속아 편히 앉아 있는 자기 자리를 망각하고 온갖 환상 속을 헤매게 됩니다. 세간의 모습이 드러난다는 사실이 그대로 이 성품이 드러나 있는 것인데, 그 속에서 또 다른 모습으로 성품을 찾는 어리석음을 범하게 됩니다.

깨달음의 달은 바로 지금 눈앞에 휘영청 밝게 떠 있습니다. 드러난 모든 것은 이 달빛의 그림자입니다. 뜰 앞의 잣나무도 이것으로 드러나고, 마른 똥막대기도 이것의 그림자입니다. 영화 속 모든 장면이 스크린을 떠나지 못하듯, 눈앞의 모든 현상이 이 하나의 사실을 벗어나 있지 않습니다.

54. 물고기는 외뿔이 나고

십 년을 단정히 앉아 마음 성(城)을 지키니
깊은 숲속 새들도 놀라지 않게 길들었네.
어젯밤 소나무 연못에 비바람 모질더니
물고기는 외뿔이 나고 학은 세 번 울더라.

_서산 대사

10년을 단정히 앉아 마음의 성을 지켰다고 하니 이 무슨 망상입니까? 밝은 대낮에 사람들을 속이지 말아야 합니다. 듣지 못했습니까? 육조(六祖)께서 말씀하시기를, "본래 한 물건도 없으니 어느 곳에서 먼지 티끌 일어나리오."라고 하였으며, "밖으로 모든 경계 위에 생각이 일어나지 않는 것이 앉음(坐)이요, 안으로 본래 성품이 어지럽지 않음을 보는 것이 선(禪)이니라." 하였습니다.

마치 참새가 허수아비를 두려워하지 않듯, 깊은 숲속의 새들마저 놀라지 않게 되었다 할지라도 여전히 도(道)와는 거리가 먼 것입니다. 예전 우두산(牛頭山)의 법융(法融)은 바위굴에서 묵좌(默坐)하였는데 온갖 새들이 꽃을 물어 오는 등 상서로운 일이 많았습니다. 어느 날 4조 도신(道信)을 만나 깨닫고 나서는 일체의 상서로운 일들이 사라졌다고 합니다.

331

법융이 물었습니다. "관행(觀行)을 닦지 말라 하시면 경계가 일어날 때는 어떻게 다스려야 합니까?" 도신이 말했습니다. "경계인 인연은 좋고 나쁨이 없지만, 좋고 나쁨이 마음에서 일어나니, 마음이 억지로 이름을 짓지 않으면 망정(忘情)이 어떻게 일어나겠느냐? 망정이 일어나지 않으면 참마음이 두루 안다. 그대가 다만 마음에 맡기어 자유로이 하여서 더 다스리려 하지 않으면 그것이 변함없는 상주법신(常住法身)이니 변하거나 달라질 수 없다."

기존에 가지고 있던 잘못된 생각과 잘못된 깨달음이 비바람처럼 모진 가르침에 한바탕 뒤집어져야 합니다. 백 척이나 되는 장대 끝에서 한 발 더 나아가야 하고, 천 길 벼랑 끝에 매달린 손을 한번 놓아야 합니다. 정수리에 침을 찔러 죽은 사람을 살리듯, 고요한 경계에서 한번 몸을 뒤집어 살아나야 합니다. 물고기는 외뿔이 나고 학은 세 번 우는 것이 무슨 도리일까요? 전강 스님이 이르시기를, "어생일각(魚生一角)이 그대로 학삼성(鶴三聲)이니라." 하였습니다.

똑똑히 보고, 똑똑히 들으십시오!

55. 까닭 없이 천기를 누설하니

까닭 없이 천기(天機)를 누설하니
빗방울 소리소리 사랑스럽네.
앉고 누워 들어도 듣지 않은 듯하니
귀와 소리가 짝을 이루는 것과 같지 않네.

_진각 국사

옛날 경청(鏡淸)이라는 스님이 현사(玄沙) 스님을 찾아뵙고 물었습니다. "저는 여기에 와서 열심히 수행하였지만 아직 아무런 깨달음을 얻지 못했습니다. 화상은 자비를 베풀어 들어갈 길을 제시해 주십시오." 현사 스님이 말했습니다. "그대는 저기 계곡에 흐르는 물소리가 들리는가?" 경청 스님이 "예, 들립니다."라고 말하자, 현사 스님은 "그러면 그곳으로 들어가도록 하라."고 말했습니다. 경청 스님은 현사 스님의 지시를 받고서 계곡의 물소리를 듣고 비로소 깨달았습니다.

후에 어느 비 오는 날 경청 스님이 곁에 있던 제자에게 물었습니다. "문밖에 무슨 소리가 나느냐?" 제자가 대답했습니다. "빗방울 소리입니다." 경청 스님이 말했습니다. "중생이 전도되어 자기를 잃어버리고 사물을 쫓는구나." 제자가 물었습니다. "스님께서는 뭐라고 하시렵니까?" 이에 경청 스님은 "하마터면 자신을 잃을 뻔했느니라." 하였습니다. "자

333

신을 잃을 뻔했다는 것이 무슨 뜻입니까?"라고 묻자 "몸을 빠져나오기는 그래도 쉽지만 그것을 그대로 말하기란 어렵다."라고 답했습니다.

지금 무슨 소리가 들립니까? 부디 자기를 잃어버리고 사물을 쫓지 마시기 바랍니다. 내 귀로 바깥의 소리를 듣는 것이 아닙니다. 내 귀라는 것도 허망한 분별의 소산이요, 바깥의 소리 역시 아무 실체 없는 인연의 작용일 뿐입니다. 내 귀가 바깥의 소리 쪽으로 가는 것도 아니고, 바깥의 소리가 내 귀 쪽으로 오는 일도 없습니다. (탁자를 탕! 때리며) 본래 이것은 오지도 않고 가지도 않습니다. (탁자를 탕! 때리며) 이 소리를 듣는 이것을 다시 들어 보십시오. (탁자를 탕! 때리며) 이것이 소리를 듣지만 이것은 들리지 않습니다.

(탁자를 탕! 때리며) 들어도 들리지 않는 소리의 참된 근원이여! (탁자를 탕! 때리며) 소리 이전에 분명한 한 구절이요, (탁자를 탕! 때리며) 한 손바닥이 내는 당당한 소리로다! 모름지기 이 소리를 들으려면 귀로 듣지 말고 눈으로 들어야 합니다. (손가락 하나를 들어 보이며) 잘 들으셨습니까? 이것이 바로 귀와 소리가 짝하지 않는 진짜 소리입니다. (탁자를 탕! 때리며) 하마터면 자기를 잃을 뻔했습니다. (손가락 하나를 들어 보이며) 몸을 빠져나오기는 그래도 쉽지만 그것을 그대로 말하기란 어렵습니다.

56. 마음도 아니고 경계도 아닌데

원래 이것은 마음도 아니고 경계도 아닌데
공연히 경계와 마음을 말해 뒷사람을 괴롭히네.
이러한 때 마음과 경계를 묻지 말고
집 안의 옛 주인을 보아야 하리라.

_경봉 스님

(주먹을 들어 보이며) 이것이 원래 무엇입니까? 주먹이라 해도 옳지 못하고, 마음이라고 해도 옳지 못합니다. 그렇다면 (주먹을 들어 보이며) 이것을 무엇이라 해야 합니까? 주먹이라고 해도 옳고, 마음이라고 해도 옳습니다.

도대체 이것이 무슨 뜻일까요? (주먹을 들어 보이며) 어리석은 강아지는 흙덩이를 쫓아가고, 영리한 사자는 그것을 던진 사람을 물어 버립니다. (주먹을 들어 보이며) 이것이 분명해야, (주먹을 뒤로 감추며) 이것 역시 분명합니다.

(주먹을 들어 보이며) 바로 이러한 때 주인공을 분명히 보았습니까?

악!

보았다면 주인공이 아니라 손님일 뿐입니다. (주먹을 들어 흔들며) 바로 지금 보고 있는 이것이 주인공입니다. (주먹을 뒤로 감추며) 주먹도 아니고, 마음도 아니고, 주인공 또한 아닙니다. 그럼 무엇입니까?

(말없이 주먹을 들어 보임)

57. 분명하게 가리켜 보이는 곳

분명하게 가리켜 보이는 곳
얼굴을 마주하고 서로 속이지 않네.
서산 너머로 비가 지난 뒤
아지랑이 빛깔 눈에 서늘하네.

_난뽀 스님[79]

창가에 초여름의 아침 햇살이 드리우고 부산스러운 새들의 지저귐
이 들립니다. 세존이 꽃을 들어 보인 소식이 분명합니다. 창을 여니 밤
새 창밖에서 기다렸던 숲의 향기가 향긋하고, 아직은 서늘한 바람 불어
와 가볍게 소름이 돋습니다. 덕산(德山)의 몽둥이질과 임제(臨濟)의 고
함 소리가 역력합니다.

불법은 이와 같이 눈앞에 확연하게 드러나 있으니 결코 사람을 속이
는 말이 아닙니다. 스스로 일으킨 생각을 따라가는 바람에 보면서도 보
는 줄 모르고, 들으면서도 듣는 줄 모르고, 느끼면서도 느끼는 줄 모르
고, 알면서도 아는 줄 모를 뿐입니다. 자기가 자기에게 속는 것이지, 경
계가 사람을 속이는 것이 아닙니다.

---

79 남포소명(南浦紹明, 1235~1308). 일본 가마쿠라 시대 임제종 승려. 원통대응국사(圓通
    大應國師).

그래도 모르겠다면, 비 개인 뒷날 앞산을 바라보십시오. 골짜기 사이에서 일어나는 안개와 아지랑이가 불법을 온통 누설하고 있습니다. 본래 없던 것이 인연 따라 일어났다 잠시도 머물지 않고 다시 인연 따라 사라집니다. 오고 가는 인연 가운데 온 적도 없고 가지도 않는 한 물건이 있습니다. 너무나 분명해서 도리어 알아차리지 못할 뿐입니다.

58. 돌려보내지 못하는 것

돌려보낼 수 있는 모든 것은

자연히 그대가 아니네.

그대가 돌려보내지 못하는 것

그것이 그대가 아니면 누구랴.

_능엄경[80]

몸은 지수화풍(地水火風) 사대(四大)[81]의 일시적 화합으로 이루어진 것이니 결국 다시 사대로 흩어집니다. 느낌은 느끼는 자와 느끼는 대상의 접촉에서 비롯된 것이니 접촉의 인연이 사라지면 그것을 따라 사라집니다. 마음은 현상을 인연으로 일어나고, 현상은 마음을 떠나 있지 않아서, 마음이 없으면 현상도 없고, 현상이 사라지면 마음도 사라집니다.

이와 같이 몸〔身〕, 느낌〔受〕, 마음〔心〕, 현상〔法〕은 본래 무상하고 고정된 실체가 없습니다. 모든 것이 있는 듯 하지만 실제로는 있는 것이 아닙니다. 오기도 하고 가기도 하는 것은 믿고 의지할 만한 근거, 참된 나

---

80 대불정여래밀인수증료의제보살만행수릉엄경(大佛頂如來密因修證了義諸菩薩萬行首楞嚴經). 당(唐)의 반자밀제(般刺蜜帝) 번역. 마음은 어디에 있는가에 대한 세존과 아난(阿難)의 문답으로 시작하여 깨달음의 본성과 그 깨달음으로 나아가는 과정을 설하고 여래장(如來藏)이 무엇인가를 밝힌 경전.

81 우주 만물을 구성하는 네 가지 요소인 땅, 물, 불, 바람.

자신이 될 수 없습니다. 인연으로 일어난 모든 것은 본질적으로 그 바탕이 텅 비어 있습니다〔緣起卽空〕. 결국 나라고 할 만한 것은 없습니다〔諸法無我〕.

그런데 나라고 할 만한 것이 없다는 바로 그것은 오지도 않았고 가지도 않습니다. 몸도 아니고, 느낌도 아니고, 마음도 아니고, 현상도 아닙니다. 마치 연극이 펼쳐지는 극장에, 무대도 사라지고, 배우도 사라지고, 관객도 사라지고, 마침내 극장마저 사라져도 남아 있는 것이 있습니다. 그것이 본래 있었기에, 다시 극장, 무대, 배우, 관객이 나타나 한바탕 연극이 시작됩니다.

(주먹을 들어 보이며) 이 주먹이 사라지고, 이 주먹이 나타나는 배경도 사라지고, 이 주먹을 보는 사람마저 사라지고 나면 무엇이 남아 있을까요? 악! 머리 위에 머리를 얹지 말고, 물속에서 물을 찾지 마십시오. 바깥으로 아무리 보아도 그저 내 눈동자를 쓰고 있을 뿐이요, 아무리 먼 길을 걸어가도 언제나 자기 발밑을 떠나 있지 않았습니다. (손뼉을 짝! 부딪치다.)

59. 바위 앞 푸른 대나무

백의관음(白衣觀音)[82]은 말없이 말씀하시고
남순동자(南巡童子)[83]는 듣지 않고 들었네.
병 위 푸른 버들가지는 언제나 여름이고
바위 앞 푸른 대나무는 어디서나 봄일세.

_관음찬

하늘에 떠가는 구름은 석가가 영산회상에서 꽃을 들어 대중에게 보인 소식이요, 아침 이슬에 젖은 바위는 유마가 비야리(毘耶離) 성(城)에서 아무 말도 하지 않은 소식입니다. 화단 가득 피어 있는 꽃들은 비 오듯 쏟아지는 덕산의 방망이이며, 그것들이 토해 내는 향기는 귀청이 떨어지는 임제의 고함 소리입니다.

악!

보지 않아도 보는 것이요, 듣지 않아도 듣는 것이며, 느끼지 못해도 느끼고 있는 것이요, 알지 못해도 알고 있는 것입니다. 다시 보려 하고,

---

82 백의관음은 33관음 중 한 분으로 아이의 출산과 생명을 보살피는 보살로서, 흰옷은 언제나 청정(淸淨)함을 상징함.

83 선재동자(善財童子). 『화엄경』의 「입법계품」에 의하면 일찍이 남행하여 53위의 선지식을 두루 섭렵하고 문수·보현보살을 만나 불도를 이룸.

들으려 하고, 느끼려 하고, 알려 하기 때문에 이미 갖추어져서 분명하게 드러나 있는 것을 놓치고 있습니다. 모든 것을 멈추고 가만히 비춰 보십시오.

과거·현재·미래가 다만 눈앞의 이 일(주먹을 들어 보임)이요, 시방(十方)이 그저 눈앞의 이것(손바닥을 펴 보임)입니다. 언제 어디서나 다른 일이 없습니다. 본래 무심하고 청정한 이것은 시작도 없고 끝도 없이 늘 눈앞에 드러나 있습니다. 언제나 푸르른 여름이요, 어디서나 신선한 봄입니다.

60. 부처도 아니고 마음도
아니고 물건도 아닌데

부처도 아니고 마음도 아니고 물건도 아닌데
쓸데없이 가죽부대만 괴롭혀 고생을 하는구나.
눈앞에 드러난 경계의 모습 씻은 듯 깨끗하니
낱낱이 그대를 위해 자세하게 가리켜 보여 주네.

_무이 스님[84]

이것이 무엇입니까? 인생 백년 삼만 육천오백 일 언제나 반복하고 있는 이것을 뭐라고 불러야 할까요? 부처, 마음, 한 물건, 성품, 불성, 공적영지, 평상심, 찰나, 의식, 주인공, 알아차림, 반야⋯⋯. 아닙니다, 모두 아닙니다. 도대체 이것이 무엇일까요?

모든 이름이 이것에서 나왔지만 이것은 아무 이름이 없습니다. 모든 모양이 이것에서 비롯되었지만 이것은 아무 모양이 없습니다. 모든 느낌이 이것에서 나타나지만 이것은 아무 느낌이 없습니다. 모든 생각이 이것에서 일어나지만 이것은 아무 생각이 없습니다.

---

84 박산무이(博山無異, 1575~1630). 명나라 때 조동종 승려. 『참선경어(參禪警語)』라는 법어가 전함.

이것을 깨닫지 못하면 헛되이 몸뚱이만 괴롭히며 쓸데없는 고생만 하게 됩니다. 수행이라는 이름으로 먹는 것을 단속하고, 일정한 행위를 반복함으로써 특정한 결과를 얻으려고 노력합니다. 조작으로 이룬다 할지라도 결국 허망하게 사라지니 참으로 어리석다 할 뿐입니다.

한 생각 일으키기 이전에 이미 이것은 눈앞에 뚜렷이 드러나 있습니다. 찾고자 하고 알고자 하면 이것은 결코 찾을 수도 없고 알 수도 없습니다. 찾고자 하고 알고자 하는 모든 노력이 꽉 막혀 어떻게도 할 줄 모를 때, 그제야 이것이 문득 전체로서 이미 드러나 있다는 사실을 보게 됩니다.

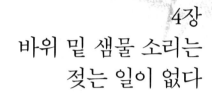

4장
바위 밑 샘물 소리는
젖는 일이 없다

61. 깨닫고 나면 깨닫기 전과 같아

본래 마음과 법에 통달하면
법도 없고 법 아닌 것도 없다.
깨닫고 나면 깨닫기 전과 같아
마음도 없고 또한 법도 없다.

_제다가 존자[85]

이 공부에 가장 미묘한 점은 공부를 해서 얻고 깨달으려는 대상이 이미 주어져 있다는 사실입니다. 더욱 불가사의한 일은 스스로 깨닫기 이전에는 결코 그 사실을 알 수 없다는 것입니다. 그래서 억지로 말을 하자면 이 공부는 깨달을 것이 없다는 사실을 깨닫는 것이라 할 수 있습니다.

깨닫기 이전에는 마음도 따로 있고 법도 따로 있었는데, 막상 깨닫고 나면 마음이라 할 것도 법이라 할 것도 따로 없습니다. 깨닫기 이전부터 역력했던 한바탕만 뚜렷할 뿐, 그 가운데 어떤 것이 법이고 어떤 것이 법이 아니라는 허망한 분별이 저절로 사라지게 됩니다.

더 나아가 깨달았다는 것도 망상에 지나지 않는다는 사실을 돌아보

---

85 제다가(提多迦) 존자. 서천(西天) 제5대 조사.

게 되면, 깨닫지 못했다는 것 역시 허망한 분별임을 사무치게 됩니다. 애초에 이 일은 깨닫고 깨닫지 못하는 일과는 상관이 없었다는 사실에 박장대소를 하게 됩니다. 말 그대로 커다란 꿈에서 문득 깨어난 것 같습니다.

어떤 것도 더하거나 뺄 필요가 없는, 있는 그대로의 나 자신으로 돌아왔을 뿐입니다. 모든 것을 수용하지만 어떤 것도 집착하지 않는 텅 빈 허공과 같습니다. 너무나 거대하여 오히려 보이지 않고, 너무나 자연스러워서 도리어 알지 못합니다. 늘 있는 것은 마치 없는 것 같기 때문입니다.

62. 소림의 소식

한 법도 원래 없으니 만법이 비었거늘
이 가운데 어찌 원만히 통하여 깨닫는 것을 허락하리오.
소림(少林)의 소식[86]이 끊어졌다 여겼더니
복숭아꽃은 예전 그대로 봄바람에 웃고 있네.

_부용 스님[87]

눈앞에 무엇이 있습니까? 온갖 '대상경계'가 분명히 있습니까? 잘 살펴보십시오. '대상경계'가 진짜 있는 겁니까? 보고, 만지고, 느끼는 것을 벗어나 그것이 독자적으로 있을 수 있습니까? 즉 보고, 만지고, 느끼는 '나'와 따로 떨어져 객관적으로 '대상경계'가 존재하는 것입니까? 나아가 보고, 만지고, 느끼는 '나' 역시 보고, 만지고, 느끼는 것을 떠나 홀로 있을 수 있습니까? '나'는 '대상경계'와 분리되어 객관적으로 존재하는 것입니까?

보고, 만지고, 느끼는 '나'와 보이고, 만져지고, 느껴지는 '대상경계'는 결코 둘이 아닙니다. '나'가 있기에 '대상경계'도 있는 것 같고, '대상경계'가 있기에 '나' 역시 있는 것 같을 뿐입니다. 사실은 둘 다 독자적인

---

86 소림은 달마가 면벽하던 소림사를 말함. 달마(達磨)로부터 전해진 선종(禪宗)의 가르침.
87 부용도해(芙蓉道楷, 1043~1118). 북송(北宋) 때 조동종의 스님.

실체가 없습니다. 그런데 그 사이에서 '보고, 만지고, 느끼는 일'이 있을 수 있겠습니까? '나'가 '대상경계'를 보고, 만지고, 느끼지만, 실제는 '나'도 없고, '대상경계'도 없고, 보고, 만지고, 느끼는 일도 없습니다.

이 가운데에는 깨달아 원만히 통한다는 말조차 세울 수 없습니다. 여기서는 과거·현재·미래의 모든 부처님과 역대의 조사들의 가르침마저 긁어 부스럼을 더하고, 멀쩡한 눈에 금가루를 뿌리는 일일 뿐입니다. 말의 길과 마음 갈 곳이 끊어져 마치 시간이 멈춘 것 같고 삼라만상이 모두 숨을 죽인 듯합니다. 부처를 만나면 부처를 죽이고, 조사를 만나면 조사를 죽입니다. 크게 한 번 죽은 다음에 다시 살아나야 합니다.

텅 비어 아무것도 세울 수 없는 그 자리에 다시 예전 그대로 복숭아꽃은 봄바람에 웃음 짓습니다. 찻잔은 비워졌는데도 향기는 여전히 남아 있습니다. 다시 시간은 흐르고 삼라만상이 활발하게 살아납니다. 그러나 아무리 보아도 본 것이 도무지 없고, 아무리 만져도 만진 것이 도무지 없으며, 아무리 느껴도 느낀 것이 도무지 없습니다. 모든 것이 꿈과 같고, 환상과 같고, 물거품과 같고, 그림자와 같습니다. 마땅히 이와 같이 보아야 합니다.

63. 흰 구름 끊어진 곳

옳음도 그름도 모두 상관하지 않으니
산은 산, 물은 물대로 저절로 한가하다.
서천(西天)의 극락세계[88]를 묻지 마라.
흰 구름 끊어진 곳에 청산이 있으니.

_임제 스님[89]

그른 것이 없다면 옳은 것이 저 홀로 있을 수 없고, 옳은 것이 없다면 그른 것 역시 저 혼자 있을 수 없습니다. 옳다는 것도 그르다는 것도, 칡넝쿨이나 등나무 넝쿨처럼 서로가 서로를 의지해 있는 것일 뿐, 고정 불변한 실체가 있는 것은 아닙니다. 모두가 허망한 분별에 지나지 않습니다.

옳은 것도 놓아 버리고, 그른 것도 놓아 버리십시오. 있는 것도 놓아 버리고, 없는 것도 놓아 버리십시오. 아는 것도 놓아 버리고, 모르는 것도 놓아 버리십시오. 나도 놓아 버리고, 나 아닌 것도 놓아 버리십시오. 좋은 것도 놓아 버리고, 싫은 것도 놓아 버리십시오. 일체를 놓아 버리면 무엇이 남아 있습니까?

---

88 안양국(安養國). 아미타불(阿彌陀佛)이 교주로 있는 서방 정토.
89 임제의현(臨濟義玄, ? ~867). 당나라의 선승. 임제종의 시조(始祖).

악!

모든 곳에서 손을 떼는 순간, 산은 산대로, 물은 물대로 모든 것이 저절로 제 갈 길을 갑니다. 될 일은 아무리 방해를 해도 될 것이고, 안 될 일은 아무리 애를 써도 안 될 것입니다. 현실의 성공과 실패를 둘로 나누어 보지 마십시오. 둘인 듯 보이지만 결국엔 서로 다른 일이 아닙니다.

극락세계가 서쪽에만 있는 것이 아닙니다. 동쪽이라는 분별이 없으면 서쪽마저 사라집니다. 분별망상이 일어난 그 자리가 바로 극락일 뿐 달리 극락이 있지 않습니다. 즐거움이 다하고, 그리하여 괴로움마저 사라진 그 자리가 바로 극락입니다. 흰 구름 속에 있어도 청산은 언제나 푸릅니다.

64. 생각을 일으키기 이전에

생각을 일으키기 이전에 이미 그르쳤거늘
다시 입을 열려 한다면 더욱 어지러우리.
가을 서리와 봄비를 지낸 것이 몇 해던가?
모두가 부질없는 일인 것을 오늘에야 알았네.

_태고 스님

    거친 몽둥이질로 유명한 덕산 스님이 저녁 법문 시간에 대중에게 말했습니다. "오늘밤에는 물음에 답하지 않겠다. 묻는 자는 삼십 방망이를 때리겠다." 이때 한 스님이 나와서 절을 하였습니다. 그러자 덕산 스님이 곧 때렸습니다. 그 스님이 "아직 묻지도 않았는데, 화상께서는 어째서 저를 때리십니까?"라고 물었습니다. 덕산 스님이 물었습니다. "그대는 어디 사람인가?" 그 스님이 대답했습니다. "신라 사람입니다." 덕산 스님이 말했습니다. "그렇다면 배에 오르기 전에 삼십 방망이를 맞았어야 좋았을 것이다."

    덕산 스님도 삼십 방망이를 달게 맞아야 합니다. 저 역시 삼십 방망이를 호되게 맞아야 합니다. 이 글을 읽는 여러분 또한 삼십 방망이를 피할 수 없습니다. 그런데 이 가운데 방망이를 맞지 않는 사람이 있습니다. 아시겠습니까?

악! 한 방망이 더 맞아야 합니다.

육조 혜능(慧能) 스님이 오조 홍인(弘忍) 스님의 방을 찾아가 금강경을 설하는 것을 듣고 깨닫고는 다음과 같이 말씀하셨습니다. "자성이 본래 청정한 줄을 어찌 알았겠습니까? 자성이 본래 생멸이 없는 줄을 어찌 알았겠습니까? 자성이 본래 저절로 갖춰져 있는 줄을 어찌 알았겠습니까? 자성이 본래 흔들림이 없는 줄을 어찌 알았겠습니까? 자성이 능히 모든 것을 만들어 내는 줄을 어찌 알았겠습니까?" 수다스러운 육조 스님 역시 삼십 방망이를 맞아야 합니다.

바로 지금 이 순간 눈앞에 없는 것을 찾아 헤매지 말고, 언제나 변함없이 이 자리에 있는 것을 바로 보십시오. 숱한 세월을 지내며 해 왔던 온갖 난행과 고행이 결국엔 부질없는 짓에 지나지 않았다는 사실을 허탈한 웃음 끝에 깨달을 수 있다면 그나마 다행한 일일 것입니다. 본래 있는 것을 다시 얻을 수는 없습니다. 이미 있는 자기를 놓아두고 다른 자기를 찾을 수는 없습니다. 바깥으로 모든 인연을 쉬어 버리고, 안으로 헐떡이며 구하는 마음을 멈춰 보십시오. 바로 지금 무엇이 여기 있습니까?

창밖의 장맛비가 벌써 누설해 버렸습니다.

65. 아득한 옛날부터 나고 죽는 근본을

도를 배우는 사람들이 진실을 알지 못함은
다만 이전의 분별의식을 진실로 알기 때문이네.
아득한 옛날부터 나고 죽는 근본을
어리석은 사람들은 본래의 사람이라 부르네.

_장사 스님[90]

이 공부를 해 나가는 와중에 가장 조심해야 할 것은 자기도 모르게 어떤 고정불변의 실체를 상정하는 일입니다. '부처', '마음', '도', '알아차림', '순수의식', '참나' 등등의 방편의 말에 속아 그러한 말이 가리키는 '무엇'이 있는 것처럼 인식하거나, 바로 지금 보고 듣는 '이것', 또는 이 송장을 끌고 다니는 '놈'이라는 말에 해당하는 어떤 대상경계를 의식하고 있다면 이 공부와는 아무 상관이 없는 사람, 즉 외도(外道)입니다.

그것이 이 공부에서 극도로 금기시하는 알음알이, 분별의식이며, 그러한 알음알이와 분별의식에 의지하기 때문에 에고 의식[識神]을 자신의 진정한 주인공으로 오인하는 것입니다. 어떤 대상경계가 있다면, 그것을 의식하는 주체가 반드시 있는 것처럼 느껴지기 때문입니다. 보통

---

90 장사경잠(長沙景岑, ?~868). 당나라 때의 선승. 남전보원(南泉普願, 748~834)의 법을 이음.

또렷한 의식의 상태나 고요한 마음의 상태, 육체 감각적인 에너지 현상 등등 어떤 대상경계를 주시하고 알아차리는 '무엇'이 있다면 공부가 엉뚱한 길로 가는 것입니다.

웬만큼 공부를 한 사람도 그렇게 주시하고 알아차리는 그것이 바로 미묘한 에고요, 나고 죽음의 근본임을 돌아보지 못합니다. 그러한 병통에 빠진 사람을 위한 처방이 바로 '오매일여(寤寐一如)'입니다. 에고는 저 자신이 분별의식의 산물이므로 깨어서 분별할 때는 있는 것 같지만, 꿈도 없는 깊은 잠 속에 들어가면 흔적도 없이 사라집니다. 그래서 꿈도 없는 깊은 잠이 들었을 때 그대의 주인공은 어디에 있느냐고 묻는 것입니다.

나타났다 사라지는 것은 본래의 사람, 자신의 본래면목이 아닙니다. 진정한 나 자신은 내가 지켜보고 알아차리는 곳에 있지 않습니다. 옛사람이 생각 없음[無念], 머묾 없음[無住], 모양 없음[無相], 마음 없음[無心], 알지 못함[不識]이라 가리킨 바를 몸소 체득해야만 이러한 병통에서 빠져나올 수 있습니다. 위치 없는 참사람[無位眞人], 어디에도 의지함이 없는 도인[無依道人], 배움을 끊어 버린 한가한 도인[絶學無爲閑道人]이 될 수 있습니다.

66. 자주 소옥을 부르는 뜻은

한 폭의 풍광은 그리려야 그릴 수 없어
침실 깊은 곳에서 애타는 심정만 늘어놓네.
자주 소옥을 부름은 원래 다른 일이 있어서가 아니라
다만 낭군이 소리를 알아듣기 바랄 뿐이네.

_작자 미상

흔히 소염시(小艶詩)라는 이름으로 알려진 이 시는 송나라 때 오조법연(五祖法演) 선사가 진제형(陳提刑)이라는 거사에게 선을 설명하기 위해 거론했던 것입니다. 당나라 현종의 총애를 받던 양귀비가 현종 몰래 안록산과 밀회를 나눴는데, 양귀비가 몸종인 소옥의 이름을 부르면 안록산이 그 소리를 듣고 양귀비를 찾아왔다고 합니다. 옆에서 이 이야기를 듣고 있던 원오극근(圓悟克勤) 선사는 자신이 들고 있던 '뜰 앞의 잣나무' 화두를 타파하고 깨달음을 얻었다는 일화가 있습니다.

사랑에 빠진 두 연인의 애타는 심정은 그림을 그리려야 그릴 수 없고, 언어문자로 표현하려야 표현할 수 없을 것입니다. 차마 표현할 수 없기에 안으로만 사무치는 그 심정을 누가 알 수 있겠습니까? 마찬가지로 바로 지금 눈앞의 이 일단의 일 역시 어떻게도 표현하고 전달할 도리가 없습니다. 흡사 벙어리가 기가 막힌 꿈을 꾼 것과 같아서, 남에

357

게 보여 주고 싶지만 보여 줄 수 없고, 말해 주고 싶지만 말해 줄 수 없습니다. 어찌할 수 없어 안타까운 손짓 발짓에 말이 되지 않는 소리를 들려줄 뿐입니다.

석가세존이 영산회상에서 꽃을 들어 보이고, 구지 화상이 손가락 하나를 들어 보인 것은 꽃과 손가락에 뜻이 있는 것이 아닙니다. 덕산 스님이 몽둥이를 휘둘러 사람을 때리고, 임제 스님이 귀가 떨어져라 고함을 치는 뜻 역시 때리고 소리를 지르는 데 있는 것이 아닙니다. 부처가 무엇이냐 묻는 말에 "마른 똥막대기다."라고 하거나, 어떤 것이 조사가 서쪽에서 온 뜻이냐는 말에 "뜰 앞의 잣나무니라."라고 말한 것은, '마른 똥막대기'와 '뜰 앞의 잣나무'에 뜻이 있지 않습니다.

꽃과 손가락을 보는 사람이 누구입니까? 몽둥이로 때리면 아픈 줄 알고, 고함을 치면 깜짝 놀라는 그것은 무엇입니까? '마른 똥막대기'라고 말하든, '뜰 앞의 잣나무'라고 말하든 그 말이 어디에서 드러났다 어디로 사라집니까? 이 일단의 풍광을 분명히 깨닫는다면, 꽃은 꽃이 아니고 손가락은 손가락이 아닙니다. 몽둥이로 때리는 일이나 고함을 치는 일이 다르지 않고, '마른 똥막대기'와 '뜰 앞의 잣나무'가 다른 소식이 아닙니다. 나아가 온갖 차별현상 하나하나가 그저 이 하나의 풍광일 뿐입니다.

소옥아~, 소옥아~! 이 소리를 알아듣는 그것입니다.

67. 지혜의 칼을 뽑아 들어

도를 닦는다고 하면 도는 행해지지 않고
온갖 삿된 경계들이 앞다투어 일어난다.
지혜의 칼을 뽑아 들어 한 물건도 없으면
밝음이 드러나기 전에 어둠이 밝아진다.

_임제록

흔히 수도(修道)한다, 곧 도를 닦는다 하지만, 도라는 것은 닦을 수 있는 하나의 대상경계가 아닙니다. 억지로 말하자면, 가는 것이 도요, 머무는 것이 도요, 앉는 것이 도요, 눕는 것이 도입니다. 말하는 것도 도요, 말하지 않는 것도 도요, 움직이는 것도 도요, 움직이지 않는 것도 도입니다. 일체가 도 아닌 것이 없으므로 결국에는 도라는 것마저 없는 것입니다.

이를 알지 못하고 몸을 구속하고 마음을 다스려 있지도 않은 도를 닦으려 하면, 하면 할수록 삿된 경계만 나타납니다. 안팎으로 광명을 보고 미묘한 소리를 듣는다거나, 편안하고 고요한 심리상태에 빠진다든가, 눈앞에 또렷또렷한 의식이 느껴진다거나, 지난 일과 앞일을 훤히 꿰뚫어 보거나, 기운과 에너지 장을 조절하고 병을 고치는 등 이상한 경계만 치성해집니다.

그 모든 경계들은 일정한 인연으로 말미암아 조건적으로 형성된 것이기 때문에 늘 한결같지 못하고 변화를 겪습니다. 날카로운 지혜의 칼로 이러한 삿된 경계와 잘못된 견해를 잘라 내어 본래 천연 그대로의 모습으로 돌아가야 합니다. 술에 취해 정신을 잃어버린 사람이 뱃속에 든 모든 것을 토해 버리듯, 그동안 배우고 익힌 모든 알음알이를 내려 놓아야 합니다.

버리고 또 버리고, 토해 내고 또 토해 내서 더 이상 마음속에 갖고 있는 것이 없을 때 불현듯 이 아무것도 없는 것이 결코 그냥 없는 것만이 아니라는 사실을 돌아볼 인연이 펼쳐질 것입니다. 새로 얻은 것은 하나도 없지만, 본래 아무 부족함 없는 것을 발견하게 될 것입니다. 나귀의 일이 가지 않았는데 말의 일이 오고, 밝음이 드러나지 않았는데 어둠이 밝아질 것입니다.

중생을 벗어나 부처가 되려는 것이 어리석음이었고, 번뇌를 버리고 깨달음을 얻으려 한 것이 병이었을 뿐입니다. 언제나 변함없이 이 자리에 있는 것은 예나 지금이나 변함없는 자기입니다. 온갖 경계를 두루 머금고 있지만 스스로는 어떤 경계도 아닌 것이 이 자기입니다. 있다와 없다, 안다와 모른다에 걸림 없이 언제나 변함없는 것이 이 자기입니다.

지금 보고 있고, 보이고 있는 모든 것이 그것입니다.

68. 수미산이 벌떡 일어나 춤을 추네

밝은 대낮에 한 줄기 우렛소리
대지의 온갖 생령 활짝 눈을 뜨네.
삼라만상이 일제히 고개를 숙이고
수미산이 벌떡 일어나 춤을 추네.

_무문 스님

이 시는 공안집 『무문관』으로 유명한 무문혜개 스님의 오도송(悟道頌) 입니다. 무문 스님은 출가 후 월림사관(月林師觀) 스님의 문하에서 조주 (趙州) '무(無)' 자 화두[91]를 공부하였습니다. 잠이 오면 기둥에 머리를 부 딪치며 애를 쓴 지 6년 만에 점심 공양을 알리는 북소리를 듣고 깨닫고 는 이 시를 지었다고 합니다.

'밝은 대낮[靑天白日]'이란 조그마한 생각의 구름조차 찾을 수 없는 마 음 상태를 가리킵니다. 생각이 없는 상태가 아니라 생각이 일어나도 일 어난 것조차 돌아볼 수 없이 앞뒤가 꽉 막힌 상태로, 달리 표현하면 온 우주가 알 수 없는 의심으로 활활 타오르는 상태, 또는 머릿속에 콘크 리트를 들이부은 듯 어떤 잡념도 방해하지 못하는 지경입니다.

---

91 구자무불성화(狗子無佛性話)라고도 함. 어떤 승려가 조주에게 묻기를, "개에게도 불성이 있 습니까?"라고 하자, 조주는 "없다[無]."라고 했다는 말.

흔히 의심 뭉치만 홀로 드러난 상태[疑團獨露], 마음이 의심 하나로 뭉쳐 흩어지지 않는 경지[心一境], 은산철벽을 마주하고 있는 상태, 금강의 감옥[金剛圈]에 갇힌 듯하고 밤송이[栗棘棒]를 삼킨 듯한 지경을 말합니다. 강한 의지[發心]를 가졌거나, 눈 밝은 선지식의 지도와 격발을 받게 되면 어렵지 않게 이 상태에 들어가게 됩니다.

자기가 살았는지 죽었는지, 밥을 먹는지 잠을 자는지 모를 정도로 앞뒤가 딱 끊어진 경계에 있다가, 보이는 인연이나 들리는 인연, 어떤 글귀나 말소리에 문득 언제나 눈앞에 살아 있는 이 일을 발견하는 것을 일러 깨달음이라 합니다. 영운 스님은 복숭아꽃을 보는 순간, 경허 스님은 콧구멍이 없다는 소리를 듣는 순간 그런 일이 벌어졌습니다.

그 순간 모든 차별경계가 그대로 있으면서 일시에 사라진 것 같다 할까, 온 세상이 갑자기 정지한 듯하다 할까, 잘 들어오던 전기가 일순간 나가 버린 것 같은 경계가 펼쳐집니다. 시에서 '삼라만상이 일제히 고개를 숙인다'는 것이 이러한 경계입니다. 경계와 늘 둘이 되어 있던 마음이 문득 한 덩어리가 되면서 분별이 멈추는 일이 벌어집니다.

그렇게 일체 경계 위에서 분별이 사라지면 비로소 차별되는 경계가 아닌 것, 마음이라 하는 것이 확연히 드러나게 됩니다. 이것을 한 번 죽었다 살아난다고 하며, 시에서는 '수미산이 벌떡 일어나 춤을 춘다'고 표현하고 있습니다. 전체가 생생하게 살아 있다 해야 할까, 사물 하나하나가 약동한다고 해야 할까, 회색으로 죽어 있던 세계가 찬란하게 빛나는 것 같다 할 수 있습니다.

362

이때 말로 형언할 수 없는 기쁨, 법희선열(法喜禪悅)을 느끼기도 합니다. 그동안 지고 있던 무거운 마음의 짐을 한순간 내려놓은 듯 통쾌한 느낌이 들기도 하고, 저 밑바닥에서 스스로 억제할 수 없는 벅찬 기운이 치고 올라오면서 모르는 게 없는 것 같고 무서운 게 없는 것 같은 느낌이 들기도 합니다. 한동안 그 여운이 주위를 떠나지 않고 머물기도 합니다.

그러나 이것이 공부의 종착점이 아니라 출발점이라는 사실을 명심해야 합니다. 그러한 경험이 있으면 반드시 이 공부를 바르게 해 온 사람을 찾아가 다음 공부의 길을 물어야 합니다. 이 공부는 깨닫기 전보다 깨달은 이후의 공부가 더 어렵고 힘이 들기 때문입니다. 무쇠로 만든 사람이라야 이 공부를 할 수 있다고 했던 옛사람의 말씀을 귀담아들어야 합니다.

69. 바위 밑 샘물 소리는 젖는 일 없다

부엌에서 불붙이다 홀연히 눈 밝으니
이로써 옛길이 인연 따라 분명하네.
누가 나에게 서래의(西來意)를 묻는다면
바위 밑 샘물 소리는 젖는 일 없다 하리.

_한암 스님[92]

근래 발견된 한암 스님의 자전적 수도기 「일생패궐(一生敗闕)」에 의하면 13년간 4차례에 걸쳐 본인의 공부 경계가 달라지는 과정을 서술하고 있습니다.

스님은 1899년 24살에 성주 수도암에서 경허(鏡虛) 선사의 『금강경』 법문을 듣다가 문득 안광이 열리면서 삼천대천세계가 눈 속에 들어와 모든 사물이 자기 아님이 없는 경계를 경험합니다.

그 후 경허 선사의 점검과 탁마를 받고 화두를 들고 정진하다가 1900년 가을 통도사 백운암에서 입선 죽비소리를 듣고 또다시 개오(開悟)하게 됩니다.

---

92 한암중원(漢岩重遠 · 1876~1951). 경허 스님의 법제자. 27년간 오대산에서 두문불출함.

1903년 28살에 해인사에서 경허 선사로부터 공부가 개심(開心)의 경지는 넘었다는 인정을 받습니다. 그리고 혼자『전등록』을 보다가 약산 화상이 '한 물건도 작위하지 않는다〔一物不爲〕'고 말하는 곳에서 마음 길이 뚝 끊어지고 통 밑이 쑥 빠지는 경계를 체험합니다.

경허 선사가 종적을 감춘 후 1912년 37살 되던 해, 맹산 우두암에서 혼자 부엌 아궁이에 불을 붙이다가 다시 한 번 홀연히 깨닫게 됩니다. 그리고 스스로 서술하기를, 처음 수도암에서 개오할 때와 조금도 다름이 없을뿐더러 한 줄기 활로(活路)가 부딪치는 곳마다 분명하다, 하고는 위의 게송을 읊었습니다.

한암 스님의 공부 과정을 살펴보면 이 공부가 한 차례의 체험이나 경계 변화를 통해 완성되는 것이 아니라는 사실을 알 수 있습니다. 인연 있는 선지식과 꾸준히 교류하면서 지도, 탁마, 점검을 받아야 할 뿐만 아니라, 본인 스스로도 늘 자기 공부에 미진처가 없도록 애를 써야 합니다.

그러나 결국 깨닫고 보면, 이것은 새롭거나 특별한 것이 아니라 언제나 눈앞에 밝게 드러나 있던 '옛길〔古路〕'일 뿐입니다. 한암 스님의 경우도 처음의 경계와 13년 뒤에 불을 붙이다 체험한 경계가 조금도 다르지 않았다 했습니다. 그런데 처음과 다른 것은 이제 비로소 한 줄기 활로가 분명해졌다는 것입니다.

처음 이 일을 밝혔을 때는 기존의 잘못된 훈습, 알음알이로 인해 이것의 진면목을 명확히 깨닫지 못합니다. 그래서 그때부터 꾸준히 공부해 나가다 보면, 두 차례, 세 차례 공부 경계의 변화를 경험하면서 안목이 더욱 넓어지고 깊어지게 되는 것입니다. 이것이 깨달은 뒤의 공부 아닌 공부입니다.

누가 어떤 것이 달마가 서쪽에서 온 뜻이냐 묻는다면, 바위 밑 샘물 소리는 젖는 일이 없다 하겠다, 하였습니다. 물소리는 스스로 젖지 않고 불빛은 스스로 타지 않습니다. 이 일단의 풍류(風流)는 아는 사람이 아니면 즐길 수 없습니다. 이 아무 맛없는 맛이야말로 일미(一味)이자 진미(眞味)입니다.

(허공에 천천히 한 일 자를 그으며) 이것을 맛보십시오!

70. 깨달음도 깨닫지 않음도 아니니

깨달음은 깨달음도 깨닫지 않음도 아니니
깨달음이 없음을 깨달음이 깨달음을 깨달은 것이네.
깨달음을 깨달음은 깨달음을 깨달음이 아니니
어찌 진정 깨달음이라고 이름해야만 하는가.

_청매 스님[93]

칼국수에는 칼이 없습니다. 붕어빵에도 붕어는 없습니다. 모든 이름
은 공중의 누각이요, 뿌리가 없는 나무입니다. 이름〔언어〕에는 뜻〔개념〕
이 따른다고 믿지만, 뜻 역시 또 다른 이름의 무더기에 불과합니다. 우
리가 아는 모든 것은 이름일 뿐입니다. 따라서 일체 만법이 토끼 뿔과
같고 거북 털과 같아서, 모두 헛된 것이고 거짓에 불과합니다.

깨달음이라 말하지만, 깨달음에는 깨달음이라는 말로 가리키는 어떠
한 실체도 없습니다. 부질없이 깨달음이라는 이름을 세우면 깨닫지 못
함이라는 헛된 이름과 짝을 이루게 됩니다. 깨닫지 못함과 짝을 이루는
깨달음은 완전한 깨달음, 진정한 깨달음이 아닙니다. 참으로 깨달으면
깨달음이 없습니다. 깨달음이 없으면 깨닫지 못함도 없습니다.

---

93 청매인오(青梅印悟, 1548~1623). 조선 중기의 승려. 서산 대사의 법을 이음.

깨닫지 못하면 깨달음이 있지만, 깨달으면 깨달음은 없습니다. 깨달음이란 달리 깨달을 것이 없다는 사실을 깨닫는 것입니다. 깨달음에는 아무런 내용이 없습니다. 깨달음이라는 이름에 부합하는 어떤 것도 없습니다. 이 사실을 깨닫지 못하면 깨달음이 따로 있습니다. 깨달으면 있는 것을 없다 말하지만, 깨닫지 못하면 없는 것을 있다 여깁니다.

깨닫지 못하면 깨달음에 막히지만, 깨달으면 깨달음에 걸림이 없습니다. 그러므로 깨달은 사람에게 깨달음을 물으면, 깨달음을 가르쳐 주는 것이 아니라 뜰 앞의 잣나무를 가리킵니다. 왜냐하면 깨달음은 깨달음이 아니고, 뜰 앞의 잣나무는 뜰 앞의 잣나무가 아니기 때문입니다. 모든 이름이 사라진 바로 그 자리를 굳이 깨달음이라 부를 필요가 없기 때문입니다.

71. 곧장 크게 죽은 사람과 같아야 한다

공부하는 사람은 다른 방법이 없으니
곧장 크게 죽은 사람과 같아야 한다.
한 점의 기운마저 없어져야
바야흐로 저 사람과 더불어 합해지리라.

_백운 스님

선(禪)을 공부하는 데는 어떠한 특별한 수단과 방법이 없습니다. 수단과 방법을 찾아 구하는 한, 선을 깨달을 수 없습니다. 수단과 방법은 서로 독립된 두 개의 대상 사이에서나 가능한 일입니다. 찾는 자와 찾는 대상이 따로 있어야 찾는 수단과 방법을 궁리할 수 있습니다. 그러나 선은 둘이 없습니다.

그러므로 선에서는 해야 할 일, 할 수 있는 일이 없습니다. 했다 하면 하는 자와 하는 일, 둘입니다. 하지 않는다 해도 마찬가지입니다. 이렇게도 할 수 없고, 저렇게도 하지 못합니다. 이 애매하고 답답한 상황 속에서 기존에 가지고 있던 모든 재주와 알음알이가 힘을 잃어버립니다.

앞으로만 나아갈 줄밖에 모르는 멧돼지가 올무에 걸린 것처럼 어떻게 하려고 하면 할수록 더욱 어쩌지 못하는 상황 속에 처하게 됩니다.

간절히 알고자 할수록 더욱 모르게 됩니다. 그 간절함이 극에 달하면 마치 죽은 사람처럼 더 이상 분별의 힘을 쓸 수 없게 됩니다.

옛사람이 이르기를, "죽은 사람을 완전히 죽여야 비로소 산 사람을 볼 것이요, 죽은 사람을 완전히 살려야 비로소 죽은 사람을 볼 것이다." 라고 했습니다. 완전히 죽고, 완전히 살아나야 비로소 그 사람을 보게 됩니다. 스스로가 바로 그 사람이라는 사실을 깨닫게 됩니다.

(주먹을 들어 보이며) 이 사람이 그 사람입니다.

72. 함께 있어도 이름을 알지 못하고

이제껏 함께 있어도 이름을 알지 못하고
흐름에 맡겨 서로 이렇게 행할 뿐이네.
예부터 뛰어난 사람도 오히려 알지 못했거늘
경솔한 범부의 무리가 어찌 밝히겠는가?

_석두 스님[94]

사람마다 너무나 당연하게 갖추어져 있어 한시도 떨어진 적 없는 '이 것'을 예부터 '마음'이니, '도'니, '불성'이니, '자성'이니, '한 물건'이니, '주인공'이니, '신'이니, '참나'니 이름 붙였지만 그 어떤 것도 '이것'의 정확한 이름이 될 수 없습니다.

이름도 알지 못하는 '이것'을 인연 따라 '이렇게' 쓰고 있지만 정작 본인은 '이것'을 '이렇게' 쓰고 있는 줄도 모릅니다. 주관과 객관의 모든 세계와 보고 듣고 느끼고 아는 일체의 작용이 모두 '이것'이 '이렇게' 스스로를 드러내고 있는 것입니다.

'이것' 아닌 것이 없으니 '이것'이라는 것마저 없습니다. 없으면서 분

---

94   석두희천(石頭希遷, 700~790). 당나라 때의 선승. 청원행사(青原行思, ?~740)의 법을
    이음.

명 작용하고 있고, 작용하지만 어디에도 '이것'이랄 것이 따로 있지는 않습니다. 일천 명의 성인도 도무지 알지 못할 뿐만 아니라, 범속한 무리가 함부로 밝힐 수 없습니다.

'이것'은 아는 것도 아니고, 모르는 것도 아니기 때문입니다. 비록 그러하지만 '이것'은 바로 지금 이 순간 '이렇게' 작용하고 있습니다. 찾으려 하면 어떻게 해도 찾지 못하지만, 찾지 않으면 언제나 늘 눈앞에 드러나 있습니다.

다만 알지 못하는 줄 아는 '그것'만 돌아보시기 바랍니다. 악!

73. 그림의 떡

일체에 머물지 않아도 도리어 견해가 있는 것이요,

기억할 것 없음을 깨쳤다 하더라도 오히려 알음알이가 남아 있네.

고향집 논밭에 몸소 도달하지 아니하고

그림의 떡으로 어찌 굶주림을 면할 수 있겠는가.

_중봉 스님[95]

설사 한 번 두 번 깨침의 경험을 했다 하더라도 참으로 말쑥해지기 어려운 것이 이 공부입니다. 여전히 자기도 알아차리기 힘든 견해의 티끌과 알음알이의 흔적이 남아 있기 때문입니다. 오랫동안 공부한 사람마저 그러한데 아직 공부의 문턱도 넘지 못한 사람들이야 더 말할 것이 없습니다.

그럴듯한 말 한마디가 천 년 동안 나귀를 묶어 놓는 말뚝이요, 신령스러운 거북이 발자취를 지우려고 꼬리를 끌다가 도리어 흔적을 남긴다 하였습니다. 모름지기 바보 멍청이처럼, 나뭇등걸이나 돌장승처럼, 옛 사당의 오래된 향로처럼 스스로 확인한 것을 푹 익혀 가야 합니다.

---

95 중봉명본(中峯明本, 1263~1323). 원나라 때의 선승. 고봉원묘(高峰原妙, 1238~1295)의 법을 이음.

이 일단의 일은 본래부터 사람마다 원만히 갖춰져 있고 완전히 성취되어 있습니다. 다만 망상분별로 인해 이 일을 스스로 깨닫지 못하고 경계의 장애를 겪을 뿐입니다. 비록 그렇다 하더라도 이 일은 조금의 손상도 없습니다. 그러나 몸소 이 사실을 깨달아 밝혀야지 다른 데 의지해서는 안 됩니다.

그림의 떡과 같은 견해와 알음알이로는 자기도 구제하지 못합니다. 오히려 공연한 시비분별로 자기도 힘들고 남도 괴롭게 만들 뿐입니다. 얻을 것이 없는 자리에서 얻고, 얻더라도 얻는 것이 아니어야 진실한 얻음이라는 옛사람의 말을 명심하십시오. 반드시 스스로 깨달아야만 합니다.

74. 이 문에 들어오려 한다면

신령스러운 광명이 어둡지 않으니
영원토록 아름다운 도이네.
이 문에 들어오려 한다면
알음알이를 두지 마라.

_평전 스님[96]

신령스러운 광명이란 무엇일까요? 바로 이것입니다. 신·령·스·러·운·광·명·이·란·무·엇·일·까·요·? 한 글자 한 마디가 그대로 신령스러운 광명을 토해 내고 있습니다. 바로 지금 눈에서 빛나고, 귀에서 빛나고, 코에서 빛나고, 혀에서 빛나고, 몸에서 빛나고, 뜻에서 빛나고 있습니다.

이것은 결코 어둡지 않습니다. 칠흑 같은 어둠 속에서도 이것은 홀로 밝아 있습니다. 의식이 사라진 깊은 잠 속에서나 육신의 소멸 이후에도 이것은 사라지지 않습니다. 큰 지혜는 흡사 큰 어리석음과 같고, 분명한 앎은 오히려 조금도 알지 못함과 같습니다.

---

96 평전보안(平田普岸, 770~843). 당나라 때의 선승. 백장회해(百丈懷海, 749~814)의 법을 이음.

이것은 오래되었지만 늘 신선하며, 너무나 새롭지만 언제나 변함이 없는 것입니다. 이것이 과거·현재·미래의 바탕이지만, 이것 스스로는 과거도 아니고, 현재도 아니고, 미래도 아닙니다. 태어나는 것도 이것이고, 죽는 것도 이것이지만, 이것은 나고 죽음이 없습니다.

이것이야말로 가장 아름다운 도, 인생의 문제를 해결하는 가장 훌륭한 계책입니다. 사람마다 평등하게 주어져 있는 살림살이인 까닭에 본래면목, 자신의 성품이라 합니다. 그러므로 남에게서 구할 수 없고 바깥에서 찾을 수 없을뿐더러 결코 잃어버릴 수도 없습니다.

이것은 문 아닌 문, 문 없는 문입니다. 그러므로 들어갈 수도 없고 나갈 수도 없습니다. 바깥이 없으므로 이 문 밖으로 나갈 수 없고, 안이 없으므로 이 문 안으로 들어갈 수 없습니다. 본래 문이 없다는 사실을 깨달아야만 들어갈 일도 따로 없어지고, 나갈 일도 달리 없게 됩니다.

이것을 깨닫는 데 가장 큰 장애는 무엇을 알고 이해하는 것입니다. 무엇을 안다고 하면 이미 틀렸고, 무엇을 이해했다고 하면 벌써 어긋난 것입니다. 존재하는 데는 어떤 지식과 견해도 필요가 없습니다. 바로 지금 이와 같이 있다고 말하더라도 이것과는 아무 상관이 없습니다.

75. 도를 배우려면

도를 배우려면 모름지기 무쇠로 된 놈이어야 하니
시작하는 마음에서 결판을 내 버려야 한다.
곧장 위없는 깨달음으로 나아가려면
일체의 시비에 상관하지 말아야 한다.

_이부마[97]

도(道)는 배우는 것이 아닙니다. 도는 배울 것이 없습니다. 도라고 할
만한 것이 따로 있지 않기 때문입니다. 이 사실을 깨닫는 것을 일러 도
를 배운다 할 뿐입니다. 이 막막한 공부 길을 가려면 보통의 마음가짐
으로는 차라리 시작을 하지 않는 것이 좋습니다. 무쇠덩이로 만들어졌
다 한들 그 가운데 녹이 슬면 으스러지고 맙니다. 느낌과 감정, 생각에
끌려다니는 의심 많은 범속한 무리가 할 수 있는 공부가 아닙니다.

막상 공부를 시작했다면 당장에 공부를 끝마쳐야 합니다. 무엇을 갈
고 닦고 찾고 구하는 것은 애초부터 어긋난 길을 가는 것입니다. 큰 믿
음을 일으켜 선지식을 찾아뵙고 자신이 기존에 가지고 있던 모든 살림
살이가 박살이 나야 합니다. 그러므로 용기가 없는 사람은 이 공부 길

---

97 이부마(李駙馬, 988~1038). 이준욱(李遵勗). 송나라 때의 사대부. 벼슬은 부마도위. 석
    문온총(石門蘊聰, 965~1032)의 제자. 『천성광등록』찬술.

에 들어올 수 없습니다. 용기가 없다면 선지식에 대한 믿음이 일어나지 않기 때문입니다. 믿음이 없으면 온몸을 허공에 던지듯 이 공부에 전적으로 투신을 하지 못합니다.

믿고 의지할 만한 선지식을 만나지 못하면 결국 이것저것 주워들어 아는 것만 많은 여우가 될 뿐입니다. 자기 문제는 해결하지 못하고 남의 집 제사상의 홍동백서(紅東白西) 조율이시(棗栗梨柿)나 따지면서 허송세월만 할 뿐입니다. 자기의 목마름과 배고픔은 해결하지 못하고 이 회상과 저 단체들을 돌아다니면서 깨달음과 도를 구걸하게 됩니다. 어쩌다 먹다 남은 쉰밥이라도 얻으면 그것을 애지중지 여기지만 머잖아 그마저 썩어 없어집니다.

자기가 무얼 좀 안다는 한 생각이 눈을 가리니 천하가 캄캄한 어둠 속입니다. 자기를 버려야 진실로 자기를 구할 수 있는 도리는 몸소 겪어 보기 전에는 결코 알 수 없습니다. 한 자루 칼을 쥐고 수백 수천의 적들과 마주한 장수의 심정으로 오직 살아남아야 한다는 일념으로 사방의 적들을 베어 넘겨야 합니다. 믿음과 용기를 가지고 더 나아갈 수 없는 거대한 의문의 벽에 자기 머리를 처박아야 합니다. 머리가 깨지든 벽이 무너지든 둘 중의 하나입니다.

76. 마음은 온갖 경계 따라 변하지만

마음은 온갖 경계 따라 변하지만
변하는 그곳은 진실로 그윽하다.
흐름을 따라 성품을 알아차리면
기쁨도 없고 또한 근심도 없다.

_마나라 존자[98]

마음이 온갖 경계를 따라 변한다는 조사의 말씀은 방편의 가르침입니다. 마음이라는 물건이 한쪽에 있고, 경계라는 물건이 다른 쪽에 있어서 이 둘이 서로 관계를 맺는 것이 결코 아닙니다. 그것이 바로 분별 망상입니다. 마음이 그대로 경계이고 경계가 그대로 마음이어서, 결국에는 마음도 없고 경계도 없는 것이 진실입니다.

바로 지금 '마음이 온갖 경계를 따라 변한다.'는 말과 생각이 어디에서 나오고 있습니까? 바로 그 자리야말로 실로 그윽한 자리, 천 명의 성인도 엿볼 수 없는 자리입니다. 결코 나를 벗어나 있지 않은 자리, 바로 (눈앞을 가리키며) 이 자리입니다. 모든 상대적 차별을 일으켜 쓰지만 그 차별에 물들지 않고 언제나 깨끗한 자리입니다.

---

98 마나라(摩拏羅) 존자. 서천 제22조.

보이는 대상을 통해 보고 있는 눈을 확인하고, 메아리를 통해 허공의 존재를 감지하듯, 끝없이 이어지는 변화 작용 가운데서 그것과 결코 둘이 아닌 변함없는 성품을 알아차립니다. 알아차리는 자도 성품이요, 알아차리는 대상도 성품이요, 알아차리는 일 또한 성품이어서, 결국 알아차려도 실제로는 알아차린 것이 없는 것이 알아차린 것입니다.

바로 그러할 때에야 비로소 아무리 보아도 본 것이 없고, 아무리 들어도 들은 것이 없으며, 아무리 말해도 말한 바가 없고, 아무리 행위 해도 행위 한 바가 없는 소식, 적멸(寂滅)에 계합합니다. 모든 행위는 무상하니 이것이 바로 생멸법입니다. 생멸이 다하여 사라지면 적멸이 곧 즐거움이 됩니다. 생멸이 이것에서 나왔지만 이것에는 생멸이 없기 때문입니다.

77. 불법에는 별다른 게 없다

옛사람이 계합하여 증득한 곳
불법에는 별다른 게 없다는 것.
곧장 생각으로 헤아림 끊어 버리면
당장에 밝아져 문득 알아차리네.

_백운 스님

옛사람이 계합하여 증득한 곳을 알려면 자기 자신이 몸소 계합하여 증득해야 합니다. 옛사람과 동일한 눈으로, 동일한 사실을, 동일하게 볼 수 있어야 합니다. 그제야 비로소 예와 이제, 나와 남이 둘이 아님에 사무치게 됩니다.

막상 몸소 계합하여 증득해 보면 불법에는 별다른 것이 없습니다. 단순하다는 말조차 불가능할 정도로 단순합니다. 달리 찾고 구할 것이 있으리라는 망상 하나만 사라졌을 뿐, 특별하게 찾았거나 얻은 것은 하나도 없습니다.

한 번은 생각이 끊어져 멈춰져야 하지만, 생각을 끊으려는 그것이 또 다른 한 생각입니다. 그러나 불법을 구하는 마음이 간절하면, 안팎의 인연이 자연스럽게 스스로를 생각으로는 도무지 헤아릴 수 없는 곳에 이르게 만듭니다.

더 이상 생각이 나아갈 수 없는 곳에 이르러 문득 고개를 돌리는 순간, 불법은 언제나 눈앞에 밝게 드러나 있었음을 깨닫게 됩니다. 어렴풋한 꿈에서 깨어나듯 제정신을 차리면 돌연 본래부터 있던 자기로 돌아오게 됩니다.

말로는 표현 못할 이 심정을 어느 옛사람은 다음과 같이 노래했습니다. "외로운 달이 홀로 비추어 강산은 고요한데, 스스로 크게 웃는 한 소리에 천지가 놀라는구나!"

78. 색과 소리에 의심 없는 곳

색을 봐도 색에 간섭받지 않고
소리를 들어도 소리가 아니네.
색과 소리에 의심 없는 곳이
몸소 법왕의 성(城)에 이른 것이네.

_야보 스님

눈을 뜨면 저절로 대상의 모양과 색깔이 보입니다. 모양과 색깔이 보이는 그 자리에서 우리는 자신도 모르게 모양과 색깔을 보는 것을 '나'라고 분별하고, 보이는 모양과 색깔은 '나' 바깥에 있는 '대상'이라고 분별합니다.

그러나 '나'와 '대상' 모두는 모양과 색깔이 드러나는 그 자리를 벗어나 있지 않습니다. 모양과 색깔이 보이고, '나'와 '대상'이 있는 것 같지만, 실제로는 모양도 없고 색깔도 없으며, '나'도 아니고 '대상'도 아닌 무엇이 있을 뿐입니다.

소리를 들으면 저절로 소리를 듣는 '나'와 들리는 '소리'가 따로 있는 듯 느껴집니다. 그러나 소리를 듣는 그 자리에는 듣는 '나'도 없고, 들리는 '소리' 도 없습니다. 본래 분별이 없는 곳에서 홀연히 분별이 일어날 뿐입니다.

잠시 보이는 모양과 색깔, 들리는 소리에서 주의를 돌려 그것들을 분별하고 있는 의식 자체를 의식해 보십시오. 분별 자체를 분별해 보십시오. 보고 있는 것을 보려 하고, 듣고 있는 것을 들어 보십시오. 보이십니까? 들리십니까?

보고 있는 그것은 어떤 모양과 색깔도 없습니다. 듣고 있는 그것은 어떤 소리도 없습니다. 보이지도 들리지도 않지만, 바로 보이지도 들리지도 않는다는 그 사실만은 어쩔 수 없습니다. 어떤 것도 아니고, 어떤 내용물도 없습니다.

바로 그 자리에서 모양과 색깔, 소리에 끌려가 분별을 일으키지 않으면 모양과 색깔이 그저 모양과 색깔만은 아니요, 소리가 그저 소리만은 아닙니다. 그 사실이 명확해지는 순간, 단 하나의 의문도 남김없이 텅 비워지게 됩니다.

고요하지만 밝게 깨어 있고, 아무것도 없는 것 같지만 생생하게 살아 있습니다. 더욱 놀라운 것은 이것이 새롭게 얻은 어떤 것이 아니라 본래부터 사람마다 똑같이 갖춰져 있는 성품이란 사실입니다. 이것이 만법의 왕입니다.

79. 다리는 흘러도 물은 흐르지 않는다

빈손인데 괭이를 잡고 있고
걸어가는데 물소를 타고 있다.
사람이 다리 위를 지나는데
다리는 흘러도 물은 흐르지 않는다.

_부대사[99]

빈손은 빈손이 아닙니다. 괭이를 잡고 있는 것은 괭이를 잡고 있는 것이 아닙니다. 걸어가는 것은 걸어가는 것이 아닙니다. 물소를 타고 있는 것은 물소를 타고 있는 것이 아닙니다. 사람이 다리 위를 지나는 것은 사람이 다리 위를 지나는 것이 아닙니다. 다리가 흘러가는 것은 다리가 흘러가는 것이 아닙니다. 물이 흘러가지 않는 것은 물이 흘러가지 않는 것이 아닙니다.

눈은 눈이 아닙니다. 귀는 귀가 아닙니다. 코는 코가 아닙니다. 혀는 혀가 아닙니다. 몸은 몸이 아닙니다. 뜻은 뜻이 아닙니다. 보는 것은 보는 것이 아닙니다. 듣는 것은 듣는 것이 아닙니다. 냄새 맡는 것은 냄새 맡는 것이 아닙니다. 맛보는 것은 맛보는 것이 아닙니다. 느끼는 것은

---

99 부대사(傅大士, 497~569). 양(梁)나라 말의 거사. 부흡(傅翕). 선혜 대사(善慧大士), 쌍림 대사(雙林大士)라고도 부름.

느끼는 것이 아닙니다. 생각하는 것은 생각하는 것이 아닙니다.

태어나는 것은 태어나는 것이 아닙니다. 늙는 것은 늙는 것이 아닙니다. 병든 것은 병든 것이 아닙니다. 죽는 것은 죽는 것이 아닙니다. 탐내는 것은 탐내는 것이 아닙니다. 성내는 것은 성내는 것이 아닙니다. 어리석은 것은 어리석은 것이 아닙니다. 나는 나가 아닙니다. 사람은 사람이 아닙니다. 중생은 중생이 아닙니다. 부처는 부처가 아닙니다.

부처 있는 곳에는 머물지 않고, 부처 없는 곳은 얼른 지나가야 합니다. 무슨 뜻입니까? 그대에게 주장자가 있으면 주장자를 주고, 그대에게 주장자가 없으면 주장자를 빼앗습니다. 무슨 도리입니까? 여기 죽비가 있는데, 이것을 죽비라고 부르면 법에 저촉되는 것이고, 이것을 죽비가 아니라고 하면 사물에 위배되는 것입니다. 이것을 무엇이라고 불러야 할까요?

악!

80. 물속의 달

밝은 달 강에 뜨니 보는 것만으론 부족하여
병을 가져다 물속의 달을 병 가운데 담았네.
집으로 돌아오다 문득 느낀 바 있어
한 번 웃고 병을 기울이니 달 또한 없어졌네.

_경봉 스님

오랜 기다림 끝에 고요한 강물 위로 밝고 둥근 달이 떠오릅니다. 공부하는 사람이 포기하지 않고 공부에 애를 쓰다 보면 자기도 모르게 홀연 깨달음을 경험하는 소식입니다. 그때의 심사야 그 지경을 당해 본 사람만이 알 뿐 다른 사람은 짐작도 할 수 없습니다.

그런데 그 밝은 달을 지켜보는 것만으로는 성에 차지 않습니다. 깨달았다면 뭔가 남다른 증거라도 하나 있어야 할 것 같습니다. 그래서 병을 가져다가 물 위에 떠 있는 달을 담아 옵니다. 내가 이런 체험을 했다, 깨달으니 이렇더라, 이렇게 해야 깨닫는다, 모두 병 가운데 담긴 달 그림자입니다.

깨어남의 체험 초기에는 예전의 습관이 남아 있어서 그것을 또 다른 경험과 기억으로 축적하고 자기 것으로 소유하려 합니다. 그러나 꾸준히 공부해 나가다 보면 자신의 실수를 스스로 깨닫게 됩니다. 집으로 돌아오는 길에서야 비로소 병에 담긴 달그림자는 진짜 달이 아님을 깨닫는 것입니다.

그때가 돼서야 크게 웃으며 병에 담아 가지고 있던 것을 쏟아붓지만 달그림자는 원래부터 없었습니다. 중생이 스스로 깨닫지 못했다고 여기는 것도 망상이지만, 부처가 스스로 깨달았다고 여기는 것 역시 또 다른 망상이었습니다. 그 누가 이 비밀 아닌 비밀을 알겠습니까?

5장
다시 한 층 더
올라야 하리

81. 본래 이루어져 있으니

눈으로 보고 귀로 듣는 것 원래 다르지 않으니
낮은 밝고 밤은 어둡다 헤아림을 끊을지어다.
본래 이루어져 있으니 어찌 많은 일이 있으랴.
결코 기틀을 당해 스스로 덮어 감추지 마라.

_중봉 스님

(주먹을 들어 보이며) 이것이 눈으로 보는 것이며, (주먹으로 탁자를 탕!
치고) 이것이 귀로 듣는 것입니다. (주먹을 들어 보이고) 이것이 눈으로 듣
는 것이며, (주먹으로 탁자를 탕! 치며) 이것이 귀로 보는 것입니다. (주먹
을 등 뒤로 감추고) 바로 지금 이것은 보는 것입니까, 듣는 것입니까? (주
먹을 들어 보이고 탁자를 탕! 치며) 보는 것도 듣는 것도 그저 이것 하나일
뿐입니다.

낮이 밝다 하지만 밝지 않은 것이 눈앞에 있고, 밤이 어둡다 하지만
어둡지 않은 것이 눈앞에 분명합니다. 밝으니 어두우니 생각으로 헤아
리지 마십시오. 아무리 밝다 한들 이것(주먹을 들어 보이며)보다 더 밝을
수 없고, 아무리 어둡다 한들 이것(주먹으로 탁자를 탕! 치고)보다 어두울
수는 없습니다. 생각으로 헤아리는 그것 자체는 헤아릴 수 없습니다.

이것(주먹을 들어 보이고 탁자를 탕! 치며)은 본래 이루어져 있습니다. 어떠한 수행과 노력을 통해 성취하는 물건이 아닙니다. 이 단순한 사실을 깨닫기 위해 많은 일을 할 필요가 없습니다. 모든 대상을 잘 보는 것을 통해 눈이 멀쩡히 있음을 알고, 온갖 소리가 잘 들리는 것을 통해 귀가 제대로 작동하는 줄 아는 것과 같습니다. 바로 지금 이것(손을 흔들며)입니다.

비록 이것을 깨달았다 하더라도 인연을 대하면 다시 예전의 습관적 사고방식, 무의식적인 조건화에서 완전히 벗어나기는 어렵습니다. 이 사실이 자신의 습관과 무의식에까지 사무쳐서 나머지가 없어야 합니다. 40년 만에야 비로소 한 덩어리를 이루었다는 옛사람의 말씀을 흘려들어서는 안 됩니다. 언제나 자기 자신의 밝은 안목을 스스로 덮어 감추지 않도록 깨어 있어야 합니다.

82. 근원을 만나지 않는 곳이 없도다

꽃이 산 앞에 활짝 핀 것은 천기를 누설함이요,
새가 숲 밖에서 노래하는 것은 무생을 말함이네.
낱낱이 스스로 무궁한 뜻을 가지고 있으니
얻으면 근원을 만나지 않는 곳이 없도다.

_함허 스님[100]

감춰져 있어야 누설도 가능한 것인데, 천기(天機), 곧 우주 만유의 비밀은 조금도 감춘 바 없이 드러나 있습니다. 감춰져 있지 않고 온통 드러나 있기에 마음이 순수한 사람은 이내 그 사실을 발견하지만, 제 스스로는 지혜롭다 자부하는 어리석은 사람들은 죽었다 깨어나도 도무지 실마리를 찾지 못합니다. 그러하기에 이것은 드러나 있는 비밀이며, 비밀 아닌 비밀인 것입니다.

모름지기 이 비밀을 알아차리려면 시절인연을 잘 살펴봐야 합니다. 다섯 가지 감각과 의식이 일어날 때 감각과 의식의 대상경계가 아니라 감각과 의식의 당처(當處), 감각과 의식이 일어나는 그 자리를 퍼뜩 깨달아야 합니다. 대상경계는 인연 따라 나타났다 사라지지만, 그 당처는

---

100 함허득통(涵虛得通, 1376~1433). 조선 초기의 승려. 무학(無學) 대사의 법을 이음. 『금강경오가해설의』를 지음.

본래 생긴 적이 없기에 사라지지도 않습니다. 이 자리는 본래 생사가 없습니다.

이 자리가 분명하면 그곳에서 출몰하는 모든 대상경계가 다른 것이 아닙니다. 하나하나가 이 무한한 뜻, 뜻 없는 뜻을 전해 주고 있을 뿐입니다. 꽃 피고 새 우는 것만 아니라, 해와 달이 뜨고 지고 계절이 오가는 것 역시 다른 소식이 아닙니다. 아무 뜻이 없는 그곳에서 다함이 없는 뜻이 생겨납니다. 아무 모양이 없는 그곳에서 끝없는 모양이 출현합니다.

이 비밀 아닌 비밀을 알아차리는 순간, 다섯 가지 감각에 와 닿는 모든 대상경계와 의식에서 벌어지는 모든 분별에서 이 하나의 근원을 만나게 됩니다. 물통의 밑동이 쑥 빠지면서 담겨 있던 물이 왈칵 쏟아져 버리듯, 모든 의문이 해소되어 남아 있는 것이 없게 됩니다. 본래 한 물건도 없고, 본래 얻을 바 없습니다. 오지도 않고 가지도 않아 억지로 본래면목이라 부를 뿐입니다.

83. 다시 한 층 더 올라가야 하리

밝은 해는 산을 의지해 저물고
누런 강은 바다로 흘러 들어가도다.
천 리 밖을 바라보고자 할진대
다시 한 층 더 올라가야 하리.

_왕지환[101]

　기나긴 구도의 과정 끝에 어떤 인연으로 문득 있는 그대로의 실재를 깨달았습니다. 깨닫고 보니 달라진 것은 아무것도 없습니다. 예전처럼 해는 동쪽에서 떠올랐다가 서쪽으로 집니다. 강은 흘러 바다로 들어갑니다. 아침이면 일터에 나갔다가 저녁이면 집으로 돌아옵니다. 설탕은 달고 소금은 짭니다.

　지극히 당연한 이 진실을 처음부터 선뜻 받아들일 수 있는 것은 아닙니다. 남은 의심, 해소되지 않은 알음알이가 끝없이 자기 자신을 흔들어 놓습니다. 평범해진다는 것은 때로 큰 용기가 필요하기도 합니다. 물이 물속으로 들어가고, 허공이 허공과 합쳐지듯 깨달음의 흔적이 사라져야 합니다.

101　왕지환(王之渙, 688~742). 성당(盛唐) 때의 시인.

진정한 공부는 이때부터 시작되는 것입니다. 들어갈 곳을 찾았다면 결코 뒷걸음질 쳐 물러나서는 안 됩니다. 생각이 없고, 모양이 없고, 머묾이 없고, 함이 없는 이 사실에 완전히 계합하여 나머지가 없어야 합니다. 온갖 현상과 경계에서 오로지 자기 자신만을 발견할 수 있어야 합니다.

완성에의 욕망에 속지 않고 미완의 열려 있음 속에서 끝없이 위를 향해 나아갑니다. 천 리 밖의 풍광을 보고자 한다면 다시 한 층 더 누각을 올라가야 합니다. 바깥의 풍광은 변한 것이 없는데 이제 그것을 바라보는 관점이 달라졌을 뿐입니다. 눈앞을 가리는 장애물 없이 훤히 앞을 내다볼 뿐입니다.

84. 여덟 냥이 바로 반 근이라네

산색과 물빛 속에
본래면목이 스스로 명백하네.
이 가운데의 뜻을 알고자 한다면
여덟 냥이 바로 반 근이라네.

_경허 스님

빛은 대상을 드러내기 이전에 이미 스스로를 드러내고 있습니다. 사실 빛이 없다면 대상은 드러나지 않습니다. 따라서 빛이 그대로 대상이고, 대상이 그대로 빛입니다. 그러나 대상은 빛에 의존하지만, 빛 자체는 대상에 의지하지 않습니다. 빛은 영원히 밝아 있습니다.

산색과 물빛은 시시각각 변합니다. 그러나 변하는 산색과 물빛이 드러나는 눈앞은 언제나 변함이 없습니다. 변하는 산색과 물빛의 모양에 속지 않는다면 산색과 물빛에 의지함 없이 늘 있는 것을 문득 알아차릴 수 있습니다. 이것을 스스로 명백한 본래면목이라 합니다.

언제나 이 가운데 있으면서도 이 사실을 깨닫지 못합니다. 보고 듣고 느끼고 아는 모든 대상경계가 사실은 아무 차별이 없는 자신의 본래면목인 것을 알지 못합니다. 완전히 드러나 있기 때문에 오히려 숨겨진 것 같고, 너무나 명백하기에 도리어 아득한 것 같습니다.

여덟 냥도 300그램이요, 반 근도 300그램입니다. 겉보기엔 다른 것 같지만 피차일반입니다. 뜰 앞의 잣나무, 마 삼 근, 마른 똥막대기가 다른 것이 아닙니다. 겉으로 드러난 말에 속지 않으면 동일한 것을 가리키고 있습니다. 모든 말이 사실 이 말 없는 말 한마디입니다.

어떤 것이 이 말 없는 말 한마디일까요?

(손가락을 들어 왼쪽에서 오른쪽으로 한 일자를 그리다.)

85. 말 있는 것과 말 없는 것

한평생 부끄럽게 입으로 나불거리다
끝판에 깨달으니 백억 마디를 넘어섰네.
말 있는 것과 말 없는 것 모두 옳지 않으니
엎드려 청하건대 모름지기 여러분 스스로 깨달으라.

_정관 스님

옛사람은 이렇게 말했습니다. "피나게 울어 봐도 소용없으니 차라리 입 다물고 남은 봄을 보낼거나." 어째서 피나게 울어 봐도 소용없다고 할까요? 차라리 입 다물고 남은 봄을 보낸다는 말은 아무리 말해 줘도 못 알아듣는 사람들에 대한 체념의 말일까요?

이 어처구니없는 심정을 공감하려면 모름지기 스스로 깨달아야 합니다. 이 일은 애당초 말과 생각과는 아무 관련이 없습니다. 말을 통해 이해하거나 이해시키는 일은 처음부터 불가능한 일입니다. 문득 스스로 이 엄연한 사실에 계합하는 순간 백억 마디의 말을 뛰어넘습니다.

말로 이 일을 거론하는 것이 부질없다 하여 말없이 침묵하는 것만 능사로 여겨서도 안 됩니다. 본래 말과 생각과 상관없는 것이기에, 아무리 말하고 생각하더라도 아무 문제될 것이 없기 때문입니다. 제 스스로 말과 생각에 얽매이는 것이 문제지 말과 생각이 무슨 잘못이 있겠습니까?

한 생각 일으키기 이전, 입 한 번 열기 이전에 뚜렷이 드러나 있는 이 일은 생각을 하고 말을 하는 와중에도 분명하고, 생각이 사라지고 말이 끝난 뒤에도 명백합니다. 이 일을 스스로 깨달아야만 아무 걸림 없이 말과 생각을 쓸 수 있습니다. 도대체 이 일이 무엇일까요?

피나게 울어 봐도 소용없으니 차라리 입 다물고 남은 봄을 보낼거나.

86. 사향이 있으면 저절로 향기 나거늘

조개 속에 밝은 구슬이 숨어 있고
돌 가운데 푸른 옥이 감춰져 있네.
사향이 있으면 저절로 향기 나거늘
굳이 바람을 마주하며 서야만 할까.

_야보 스님

조개가 진주를 품고 있지만 조개는 그것이 귀한 줄 모르고, 돌 속에 푸른 옥이 들어 있지만 돌은 그것에 집착하지 않습니다. 사람들이 이 일을 쉬 깨닫지 못하는 까닭은 자신들이 찾고 구하는 것이 이미 아무 차별 없이 주어져 있다는 사실을 믿지 못하기 때문입니다. 마음 가운데 엉뚱한 것을 바라는 마음이 남아 있기에 이 당연하고 자연스러운 사실을 보지 못합니다.

아무 느낌도 없을 때, 아무 느낌도 없는 그것은 무엇입니까? 아무 감정도 없을 때, 아무 감정도 없는 그것은 무엇입니까? 아무 생각도 없을 때, 아무 생각도 없는 그것은 무엇입니까? 어떤 느낌이 와도 그 느낌 없는 느낌 가운데의 일이고, 어떤 감정이 일어나도 그 감정 없는 감정 가운데의 일이며, 어떤 생각이 들어도 그 생각 없는 생각 가운데의 일이 아닙니까?

401

찾고 구하려는 것은 잠시 미뤄 두고 바로 지금 아무 부족함 없이 온 천하에 드러나 있는 것을 잘 살펴보십시오. 너무나 미묘하고 섬세하여 자칫 없는 일이거나 모르는 일로 치부하기가 십상입니다. 조금만 관점을 달리하면 어이없게도 늘 변함없이 그러했던 것이 바로 이 일입니다. 어떤 노력이나 수행의 과정을 거칠 필요 없이 당장에 깨달을 수 있습니다.

이 일이 있음을 스스로 깨달으면 될 뿐 달리 할 일은 없습니다. 조금이라도 어찌하려 한다면 또 다른 미망에 불과합니다. 자기 자신이 그대로 이 일이어서 이 일을 상대로 할 일이 모두 사라져야 합니다. 어떤 느낌을 항상 느끼는 일도 아니고, 어떤 의식 상태 속에 늘 들어가 있어야 하는 것도 아닙니다. 그저 무심하게 살아가는 것, 그것이 도(道)입니다.

87. 남의 일 알려 마라

남의 활 당기지 말고
남의 말 타지 마라.
남의 잘못 따지지 말고
남의 일 알려 마라.

_무문 스님

내 몸도 내가 아닙니다. '나'의 몸일 뿐입니다. 내 느낌도 내가 아닙니다. '나'의 느낌일 뿐입니다. 내 감정도 내가 아닙니다. '나'의 감정일 뿐입니다. 내 생각도 내가 아닙니다. '나'의 생각일 뿐입니다. 내 인생도 내가 아닙니다. '나'의 인생일 뿐입니다. 몸도 내가 아니고, 마음도 내가 아닙니다. 인생마저 내가 아니면 도대체 무엇이 '나'입니까?

(침묵)

아시겠습니까? 안다 해도 '나'는 아니요, 모른다 해도 '나'는 아닙니다. 알고 모르는 것은 모두 내가 아닌 남일 뿐입니다. '나'는 아는 것에도 속하지 않고, 모르는 것에도 속하지 않습니다. '나'는 있는 것에도 속하지 않고, 없는 것에도 속하지 않습니다. '나'는 옳은 것에도 속하지 않고, 그른 것에도 속하지 않습니다. '나'는 좋은 것에도 속하지 않고, 나쁜 것에도 속하지 않습니다.

주의를 머리에 집중해 보십시오. 어떤 신체감각이 느껴질 것입니다. 다시 주의를 가슴에 집중해 보십시오. 역시 또 다른 신체감각이 느껴질 것입니다. 다시 주의를 배에 집중해 보십시오. 마찬가지로 새로운 신체감각이 느껴질 것입니다. 이번엔 어디에도 주의를 집중하지 말고 주의 자체를 활짝 열어 두십시오. 어떤 의식적 선택 없이 그저 있어 보십시오.

아시겠습니까? 온갖 모양, 온갖 소리, 온갖 느낌, 온갖 생각이 다 지각되지만, 그 모든 것을 지각하고 있는 자기 자신은 결코 지각이 되지 않습니다. 그 지각되지 않는 것을 굳이 말하자면 스스로 존재함, 어디에도 의지하지 않음, 텅 빈 각성, 한계 없는 알아차림의 공간, 순수한 의식 자체, 공(空), 참나라 부를 수 있지만, 제 스스로는 이름이 없습니다.

(침묵)

'나'라고 할 것이 없는 이것이 '나'입니다. 여기서 몸도 드러나고, 느낌, 감정, 생각도 나타나며, 인생이라는 드라마가 펼쳐집니다. 결코 분리될 수 없지만 어떤 것만을 콕 집어 '나'라고 할 수는 없습니다. 둘이 없지만 하나조차 아니며, 나머지가 없는 전체입니다. '나'와 남이 따로 있는 이대로 '나'도 따로 없고 남도 따로 없습니다. 없는 것이 있습니다.

88. 봄볕에 꽃 피지 않는 곳이 없네

세속과 청산 어느 것이 옳은가?
봄볕에 꽃 피지 않는 곳이 없네.
누가 만약 나의 일을 묻는다면
돌계집 마음속 겁(劫) 밖의 노래라 하리.

_경허 스님

(주먹을 들어 보이며) 이것이 세속의 일입니까, 세속 밖의 일입니까?
(다시 주먹을 들어 보이며) 이것이 옳은 일입니까, 옳지 않은 일입니까?
망상하지 마십시오! 망상하지 마십시오! 다만 (주먹을 들어 보이며) 이것
입니다.

봄이 오면 풀은 저절로 푸르고, 햇살 비추는 곳마다 울긋불긋 꽃이
핍니다. 봄볕이 그리 만드는 것도 아니고, 꽃 스스로 그리하는 것도 아
닙니다. 봄도 무심하고 꽃 역시 그러합니다. 시절인연 따라 봄이 오고
꽃이 필 뿐입니다.

(주먹을 들어 보이며) 이것이 봄이고, (다시 주먹을 들어 보이며) 이것이
꽃입니다. 산하대지가 온통 봄이니, 삼라만상이 모두 꽃입니다. 봄이
그대로 꽃이고, 꽃이 그대로 봄입니다. 온 세상이 (주먹을 들어 보이며)

이것입니다.

돌로 만든 여인은 봄이 와도 그만, 꽃이 피어도 그만입니다. 마음이 없으니 일체가 필요 없습니다. 없는 마음으로 시간을 벗어난 노래를 부르니, 귀 없는 사람이라야 들을 수 있습니다. (주먹을 들어 보이며) 들리십니까?

89. 천 명의 성인도 전하지 못하거늘

위로 향하는 한 길은
천 명의 성인도 전하지 못하거늘
배우는 이들이 공연히 몸만 괴롭힘은
원숭이가 그림자를 잡으려는 것과 같구나.

_반산 스님[102]

이 공부는 끝이 없습니다. 끝이 없는 것이 끝입니다. 길 가운데 있으면서도 집 안에 머물며, 집 안에 머물면서도 길 가운데 있는 것입니다. 이 공부는 허공처럼 한량이 없어서 위도 없고 아래도 없으며, 좌도 없고 우도 없이 끝없이 확장됩니다. 아무리 확장되어도 늘 같은 자리입니다.

이 소식을 누가 알겠습니까? 천 명의 성인은 물론 석가와 미륵도 알지 못합니다. 이 소식을 누가 전하겠습니까? 천 명의 성인은 물론 가섭과 달마도 전하지 못합니다. 어째서 알지 못하고, 어째서 전하지 못하는지 스스로 깨닫는다면 생사마저 그대를 어쩌지 못할 것입니다.

---

102 반산보적(盤山寶積, 생몰 미상). 당나라 때의 선승. 마조도일(馬祖道一, 709~788)의
법을 이음.

오늘날 공부를 하는 사람들이 이를 깨닫지 못하고 공연히 몸만 괴롭히고 있습니다. 오래 앉아 선정을 닦아서 이루는 것이 공부라면, 금정산 꼭대기 위의 바위와 범어사 대웅전 기둥이 그보다 먼저 성불했을 것입니다. 우마차가 가지 않는다면 소를 때려야 합니까, 수레를 때려야 합니까?

어리석은 강아지는 자기 꼬리를 물려고 제자리를 맴돕니다. 자기 꼬리가 자기인 줄 깨닫지 못한 까닭입니다. 어리석은 원숭이는 물에 비친 달그림자를 건지려고 애를 씁니다. 허공에 밝게 떠 있는 달이 있기에 그림자가 물에 비치는 줄 깨닫지 못한 까닭입니다.

어떤 것이 위로 향하는 한 길일까요?

(잠시 아무 말 없이 있다가) 이것입니다!

90. 한 법도 닦지 않네

범부도 아니요 성인도 아니니
한 법도 닦지 않네.
본래 묘한 작용을 갖추었으니
천진한 풍류로다.

_바쓰이 스님[103]

한 생각 일으켜 보십시오. 그 생각이 어디에서 일어났습니까? 생각은 일어났다 사라지지만, 그 생각이 일어났다 사라지는 곳은 일어난 적도 사라지지도 않습니다. 그 자리는 있다고 할 수도 없지만, 없다고 할수도 없습니다. 평범한 것도 아니지만, 성스러운 것도 아닙니다. 이것을 무엇이라 부를 수 있겠지만, 어떤 이름으로 부른다 하더라도 이것자체와는 상관이 없습니다.

이것은 오랜 수행을 통해 닦아서 얻는 경지가 아닙니다. 본래 아무조건 없이 주어져 있는 것입니다. 그래서 이것을 본성, 자성, 본래면목, 참나라고 부르기도 합니다. 갈고 닦지 않아도 보고 듣고 느끼고 아는신령스러운 작용이 자유자재로 펼쳐집니다. 사람마다 모두 평등하여서높고 낮음, 많고 적음이 없습니다. 본래 갖추어져 있으니 마음껏 쓰면

---

103 발대득승(拔隊得勝, 1327~1387). 일본 임제종 항악사(向嶽寺)파 개조.

되는 것입니다.

너무나 당연하고 자연스러운 까닭에 사람들이 미처 알아차리지 못할 뿐입니다. 알려고 할수록 더욱 알기 어려워지고, 찾으려 할수록 더욱 찾기 어려워집니다. 이러지도 저러지도 못하는 상황에서 한번 자기도 모르게 이것을 깨달아야만 바깥으로 찾아 구하는 일이 종말을 맞게 됩니다. 대상화하여 찾고 구하는 일이 멈추면 언제나 이것 안에서, 이것으로 있었습니다.

이 일이 분명해져야 가고 머물고 앉고 눕고, 말하고 침묵하고 움직이고 멈추는 일상사 모두가 묘한 작용, 풍류 아닌 풍류가 됩니다. 허공을 날아가는 새가 아무런 자취를 남기지 않듯, 어떤 업(業)의 그림자도 남기지 않고 가볍게 삶을 살아갈 수 있게 됩니다. 해야 할 일도 따로 없고, 하지 말아야 할 일도 달리 없어서 인연 따라 움직이지만 늘 지금 이 자리를 벗어나지 않습니다.

410

91. 소리 이전의 말이여

조사가 서쪽에서 와서
한 글자도 말하지 않았네.
소리 이전의 말이여
붉은 화로에 떨어진 눈이로세.

_엔니 스님[104]

달마 조사가 서쪽에서 온 뜻이 무엇입니까? 생각을 따라가지 마시고 바로 지금 여기에 깨어 있으십시오. 달마는 지금 어디 있습니까? 서쪽은 지금 어디 있습니까? 오는 것은 지금 어디 있습니까?

악!

천 마디 만 마디의 말이 바로 지금 이(손가락으로 눈앞을 가리키며) 말 없는 말입니다. 이 생각 저 생각이 모두 바로 지금 이(손가락으로 눈앞을 가리키며) 생각 없는 생각입니다. (손가락으로 눈앞을 가리키며) 이것이 무엇입니까?

---

104 원이변원(圓爾辯圓, 1202~1280). 일본 가마쿠라 시대의 임제종 승려. 성일국사(聖一國師).

악!

입 벌리기 이전에 벌써 틀렸습니다. 전광석화처럼 눈치를 챘다 하더라도 이미 어긋났습니다. 마음 가운데 먼지 티끌만 한 견해라도 남아 있다면 그것으로 인해 목숨을 잃을 것입니다. 어서 토해 내십시오! 어서 토해 내십시오!

악!

붉게 달아오른 화로 위로 눈송이가 떨어지면 화로에 닿기 이전에 이미 녹아 사라집니다. (손가락으로 눈앞을 가리키며) 이 자리는 어떤 말과 개념도 용납하지 않습니다. 그 모든 것을 내려놓아야만 비로소 이 자리에 계합합니다.

이마저도 틀렸습니다. 악!

92. 성품도 없고 나도 아닌 법

참된 성품은 본래 성품이 없고
참된 나는 원래 내가 아니네.
성품도 없고 나도 아닌 법이
모든 행위를 다 포함하고 있네.

_만공 스님[105]

참된 성품이라 말하지만 그 이름에 해당하는 대상경계는 따로 없습니다. 바로 지금 눈앞에 드러나 있는 내적·외적 세계 전체, 모든 현상 자체가 말하자면 참된 성품의 현현입니다. 비유하자면 TV 화면에 온갖 채널의 프로그램이 다양하게 펼쳐지지만 결국 그 모든 것이 변함없는 TV 화면인 것과 같습니다. 어떤 모양과 색깔의 대상이 나타나도 결국 본질은 TV 화면일 뿐입니다.

참된 나 역시 마찬가지입니다. 이것이 '나'라고 할 만한 것이 지각된다면 그것은 결코 참된 나일 수 없습니다. 지각하는 것이 참된 나이지, 지각되는 '나'는 내가 아닌 남이기 때문입니다. TV 화면에 'TV 화면'이 비춰지더라도 비춰진 'TV 화면'은 그것을 비추고 있는 TV 화면은 아닌

---

[105] 만공월면(滿空月面, 1871~1946). 조선 말기, 일제 강점기 때의 선승. 경허 선사의 수제자 중의 한 사람으로서 많은 일화를 남김.

것과 같습니다. TV 화면 위에 비춰진 어떤 모양도 그것 자체는 아니지만 그것을 벗어나 있지 않습니다.

TV 화면에 어떤 모양도 드러나지 않는다 하더라도 TV 화면은 멀쩡하게 있습니다. 온갖 채널의 프로그램이 다양하게 펼쳐지고 있는 것과 아무런 차이가 없습니다. 프로그램의 내용은 TV 화면에 어떤 흔적도 남길 수 없습니다. TV 화면에 비춰지는 모든 것은 꿈이나 환상 같은 것일 뿐입니다. 바로 지금 우리 눈앞에서 드러나는 모든 것 역시 그러합니다.

우리가 지각하는 모든 것은 TV 화면 위의 영상과 다를 바 없습니다. 모든 일이 결국 아무 일 없는 것과 같습니다. 어떤 화면도 캡처 해 둘 필요가 없습니다. TV 화면 속의 영상은 정지해 있을 때조차 움직이고 있는 것이고, 아무리 움직이지만 조금도 움직인 바가 없습니다. 늘 변함없이 TV 화면 위에 드러날 뿐입니다. 영상과 둘이 아닌 화면의 존재를 깨달아야 합니다.

93. 달이 천 개의 강에 비친다

내가 말한 모든 법은
전부 다 군더더기일세.
만약 오늘 일을 묻는다면
달이 천 개의 강에 비친다 하리.

_효봉 스님

내가 법을 말하다니 무슨 망발입니까? 말하는 나도 없고 말할 법도
없으니 한마디 말마저도 없습니다. 나라는 것이 무엇입니까? (주먹을 들
어 보임) 법이라는 것이 무엇입니까? (주먹을 들어 보임) 말하는 것이 무
엇입니까? (주먹을 들어 보임) 주먹을 들어 보이는 것은 무슨 뜻입니까?
(주먹을 들어 보임)

전부 다 군더더기라는 그 말 역시 여섯 번째 손가락에 불과합니다.
그저 이것(주먹을 들어 보임)뿐입니다. 이것(주먹을 들어 보임)에 대해 이
러쿵저러쿵 지저분한 알음알이를 붙이지 마십시오. 다만 이것(주먹을
들어 보임)뿐입니다. 바로 여기(주먹을 들어 보임)에서 스스로 밝아져야
합니다.

오늘 일은 무엇입니까? (주먹을 들어 보임) 어제 일은 무엇입니까? (주

먹을 들어 보임) 그렇다면 내일 일은 무엇입니까? (주먹을 들어 보임) 오늘 일이 아닌 것은 무엇입니까? (주먹을 들어 보임) 어제 일과 내일 일이 아닌 것은 무엇입니까? (주먹을 들어 보임) 다른 일이 없습니다.

달은 어디에서 빛나고 있습니까? (주먹을 들어 보임) 강은 어디에서 흐르고 있습니까? (주먹을 들어 보임) 어떤 것이 달이 천 개의 강에 비치는 소식입니까? (주먹을 들어 보임) 달도 없는 캄캄한 그믐에는 어떻습니까? (주먹을 들어 보임) 언제나 다만 이것(주먹을 들어 보임)일 뿐입니다.

(주먹을 들어 보이며) 이것은 주먹이 아닙니다!

94. 별다른 한가함

산이 나를 불러 머문 것 아니요,
나 또한 산을 알지 못하네.
산과 나 서로 잊은 곳에
비로소 별다른 한가함이 있네.

_취미 스님[106]

산이 제 힘으로 나를 부른 것이 아닙니다. 객관대상은 제 스스로 객관대상이 될 수 없습니다. 그것이 자기 내면의 느낌이나 감정, 생각이든, 자기 외면의 사물이나 사건이든 마찬가지입니다. 어느 시인의 말마따나 내가 그의 이름을 불러 주기 전에는 그는 다만 하나의 몸짓에 지나지 않았습니다.

나 역시 스스로 산을 아는 것이 아닙니다. 인식주관 역시 독자적으로 인식주관이 될 수 없습니다. 아는 것과 별개로 아는 자가 있는 것이 아닙니다. 내가 그의 이름을 불러 준 것처럼 누가 나의 이 빛깔과 향기에 알맞은 이름을 불러 줘야만 합니다. 결국 주관과 객관 모두 헛된 이름일 뿐입니다.

---

106 취미수초(翠微守初, 1590~1668). 조선 중기의 승려. 부휴(浮休)-벽암(碧巖)으로 이어지는 법맥을 이음.

내가 산 안에 들어가 있고, 산이 내 안에 들어가 있습니다. 산과 나라는 헛된 이름을 잊으면 어디까지가 산이고, 어디까지가 나인지 모릅니다. 문득 모든 차별되는 현상들이 단순한 동일성 속으로 사라집니다. 그제야 비로소 모든 모양의 형태로 드러나 있는 모양 없는 것의 존재가 감지됩니다.

모든 것이 물 위에 그려진 그림 같고, 허공에서 일어나는 안개나 구름 같습니다. 언제나 변함없이 눈앞에 드러나 있는 엄연한 진실을 깨닫지 못하고 꿈같고 환상 같은 주관과 객관의 그림자놀이에 빠져 있었습니다. 마치 꿈속에서 깨어 있고, 깨어서 꿈꾸는 것 같습니다. 그럴 뿐입니다.

95. 본래의 그 자리는

일생 동안 돌고 돌았으나
한 걸음도 옮기지 않았네.
본래의 그 자리는
천지가 나뉘기 이전이네.

_월산 스님[107]

어찌 이것을 모를 수 있단 말입니까? 인생 백 년 삼만 육천오백 일 동안 단 한 순간도 이 자리를 떠난 적이 없는데, 어떻게 이것을 알지 못한단 말입니까? 일생을 헤매도 돌아다녀도 결코 이 눈앞을 벗어나지 못했습니다. 나라는 개체가 이 세계와 분리되어 따로 있다는 망령된 생각 때문에 나와 세계가 본래 한 덩어리인 마음 자체인 줄 깨닫지 못합니다.

살면서 기쁜 일도 겪고 슬픈 일도 겪습니다. 건강했다가 때로 아프기도 합니다. 성공도 경험하고 실패도 경험합니다. 그런데 바로 지금 여기 이 순간 이 자리 이 눈앞에 무엇이 남아 있습니까? 생각으로 어떻게도 분별하거나 판단하지 않는다면 바로 지금 여기 이 순간 이 자리 이 눈앞은 무엇입니까? 말로 표현할 수 없고 생각으로 분별할 수 없지만

---

107 성림월산(聖林月山, 1913~1997). 경허-만공-보월-금오로 이어지는 법맥을 이음.

무언가가 있습니다.

무언가가 곧 있음입니다. 있음이 있습니다. 나도 아니고 세계도 아니고, 나의 안도 아니고 나의 밖도 아닙니다. 어떤 형태나 모양도 갖추지 않고 있지만 모든 형태나 모양들, 모든 느낌, 감정, 생각들이 여기에서 나타났다 사라집니다. 그러나 그 자리는 결코 나타나지도 않고 사라지지도 않습니다. 있다, 없다 헤아릴 수조차 없이 너무나 당연한 있음 자체가 있습니다.

생각 이전, 분별 이전의 것을 끝없이 생각으로 분별하여 알려고 하니 이 자리에 있으면서 이 자리에 있는 줄 스스로가 모를 뿐입니다. 허공 속에서 아무리 칼을 휘둘러 허공을 쪼개 보려 하지만 애초부터 불가능한 일입니다. 허공의 존재를 망각했다가 깨달았다고 해서 없던 허공이 새로 생겨난 것도 아닙니다. 모든 존재의 배경에 허공처럼 있는 이것을 어찌 모를 수 있단 말입니까?

아아, 참으로 어리석고 어리석습니다.

96. 눈 속에 복숭아꽃 붉다

사나이 가는 곳 그 어디나 바로 고향이건만
오래도록 나그네 설움 가운데 있는 이 몇이던가?
한 소리 크게 질러 삼천대천세계를 깨뜨리니
눈 속에 복숭아꽃 조각조각 붉도다.

_만해 스님[108]

바로 지금 있는 이 자리가 결코 도달할 수도 없고 떠날 수도 없는 바로 지금 여기 있음, 현존입니다. 스스로 일으키는 생각이나 판단과는 아무 상관 없이 그저 펼쳐져 있는 현실 자체입니다. 이것이 마음이고, 이것이 의식이고, 이것이 참나이고, 이것이 깨달음입니다.

아무 모양도 없고, 아무 소리도 없고, 아무 냄새도 없고, 아무 맛도 없고, 아무 느낌도 없고, 아무 대상도 없습니다. 그러나 이렇게 생생하게 살아 있고, 깨어 있습니다. 텅 비어 있지만 분명하게 알아차리고 있습니다. 이것을 찾아 바깥을 헤맬 필요가 없습니다. 이것의 바깥은 없으니까요.

108　만해용운(萬海龍雲, 1879~1944). 구한말, 일제 강점기 승려. 시인. 독립운동가. 『조선불교유신론』 등의 저술이 있음.

악!

당장에 생각으로 헤아리는 일을 그만두십시오. 이미 구현되어 있는 깨달음을 생각으로 헤아리는 순간 어긋나 버립니다. 큰 용기와 큰 믿음과 큰 의문이 없으면 생각의 헤아림에서 벗어나지 못합니다. 어떤 생각에도 의지하지 않는다면 바로 지금 이 자리에 무슨 문제가 있겠습니까?

생각으로 헤아리지 않아도 눈에 사물이 비치고, 소리가 들리고, 냄새가 맡아지고, 맛이 드러나고, 느낌이 느껴지고, 대상이 분별됩니다. 생각마저 바로 지금 여기 이렇게 있음, 이 현존, 이 텅 비어 대상이 없는 의식 자체의 소산일 뿐입니다. 아무것도 알 수 없다는 사실만큼 분명한 것이 없습니다.

97. 집집마다 대문은 장안으로 뚫려 있네

곳곳마다 푸른 버들 말을 묶을 만하고
집집마다 대문은 장안으로 뚫려 있네.
한 줄기 큰길은 손바닥처럼 평평한데
제멋대로인 지금 사람들 발 놓기 어려워하네.

_자수 스님[109]

없는 것을 만들어 내는 것이 아니라 이미 있는 것을 깨닫는 것이 이 공부입니다. 믿음도 없고 안목도 없으니 이미 있는 것을 알아보지 못합니다. 조금이라도 생각을 움직여 찾고 구하면 이 당연한 사실을 결코 깨닫지 못합니다. 조금이라도 눈앞의 사실 이외의 것에 마음이 쏠리면 이 단순한 사실을 결코 체득할 수 없습니다. 너무 쉬워서 도리어 어렵습니다.

눈에 보이는 사물 하나하나, 귀에 들리는 소리 하나하나, 몸에 느껴지는 감각 하나하나, 심지어 온갖 분별과 망상 하나하나가 모두 완전한 깨달음을 가리키고 있습니다. 그 낱낱의 것이 모두 완전한 깨달음의 현현입니다. 차별되는 현상에 속지 않고 그것들의 본질을 꿰뚫어 보면 일

---

109 자수회심(慈受懷深, 1077~1132). 송나라 때 운문종(雲門宗) 승려.

체가 모두 평등합니다. 모두 (손가락을 들어 보이며) 이것 하나입니다.

누구도, 어떤 것도 이 길을 가로막고 있지 않습니다. 훤히 뚫린 탄탄대로 같은 이 길 이외에 다른 길은 없습니다. 한시도 이 길 위를 떠난 적이 없습니다. 스스로 미혹하여 찾아 구할 때조차도 이 길 위에서 헤맸을 뿐입니다. 한 걸음, 한 걸음이 모두 이 길입니다. 넘어져도 이 길 위요, 일어나도 이 길 위입니다. 벗어날 수 있다면 길이 아닙니다.

자기만 옳다 여기는 좁은 안목의 요즘 사람들만 이 길에 발을 들여놓지 못합니다. 자기 스스로 이 길 위에 있으면서 엉뚱한 다른 길을 지도에서 찾고 있습니다. 찾고 구하는 그 한 생각만 치우면 언제나 그 자리인데, 똑똑하다 자부하는 사람일수록 자기 생각에 자기가 속습니다. 그래서 옛사람은 이 공부하는 사람은 차라리 바보가 되는 것이 낫다고 했던 것입니다.

스스로 바보도 되지 못하는 불쌍한 사람들만 눈을 뜨고 있으면서 다시 눈을 뜨려고 하고, 이미 자기이면서 따로 참된 자기를 찾습니다. 고통이 일어나는 그 자리에 당연히 고통 아닌 것이 있고, 생각이 일어나는 그 자리에 엄연히 생각 아닌 것이 있는 줄 모릅니다. 촛불을 들고 불씨를 구하러 다니고, 광화문 네거리에서 서울 가는 길을 묻고 있습니다.

쯧쯧쯧!

98. 예전대로 물은 동쪽으로 흐르는구나

푸른 산은 문수보살의 눈이요,

물소리는 관음보살의 귀로다.

오늘 세상 인연이 다하였으나

예전대로 물은 동쪽으로 흐르는구나.

_금봉 스님[110]

『무소유』라는 수필집으로 널리 알려진 법정(法頂) 스님이 풋중이던 시절 공부를 점검받으려는 도반을 따라 당시 해인사 조실이던 금봉 스님을 만났을 때의 일입니다.

도반은 금봉 스님에게 화두가 잘 들리지 않는다고 했습니다. 그러자 금봉 스님은 무슨 화두를 들고 있느냐고 되물었습니다. 도반은 '부모가 낳아 주기 이전의 내 본래면목은 무엇인가?'를 들고 있다고 했습니다.

그 말이 떨어지기가 무섭게 금봉 스님은 "부모미생전은 그만두고 지금 당장 네 본래면목은 무엇이냐?"라고 다그쳤습니다. 그 순간 옆에서 듣고 있던 법정 스님은 정신이 번쩍 들었다고 술회한 적이 있습니다.

---

110 금봉주연(錦峰周演, ?~1959). 만공 스님의 법을 이음.

이 시는 세상엔 널리 알려지지 않았으나, 자신의 법 스승이었던 만공 스님은 물론 천하의 선지식을 물어뜯던 후배 성철, 향곡 스님마저도 존경하던 금봉 스님이 가야산 계곡에서 홀로 목욕을 마치고 입적하기 전 남긴 열반송입니다.

푸른 산 그대로가 문수보살의 눈입니다. 물소리 그대로가 관음보살의 귀입니다. 가고 머물고 앉고 눕는 그대로가 보현보살의 행위요, 말하고 침묵하고 움직이고 가만히 있는 것 모두가 법신인 비로자나불입니다.

인연 따라 왔던 것은 인연 따라 가겠지만, 인연으로 이루어지지 않은 것은 오지도 않고 가지도 않습니다. 언제나 바로 지금 여기 이렇게 있습니다. 예전 그대로 변함없는 것이 있기에 모든 변화가 나타나는 법입니다.

물은 예전 그대로 동쪽으로 흐르지만, 물이 동쪽으로 흐른다는 그 사실은 흐르지 않습니다. 어릴 적 보았던 낙동강과 지금 보는 낙동강은 변했지만, 낙동강을 보는 그것은 변하지 않았습니다. 아니, 변할 수 없습니다.

99. 뒤늦게 온 사냥개는 영리함이 없어

토끼 한 마리 옛길에 나타나니
푸른 매가 보자마자 사로잡았네.
뒤늦게 온 사냥개는 영리함이 없어
헛되이 마른 나무 옛 곳에서 찾네.

_승천 스님[111]

『벽암록』의 모태가 되는 『설두송고』의 지은이 설두(雪竇) 스님이 어느 스님과 '뜰 앞의 잣나무' 화두(話頭)를 두고 밤새 논쟁한 적이 있었습니다. 그때 곁에 있던 행자가 그들의 논쟁을 비웃으면서 지은 게송이 바로 위의 시입니다.

화두는 어떤 사량분별도 용납하지 않고 곧장 이 하나의 진실을 드러내 보인 것입니다. 하얀 토끼 한 마리가 산길에 불쑥 모습을 드러내자마자 눈 밝은 매는 대번에 그것을 낚아채 가는 것입니다. 머뭇거리며 헤아리는 순간 토끼는 모습을 감추고 흔적도 남지 않습니다.

어리석은 사람들은 화두에 얽매여 허구한 날 무의미한 언구만 되풀이하며 일어나지도 않는 의정을 일으키려 헛애를 씁니다. '무(無)'는 '무'

---

111 승천종본(承天宗本, 1020~1099). 북송 때의 승려.

에 뜻이 있지 않고, '뜰 앞의 잣나무'는 '잣나무'에 뜻이 있지 않습니다. 언구에 떨어지면 어리석은 강아지 꼴을 면하지 못합니다.

현재 공주 학림사 오등선원 조실 대원(大元) 스님이 1973년 해인사 방장 고암(古庵) 스님을 찾아뵙자, "지금도 정전백수자(庭前栢樹子) 화두를 참구하고 있는가, 몇 년이나 참구하였는가?" 하고 공부의 진척을 물으셨습니다. 대원 스님이 "8년간 참구하였습니다."라고 답을 하자, "애석하다." 하시면서 한 말씀 하셨습니다. "잣나무 꼭대기 위에서 손을 놓고 한 걸음 나아갔을 때 어떤 것이 너의 본래면목이겠는가?" 대원 스님은 이 한마디에 홀연히 크게 깨우쳐 박장대소했다고 합니다.

화두를 들기 이전의 자리에 착안하라는 옛사람의 친절한 말씀도 있습니다만, 이 또한 말과 생각으로 헤아리면 또 다른 '잣나무' 근처만 맴도는 짓일 뿐입니다. 참된 화두는 언구가 아닙니다. '말[話]의 머리[頭]', 언어 이전의 소식입니다. 조금이라도 말과 생각이 붙는다면 화두가 아닙니다.

'무'는 '무'가 아닙니다. '마 삼 근'은 '마 삼 근'을 가리키는 것이 아닙니다. '마른 똥막대기'는 '마른 똥막대기'에 뜻이 있지 않습니다. '이 뭐꼬'는 '이 뭐꼬'라는 물음이 아닙니다. '뜰 앞의 잣나무'는 '뜰 앞의 잣나무'와 아무 상관이 없습니다. 일체의 생각이 다 사라졌을 때, 이 무엇입니까?

뜰 앞의 잣나무!

100. 뼈에 사무치는 추위를 겪지 않고서야

번뇌를 멀리 벗어나는 것 보통 일이 아니니
고삐를 단단히 잡고 한바탕 힘을 써야 하리.
한번 뼈에 사무치는 추위를 겪지 않고서야
어찌 코를 찌르는 매화 향기 얻을 수 있으리.

_황벽 스님[112]

어떻습니까? 깨달은 바가 있습니까? 바로 지금 눈앞에서 아무런 의심이 없습니까? 나날의 경계 가운데 한 치의 흔들림이 없습니까? 악! 여기서 입술을 달싹거리기라도 한다면 그대로 주먹으로 후려쳐 버릴 것입니다.

공부는 그런 것이 아닙니다! 공부는 그런 것이 아닙니다!

이 공부는 구멍 난 배에 스며드는 물을 퍼내는 것과 같고, 물결을 거슬러 노를 젓는 것과도 같습니다. 퍼내고 퍼내도 물은 계속 스며들고, 젓고 저어도 배는 조금도 앞으로 나아가지 못하는 것 같습니다.

---

112 황벽희운(黃檗希運, ?~850). 당나라 때 선승. 백장(百丈, 749~814)의 제자이자 임제의
    스승.

모름지기 더 나아갈 수 없는 곳에서 한 걸음 더 나아가고, 더 내려놓을 것 없는 가운데 한 번 더 내려놓아야 합니다. 사람이 할 수 있는 모든 일을 다 한 연후에는 그저 하늘의 명령만을 기다릴 뿐입니다.

부디 공부하는 와중에 얻은 작은 경계에 의지하여 세월을 헛되이 보내지 말기 바랍니다. 크게 죽은 다음에 다시 살아나야만 옛사람들이 결코 나를 속이지 않았다는 사실을 비로소 긍정할 수 있을 것입니다.

생사를 벗어나는 한 갈래 길이 바로 지금 눈앞에 있습니다. 한 걸음 한 걸음 묵묵히 걸어가십시오. 언제나 이 한 걸음뿐입니다. 마지막도 결국 이 한 걸음에 불과합니다. 결코 떠난 적이 없는 이 자리입니다.

발 없는 사람이 허공을 걷습니다!

맺는말

옛사람들이 말씀하시기를, "하루 종일 말을 했지만 단 한 마디도 말한 적이 없고, 하루 종일 밥을 먹었지만 단 한 톨의 쌀도 씹은 적 없고, 하루 종일 잠을 잤지만 단 한 순간도 잔 적이 없다." 하였습니다.

만약 안다고 하면 모두가 망상이요, 모른다고 하면 멍청한 것입니다. 꿈같고, 환상 같고, 물거품 같고, 그림자와 같은 현상의 변화에 속아 애초부터 청정 무결한 자신의 본래 성품을 오염시키지 말아야 합니다.

선이 없는 그곳에 참된 선이 있고, 도가 없는 그 자리에 진짜 도가 있습니다.

훈산 박홍영 거사님, 무심선원 김태완 선생님, 대덕사 춘식 스님께 머리 숙여 감사의 인사를 올립니다. 도반이자 또 다른 스승인 아내 임순희에게 이 자리를 빌려 고마움을 전합니다. 제 소박한 공부 모임에 참여해 귀 기울여 주신 도반 여러분, 그리고 출간의 인연을 마련해 주신 침묵의 향기 김윤 사장님께도 감사드립니다.

이것이 선禪이다

초판 1쇄 발행일 2017년 5월 26일
　　　2쇄 발행일 2022년 6월 30일

지은이 심성일

펴낸이 김윤
펴낸곳 침묵의 향기
출판등록 2000년 8월 30일, 제1-2836호
주소 10401 경기도 고양시 일산동구 무궁화로 8-28,
　　　삼성메르헨하우스 913호
전화 031) 905-9425
팩스 031) 629-5429
전자우편 chimmukbooks@naver.com
블로그 http://blog.naver.com/chimmukbooks

ISBN 978-89-89590-65-1 03220

*책값은 뒤표지에 있습니다.